Bernhard Grom · Anthroposophie und Christentum

Bernhard Grom

Anthropo
sophie
und
Christen
tum

Kösel

CIP-Titelaufnahme der Deutschen Bibliothek

Grom, Bernhard:
Anthroposophie und Christentum / Bernhard Grom. –
München: Kösel, 1989
   ISBN 3-466-20313-9

© 1989 by Kösel-Verlag GmbH & Co., München
Printed in Germany. Alle Rechte vorbehalten
Satz: Typostudio & Layoutsatz Manfred Stickel KG, München
Druck und Bindung: Kösel, Kempten
Umschlag: Bine Cordes, Weyarn,
unter Verwendung einer Originalschrift »Anthroposophie«
von Walter Roggenkamp, Dachsberg
ISBN 3-466-20313-9

Inhalt

Vorwort

In einem Klima des Unbehagens an manchen Fragwürdigkeiten gegenwärtiger Wissenschaft, Technik, Erziehung und Medizin haben nicht wenige Menschen Sympathien für anthroposophische Ideen entwickelt, die sie bisher kaum beachtet hatten. Ihr Interesse gilt in erster Linie den praktischen Alternativ-Angeboten der Waldorfschulen, der Behindertenarbeit, der ganzheitlichen Medizin und der Biologisch-dynamischen Landwirtschaftsweise. Manche Anthroposophen befürchten bereits, Rudolf Steiners Erbe und Bewegung werde als Reparaturbetrieb und Vorbeugungsprogramm für Zivilisationsschäden mißverstanden, das zentrale Anliegen seines »Erkenntnisweges« aber übersehen.

Diesen Erkenntnisweg will das vorliegende Buch erhellen. Er wirkt dank der derzeitigen Aufgeschlossenheit für esoterisches Gedankengut auf viele nicht mehr so befremdlich wie noch vor Jahren und ist darum ein nicht mehr zu übersehendes Angebot in der Vielfalt von Spiritualitäten geworden, die heute um unsere Aufmerksamkeit werben. Es ist ein Angebot, das zu einem fundierten Urteil herausfordert. Dazu genügen vereinfachende Etikettierungen wie »gnostisch« oder »synkretistisch« sicher nicht.

Das Buch will dem hochkomplexen Gegenstand dadurch gerecht werden, daß es klar zwischen Darstellung und Auseinandersetzung unterscheidet. In einem ersten, umfangreicheren Teil stellt es die Anthroposophie als Spiritualität dar, die aus Rudolf Steiners geistig-geistlicher Entwicklung erwuchs und zu einer meditativen Erfahrung führen möchte, die zusammen mit der entsprechenden Weltanschauung Quelle persönlicher und gesellschaftlicher Erneuerung, Kulturimpuls, werden will. Dieser Verstehensversuch zeichnet nach bestem Wissen und Gewissen die wichtigsten Gedankengänge nach, zu denen Steiner in seinen Schriften und Vorträgen anregt. Allerdings kann eine solche Rekonstruktion nie absolut objektiv sein, da Steiner, trotz seiner Bemühungen um Einheit und Zusammenhang, kein geschlossenes System vorgelegt hat, so daß jeder Leser seine eigenen Schwerpunkte bilden muß, und da die Anthroposophie kein verbindliches Glaubensbekenntnis, keine autorisierte Gesamtdarstellung und kein Lehramt kennt. Ein zweiter Teil formuliert Rückfragen, die zu einem Gespräch zwischen Anthroposophie und Christentum einladen wollen. Es soll die gegenseitige Achtung ebenso fördern wie auch den Abbau von Mißverständnissen und die an Argumenten interessierte Diskussion der unterschiedlichen Auffassungen.

Begonnen hat diese kritisch-konstruktiv gemeinte Auseinandersetzung mit Vorträgen, an die sich immer wieder private Gespräche mit Anthroposophen anschlossen. Es folgte ein zweiteiliger Aufsatz in der Zeitschrift »Stimmen der Zeit« im Mai/Juni 1988, den ein Pfarrer der anthroposophischen Christengemeinschaft freundlicherweise zuvor auf sachliche Richtigkeit geprüft und mit mir diskutiert hat. Darauf erwiderte der Münchener Anthroposoph Lorenzo Ravagli in der Zeitschrift »die Drei« im Dezember 1988 mit einem Artikel, der sachliche Einwände vorbrachte, aber auch streitbare Töne anschlug. Mündliche und briefliche Äußerungen zum Beitrag in den »Stimmen der Zeit« sowie zu einer längeren Rundfunksendung bestärken mich in der Zuversicht, daß sowohl unter den Anthroposophen als auch unter den kirchlich engagierten Christen viele das sachlich-argumentative Gespräch der Polemik vorziehen. Das Buch will sie anregen und ermutigen, ein solches Gespräch zu führen.

München, Mai 1989   Bernhard Grom SJ

Der Ursprung:
Rudolf Steiners Grunderfahrungen

Anthroposophie als spiritueller Erkenntnisweg

Die Anthroposophie ist heute keine Unbekannte mehr – oder doch? Was Außenstehende von ihr am liebsten und leichtesten zur Kenntnis nehmen, sind die praktischen Reformideen, die ihr Gründer, Rudolf Steiner (1861-1925), in einer Zeit des Umbruchs aufgegriffen und weiterentwickelt hat. Ganz oben auf der Beliebtheitsskala anthroposophischer Angebote stehen seit Jahren die Waldorfschulen, deren Zahl sich in den 80er Jahren sprunghaft erhöht hat. Doch auch die Waldorf-Kindergärten, die ganzheitliche Medizin, die Biologisch-dynamische Landwirtschaftsweise und die heilpädagogische Arbeit mit körperlich und geistig Behinderten haben der anthroposophischen Bewegung Beachtung und Anerkennung eingebracht. Nicht so leicht vermitteln kann sie hingegen das, was ihr am meisten am Herzen liegt: ihren »Erkenntnisweg« und ihre Weltanschauung. Viele empfinden das Menschen- und Weltbild Rudolf Steiners als unverständlich und »mystisch-phosphoreszierend« (P. Brügge). Anthroposophen teilen es denn auch Uneingeweihten meistens nur behutsam mit, so eifrig sie andererseits dafür werben. Dabei zeigen sich beachtliche Unterschiede: Manche von ihnen vertreten Steiners Auffassungen uneingeschränkt und in fast ängstlicher Anlehnung an seine Worte, geradezu dogmatisch, während andere sozusagen Auswahl-Esoteriker sind und seinem Werk, das mit den Vortragsmitschriften über 350 Bände umfaßt, wie einem Steinbruch Material für ein eigenes Gebäude entnehmen (siehe R. Brüll 1985). Was hat es mit dem anthroposophischen Erkenntnisweg und seinem Menschen- und Weltbild auf sich; wie sind sie zu verstehen?
Ein erster Schritt, durch den auch ein Außenstehender der Anthroposophie näherkommen kann, ist das Bemühen, ihr zentrales

Anliegen zu sehen. Es läßt sich wohl am bündigsten so umschreiben: Anthroposophie will die *spirituelle Erfahrung der All-Einheit* vermitteln, in der ihrer Meinung nach Mensch und Kosmos leben. Steiner hat dieses Ziel in seinem Ersten Anthroposophischen Leitsatz auf die Formel gebracht: »Anthroposophie ist ein *Erkenntnisweg*, der das Geistige im Menschenwesen zum Geistigen im Weltenall führen möchte« (GA 26,14).

Steiner kämpfte gegen den erstickenden Materialismus seiner Zeit für ein Leben und für eine Kultur aus geistigen Kräften. Er wollte dem »modernen Menschen« eine methodische »Schulung« und »Einweihung« anbieten, die die »im gewöhnlichen Bewußtsein und in der gewöhnlichen Wissenschaft noch nicht tätigen Kräfte entwickelt« (GA 35,66). Diese Erweckung soll den Menschen über eine Naturerkenntnis, die nur materialistisch denkt, über ein Philosophieren, das sich in abstrakten Begriffen erschöpft, über einen Glauben, der nur in dogmatischen Lehren und kirchlichen Bräuchen besteht, aber auch über die »gewöhnliche Mystik« mit ihren subjektiven Visionen und Halluzinationen hinausführen und ihn die »geistige Welt« objektiv und unmittelbar erfahren lassen.

Steiner nannte seinen Schulungsweg in der Zeit, da er noch Mitglied der Theosophischen Gesellschaft war (1902-1913), »Geheimwissenschaft« und später »anthroposophisch orientierte Geisteswissenschaft« (wobei er den Begriff »Geisteswissenschaft« anders versteht als Wilhelm Dilthey und der ihm folgende allgemeine Sprachgebrauch heute, nämlich im Sinne seiner eigenen philosophisch-esoterischen Auffassung von der alles erfassenden Geist-Erkenntnis). Er bezeichnete ihn auch gern als »Geistesforschung« und sprach immer wieder vom gedanklichen Erfassen des Gegenstandes, in den man sich vertiefen möchte, und von klarer, objektiver »Erkenntnis«. Dies sollte jedoch nicht übersehen lassen, daß er damit stets eine gefühlsmäßig bedeutsame Erkenntnis, ja – wenigstens in seiner Hauptphase – ein der Mystik ähnliches Lebensgefühl und eine intensive »Grund-Seelenstimmung« (GA 13,393) meinte und anstrebte. Anhänger und Außenstehende haben seine umfangreichen Aussagen über das Wesen des Menschen und die Entwicklung der Welt oft als rein intellektuelle, theoretische Darlegungen aufgefaßt. Es war ein Mißverständnis. Alle seine Ausführungen und auch der fast beschwörende Ton und die belehrende, behauptende, seherische Art, in der er sie vorträgt, sind in erster Linie *erleuchtungsbestimmt* zu verstehen: Er bekundet, wie er die Welt sehen und empfinden gelernt hat und wie auch der Hörer oder Leser dies lernen kann.

Darum trägt es verhältnismäßig wenig zu einem Verständnis bei, wenn man die vielen geistesgeschichtlichen Quellen erkundet, aus denen Steiner zweifellos geschöpft hat. Gewiß wurde er von der griechisch-ägyptischen Mysterientradition, von der Bibel, der europäischen Mystik, der Rosenkreuzertradition, Paracelsus, Jakob Böhme, Johann Wolfgang Goethe, Johann Gottlieb Fichte, von der Theosophie und den östlichen Weisheitstraditionen, die er großenteils durch die Theosophie kennenlernte, und von anderen Impulsen angeregt. Sicher sind vielerlei Ideen der philosophischen, religiösen und esoterischen Überlieferung in sein Werk eingegangen, aber er hat sie auch alle in seinem Sinn und aufgrund seiner eigenen Erleuchtung und Reflexion umgedeutet und umgeschmolzen. Er tat dies mit einer Konsequenz, die grobe Charakterisierungen wie »Synkretismus« oder »Eklektizismus« als unpassend erweist. Diese Konsequenz führte schließlich zu dem Ergebnis, daß er weder von den philosophischen noch von den theosophischen Kreisen, die er für seine Richtung gewinnen wollte, auf Dauer akzeptiert wurde, sondern seine eigene Sprache und Hörerschaft suchen mußte.

Die Anthroposophie ist also von ihrem Anliegen her zu verstehen, einen Erkenntnis- und Erleuchtungsweg zu lehren. Diesen begreift man jedoch am besten, wenn man zuerst einmal fragt, wie Steiner ihn gesucht und gefunden hat. Darum soll der folgende Abschnitt die psychobiographischen Wurzeln seiner spirituellen Entwicklung zeigen, soweit dies die spärlichen Dokumente erlauben. Dieser Versuch will keineswegs Steiners spätere Ansichten wegpsychologisieren nach dem einfachen Muster: »Der mußte ja so denken, weil er so veranlagt und erzogen war.« Es kann einstweilen nur darum gehen, die persönlichen Motive und Lebensumstände zu erhellen, die ihn seinen Weg suchen ließen.

Die Wurzeln in Steiners eigener Entwicklung

In seinen autobiographischen Äußerungen schildert sich Steiner als Mensch, der schon in frühester Jugend weltabgewandt und träumerisch seinen Gedanken und Gefühlen nachhing und der sichtbaren Umwelt eher versonnen und zurückhaltend begegnete. Er sieht sich als Mensch, der in hohem Maß introvertiert ist, aber auch um die Gefahr des Realitätsverlusts, die ihm droht, weiß und gegen sie kämpft: Die *Spannung zwischen geistig-seelischer Innenwelt und sinnlich-materieller Außenwelt* durchzieht sein Leben, Suchen und Denken wie ein Leitmotiv.

Einen bezeichnenden Kontrast erlebte er schon als Kind in Pottschach, an der Grenze Niederösterreichs zur Steiermark, wo sein Vater als Beamter der österreichischen Südbahn arbeitete. Einerseits die Begeisterung seiner Umgebung für alles, was mit Telegraphie, Eisenbahn und technischem Fortschritt zusammenhing, und andererseits innere, übersinnliche Wahrnehmungen, die er seinen Eltern nicht mitteilen kann, ohne die Bemerkung zu riskieren: »Du bist a dummer Bua!« Mit sieben oder acht Jahren saß er einmal allein im Wartesaal der Pottschacher Bahnstation, als er den Eindruck hatte, eine Frau komme herein und bitte ihn mit eindringlichen Gebärden, ihr in Zukunft zu helfen. Später erfuhr er, daß sich zur selben Zeit seine Tante das Leben genommen hatte.

Steiners Schilderung legt die Vermutung nahe, daß er damals ein »Abmelden« erlebt hat, wie es unter Verwandten gelegentlich erfahren wird. Parapsychologisch ist es wohl als telepathischer Kontakt zu deuten, den die sterbende Tante beim intensiven Denken an ihre Angehörigen mit dem Neffen herstellen konnte, der den Impuls dann auch visionär erlebte. (Denn er sah die Frau ja nicht in ihrer Wohnung, sondern bei sich im Wartesaal, so daß man kaum ein Hellsehen im parapsychologischen Sinn anzunehmen hat.) Für Steiner war es ein Einstieg in die Fähigkeit, *die unsichtbaren Wesen und Kräfte, die hinter sichtbaren Menschen und Naturdingen leben, bildhaft (imaginativ) wahrzunehmen.* Später unterschied er denn auch zwischen einem naturhaften »Hellsehen« (das bei ihm vor allem dieses bildhafte und sinnbildliche Erleben bedeutet und nicht eindeutig vom Hellsehen im parapsychologischen Sinn unterschieden wird), wie es Schamanen eigen ist, und dem »exakten Hellsehen«, das er auf der ersten Stufe seines Meditationsweges einüben will, und das bewußter erfolgt und eindeutiger der höheren Erkenntnis dient als die naturhafte, frühgeschichtliche Hellsichtigkeit. Über seinen ersten Schritt in diese Wahrnehmungsweise äußerte er, »daß von jenem Ereignisse ab für den Knaben ein Leben in der Seele anfing, welchem sich durchaus diejenigen Welten offenbarten, aus denen nicht nur die äußeren Bäume, die äußeren Berge zu der Seele des Menschen sprechen, sondern auch jene Welten, die hinter diesen sind. Und der Knabe lebte etwa von jenem Zeitpunkte ab mit den Geistern der Natur, die ja in einer solchen Gegend ganz besonders zu beobachten sind, mit den schaffenden Wesenheiten hinter den Dingen, in derselben Weise, wie er die äußere Welt auf sich wirken ließ« (GA 38,12).

Von da an unterschied er »Dinge und Wesenheiten,›die man sieht‹ und solche, ›die man nicht sieht‹« (GA 28,22). Und er betont: »Denn die Wirklichkeit der geistigen Welt war mir so gewiß wie die der sinnlichen« (ebd.). Ja, das Hauptgewicht lag wohl auf ihr. Das Sichbefassen mit der von den Sinnen unabhängigen inneren Welt erschien ihm realer und beglückender: »das gereichte mir zur höchsten Befriedigung« (ebd. 21). Daß diese starke Wendung nach innen berechtigt war, bewies dem etwa Achtjährigen die *Geometrie*, für die er sich sehr interessierte: »Rein im Geiste etwas erfassen zu können, das brachte mir ein inneres Glück. Ich weiß, daß ich an der Geometrie das Glück zuerst kennen gelernt habe« (GA 28,21).

Auch später, als Realschüler, lebte Steiner in derselben Spannung: »Daß das ›Ich‹, das selbst Geist ist, in einer Welt von Geistern lebt, war für mich unmittelbare Anschauung. Die Natur wollte aber in die erlebte Geisteswelt nicht herein« (GA 28,52). Selbst mit etwa 32 Jahren, als er sein Buch »Philosophie der Freiheit« schrieb, hatte er ein ausgeglichenes Verhältnis zwischen Innen- und Außenaufmerksamkeit noch nicht gefunden und bekannte rückblickend: »Und ich mußte empfinden, wie wenig ich im Grunde bis dahin mit einer Außenwelt gelebt hatte. Wenn ich mich von dem lebhaften Verkehre zurückzog, dann wurde ich gerade damals immer wieder gewahr, daß mir eine vertraute Welt bis dahin nur die geistige, die ich im Innern anschaute, gewesen ist. Mit dieser Welt konnte ich mich leicht verbinden. Und meine Gedanken gingen damals oft nach der Richtung, mir selbst zu sagen, wie schwer mir der Weg durch die Sinne zur Außenwelt während meiner ganzen Kindheit und Jugendzeit geworden ist... Die Sinneswelt hatte für mich etwas Schattenhaftes, Bildhaftes. Sie zog in Bildern vor meiner Seele vorbei, während der Zusammenhalt mit dem Geistigen durchaus den echten Charakter des Wirklichen trug« (GA 28,234).

Wohin aber zog es ihn, wenn er sich immer wieder »von dem lebhaften Verkehre zurückzog«? Steiner hat vermutlich versucht, die Fähigkeit zu entwickeln, ein *inneres Hochgefühl* zu erleben, in dem er sich aller depressiven Verstimmungen enthoben, *frei, kreativ, subjektiv unbegrenzt und zeitlos, sozusagen eins mit dem All* fühlen konnte – ähnlich wie es Marcel Proust von sich berichtet oder wie es Richard M. Bucke als »kosmisches Bewußtsein« und Heinz Kohut als »kosmischen Narzißmus« beschrieben haben. Durch seine Selbstdisziplin hat Steiner aber wohl auch erreicht, daß er nicht einfach nach dieser Hochstimmung süchtig und lebensuntüchtig wurde, sondern aus ihr die emotionale Kraft für ein schöpferisches, realistisches Wirken gewann. So sehr er dazu neigte, aus dem Unbewußten Impulse, Ideen und »Schauungen« aufsteigen zu lassen und sich von »Wesen« inspiriert zu fühlen, so zäh rang er auch um die Fähigkeit, diese Regungen unter Kontrolle zu halten und in seine Persönlichkeit zu integrieren, ja sie mehr und mehr zu steuern. Seine späteren Hinweise auf die Gefahr einer »Spaltung der Persönlichkeit während der Geistesschulung« (GA 10) und auf das notwendige Zusammenwirken der drei Seelenkräfte Denken, Fühlen und Wollen stammen sicher aus eigener Erfahrung.

Wenn er das Denkenkönnen von geometrischen Formen als »inneres Glück« erlebte, entdeckte und übte er vermutlich die Fähigkeit, äußere Gegenstände und Vorgänge innerlich-geistig zu rekonstruieren. Hier konnte er zur *gegebenen* Wirklichkeit (kontrafaktisch) *mögliche* Wirklichkeiten entwerfen, äußeren Zwängen entfliehen und ideale Formen erstehen lassen, sich aber trotzdem an die Gesetze der Logik halten: ein disziplinierter Zugang ins Reich freieren Denkens und Vorstellens. Wenn er gern mit den »Geistern der Natur« verkehrte, konnte er sich – ungebundener als in der Geometrie – magisch-partizipativ, wie der Entwicklungspsychologe Jean Piaget sagen würde, mit seelischen Wesen und Kräften verbunden fühlen, die ihm keinen Widerstand entgegensetzten, wie es reale Menschen tun, sondern seine eigenen Wünsche widerspiegelten und hilfreiche Gefährten waren.

Eine entwickeltere Form kosmischen Bewußtseins scheint Steiner mit etwa 20 Jahren entdeckt zu haben – »ein erster Durchbruch zu einer höheren Erkenntnisart« (G.Wehr 1987,41), verbunden mit der Fähigkeit, sich zu einer Erfahrung »zurückzuziehen«, in der er die Zeit überschreiten und *das Ewige in uns* fühlen konnte.

Kurz vor seinem 20. Geburtstag schrieb er an einen Freund: »Es war die Nacht vom 10. auf den 11. Januar (1881), in der ich keinen Augenblick schlief. Ich hatte mich bis 1/2 1 Uhr mitternachts mit einzelnen philosophischen Problemen beschäftigt, und da warf ich mich endlich auf mein Lager; mein Bestreben war voriges Jahr, zu erforschen, ob es denn wahr wäre, was Schelling sagt: ›Uns allen wohnt ein geheimes, wunderbares Vermögen bei, uns aus dem Wechsel der Zeit in unser innerstes, von allem, was von außen hinzukam entkleidetes Selbst zurückzuziehen und da unter der Form der Unwandelbarkeit das *Ewige in uns* anzuschauen.‹ Ich glaubte und glaube nun noch, jenes innerste Vermögen ganz klar an mir entdeckt zu haben – geahnt habe ich es ja schon längst...; was ist eine schlaflose Nacht gegen solch einen Fund! Und der Morgen kam heran...; ich war außer mir – ungeheuer bewegt; was war zu tun, um beruhigt zu werden –« (GA 38,63).

Steiner scheint dieses Ewige in uns zunächst intellektuell, durch Konzentration auf die angeblich wahrnehmungsunabhängigen Ideen im Innern gesucht zu haben – ganz im Sinne seiner »Philosophie der Freiheit« (1894); ein Freund meinte denn auch, er rationalisiere seine Gefühle. Doch mit Vollendung des 35. Lebensjahres kam er zu einer Form von *Meditation*, die ihm damals »seelische Lebensnotwendigkeit« wurde (GA 28,325). Es war die Fähigkeit, das eigene Ich so unabhängig von sinnlicher Wahrnehmung und damit von vorübergehenden Eindrücken zu betrachten, daß er unmittelbar erlebte, »daß dieses ›Ich‹ vor dem Leben im physischen Leibe war und nach demselben sein wird... In einer solchen aus innerer geistiger Lebensnotwendigkeit geübten Meditation entwickelt sich immer mehr das Bewußtsein von einem ›inneren geistigen Menschen‹, der in völliger Loslösung von dem physischen Organismus im Geistigen leben, wahrnehmen und sich bewegen kann. Dieser in sich selbständige geistige Mensch trat in meine Erfahrung unter dem Einfluß der Meditation« (ebd. 326). Dies war für ihn nicht mehr nur ideelles Erkennen, sondern ein »Erleben durch den ganzen Menschen«, wobei »das Willensmäßige« stärker hervortrat und sich vom Denken leiten ließ.

Es war wohl die Fähigkeit, sich so radikal »zurückzuziehen« und von Eindrücken, Ängsten und Wünschen »leer« zu werden, daß er sich der Zeit und auch der Sterblichkeit des eigenen Leibes enthoben fühlte in einem (subjektiv) ewigen Hier und Jetzt. Aus diesem Geborgenheitsgrad heraus konnte er nun auch den Mitmenschen sachlicher, angstfreier und der äußeren »Sinnenwelt« interessierter und intensiver begegnen (siehe GA 28,316). Er hatte eine »Befestigung seines Wesens in der Geisteswelt« (ebd. 328) gefunden – eine »Wiedergeburt«, die zugleich psychotherapeutische Integrationsfähigkeit und spirituelle Verankerung war.

Etwa fünf Jahre später, um 1900, scheint sich seine Erfahrung des »Ewigen in uns« erneuert zu haben, diesmal mit einer neuen *Ausrichtung auf Christus als Mitte*. Der katholisch getaufte, aber freigeistig erzogene Steiner hatte sich zuvor weltanschaulich dem Christentum genähert und in Berlin eine Krise (»harte Seelenkämpfe«) durchgemacht. Er berichtet darüber so wenig wie möglich, doch kann man mit gutem Grund vermuten, daß er einerseits von den Gedanken Friedrich Nietzsches und Ernst Haeckels weltanschaulich tief verunsichert war und andererseits auch unter seinem beruflichen Mißerfolg als Herausgeber zweier literarischer Zeitschriften und als freier Publizist litt und mit Depressionen, vielleicht auch mit Alkoholproblemen belastet war. Die Krise wurde durch eine Erfahrung abgeschlossen, die Anthroposophen oft als »Damaskuserlebnis« bezeichnen, über die Steiner aber nur den Satz schreiben wollte: »Auf das geistige Gestanden-Haben vor dem Mysterium von Golgatha in innerster ernstester Erkenntnis-Feier kam es bei meiner Seelen-Entwicklung an« (GA 28,366).

Die erwähnten Beobachtungen zu Steiners persönlicher spiritueller Entwicklung machen verständlich, warum er einen Erkenntnis- und Erleuchtungsweg suchte, der über das gewöhnliche Bewußtsein hinausführt, eine sinnlichkeitsfreie und leibfreie Erkenntnis anzielt und die geistig-seelische Innenwelt und die sinnlich-materielle Außenwelt als All-Einheit sieht, in der das Materielle als Ausfluß (Emanation) des Geistigen aufgefaßt wird: Erst als er den Mitmenschen, dem Kosmos und den Naturwissenschaften so begegen konnte, daß er auch in ihnen das erhebende, angstüberwindende Ewige in uns fand, *erlebte er die Außenwelt als emotional ebenso bedeutsam und real wie die Innenwelt* – und nicht mehr nur als etwas Schattenhaftes wie früher. Überall, innen wie außen, soll der Mensch die ekstatische »Grund-Seelenstimmung« (GA 13,393) finden lernen, die ihn getragen hat und die das Ziel seines Erkenntnisweges ist. Auf der höchsten Stufe seiner Meditationsschulung, schreibt er, könne der Suchende ein »Aufgehen in die ganze Welt« erfahren und alles wie sein eigenes Ich erleben: »Das Ich hat sich ergossen über alle Wesen; es ist mit ihnen zusammengeflossen« (GA 12,22).

Die spirituelle Erfahrung der All-Einheit ist das geheime Thema seiner frühen philosophischen Überlegungen, die er einmal auf die Formel »Gedanken-Monismus« brachte (GA 4, Nachwort), und sie ist das erklärte Anliegen seiner späteren Darlegungen zur »Esoterischen Schulung«. Aber auch die Dichtung, die Musik, der meditative Tanz, die Malerei, Bildhauerei, Architektur, Erziehung, Heilkunst, Landwirtschaft und Politik – alles wollte er so betrachten, daß es das Gefühl der All-Einheit und damit auch des »Christus-Impulses« neu erfahren und konkret werden läßt. Diese »Grund-Seelenstimmung« und Spiritualität soll seiner Meinung nach *alle Bereiche der Kultur, die weitgehend zusammenhanglos geworden sind, von einer geistigen und erlebnismäßigen Mitte her einen.*

Die folgenden Darlegungen werden sich auf den Erkenntnisweg und die Weltanschauung der Anthroposophie konzentrieren. Dieser Weg und diese Weltanschauung sind jedoch immer als Herzstück des viel umfassenderen Bestrebens zu sehen, möglichst die gesamte Kultur zu erneuern und spirituell zu durchdringen. Darauf soll hier wenigstens überschriftenartig hingewiesen werden. Die von Steiner begründete »anthroposophisch orientierte Geisteswissenschaft« umfaßt nach ihrem Selbstverständnis:

1. Als grundlegende Bemühungen:
   - die philosophische und »geisteswissenschaftliche« Erkenntnistheorie,
   - den praktischen meditativ-esoterischen Erkenntnisweg (Schulung).
2. Als darauf aufbauende Einzelbereiche:
   - die Heilkunst (Geisteswissenschaftliche Medizin),
   - die Heilmittelherstellung (Homöopathische und andere Mittel: Weleda AG),
   - die Erziehung (in Familie, Kindergarten, Waldorfschule),
   - die Heilpädagogik (bei körperlich und geistig Behinderten),
   - die Sozialwissenschaft (mit Steiners Ideen zu einer »Dreigliederung des sozialen Organismus«),
   - die Landwirtschaft (Biologisch-dynamische Landwirtschaftsweise),
   - die Künste (Eurythmie, Musik, Dramatik, Sprachgestaltung, Architektur, Bildende Künste),
   - Mathematik und Naturwissenschaften
3. Als von Steiner inspirierte, von der Anthroposophischen Gesellschaft jedoch unabhängige religiöse Erneuerung:
   - die Christengemeinschaft.

Die Frühphase
Sich im Denken als das All-Eine erfahren

Steiners Bemühungen um eine »anthroposophisch orientierte Geisteswissenschaft« kreisen um zwei Themen und Anliegen, die sich gegenseitig bedingen. Er möchte einerseits eine *Erkenntnislehre* schaffen, die in dem Sinne »geisteswissenschaftlich« ist, daß sie den Materialismus überwindet. Sie soll die Frage beantworten, wie der Mensch über die »gegenständliche«, »materielle Erkenntnis«, auf die ihn der neuzeitliche Materialismus einschränken möchte, hinauswachsen und die »geistige Welt« erfassen kann. Wie läßt sich »übersinnliche Erkenntnis« erkenntnistheoretisch rechtfertigen, und wie kann man sie praktisch erlangen?

Steiner möchte andererseits das *Menschen- und Weltbild* formulieren, das sich aus seiner Erkenntnislehre ergibt und das ihr entspricht. Er will die Frage klären: Was ist der Mensch und was ist die Welt in der Sicht der höheren Erkenntnis? Wie kann diese Erkenntnis darlegen, daß der Mensch nicht nur das kurzlebige Produkt einer sinnlosen Materie-Evolution ist, wie es der Materialismus behauptet, sondern daß er auch teilhat an der unsterblichen, ewigen Ideen- und Geisteswelt?

Zu beiden Kernthemen legt Steiner in allen Hauptwerken, die er veröffentlicht hat, sowohl philosophische als auch esoterisch-okkulte Überlegungen vor. In seiner Frühschrift »Die Philosophie der Freiheit« (1894) ist der philosophische Anteil noch sehr ausgeprägt – kein Wunder, denn er hatte kurz zuvor mit der einschlägigen Arbeit »Die Grundfrage der Erkenntnistheorie mit besonderer Rücksicht auf Fichtes Wissenschaftslehre« zum Doktor der Philosophie promoviert und sich auch in Auseinandersetzung mit Goethe, dessen naturwissenschaftliche Schriften er in der Sophien-Ausgabe edierte, mit dem Thema Erkenntnis befaßt. In dem 1904 veröffentlichten Buch »Theosophie« geht die philosophische Gedankenführung jedoch bereits zugunsten esoterisch-okkulter Ideen zurück, die dann in den späteren Hauptwerken »Wie erlangt man Erkenntnisse der höheren Welten?« (1904/1905), »Aus der Akasha-Chronik« (1904-1908) und »Die Geheimwissenschaft im Umriß« (1910) eindeutig überwiegen. Darum unterscheiden wir am besten–mit dem Anthroposophen Wolfgang Klingler (1986) – eine überwiegend philosophische Frühphase uund eine vorwiegend esoterische Hauptphase und befragen beide nach Steiners Aussagen zur *Erkenntnisfähigkeit* und zum *Wesen von Mensch und Welt.*

Gegen den Materialismus: Es gibt selbstschöpferische Erkenntnis

In seinen frühen Schriften, zumal in »Die Philosophie der Freiheit« (GA 4), will Steiner zeigen, daß der Mensch die Erkenntnisgrenzen überschreiten kann, in die ihn verschiedene Weltanschauungen einsperren möchten. Etwa der Positivismus vieler Naturwissenschaftler, die meinen, der Mensch könne nur das erkennen, was ihm die Sinne nahebringen und was er mit mathematisch-naturwissenschaftlichen Begriffen verarbeite. Oder der Materialismus, für den das Denken nur ein materieller Prozeß des Gehirns ist. Oder auch der kritische Idealismus, der beispielsweise mit Arthur Schopenhauer alle Welterkenntnis für subjektiv hält und von der Ansicht ausgeht: »Die Welt ist meine Vorstellung«. Der bekannte Gegensatz zwischen subjektiver und objektiver Erkenntnis, zwischen Ich und Welt, Geist und Materie sei nicht durch eine materialistische Einheitsphilosophie (Monismus) zu überwinden, die das Geistige auf Materielles (eben das Gehirn) zurückführe. Er sei aber auch nicht durch einen spiritualistischen Monismus zu bewältigen, der – etwa mit Johann Gottlieb Fichte, dem Steiner jedoch sonst in vielem folgt, – übersehe, daß die Materie auch etwas Nicht-Geistiges an sich hat. Das Problem sei nur durch einen »Monismus« zu lösen, der begreife, wie der Mensch durch das *Denken* mit dem gesamten »Weltzusammenhang« und »Weltprozeß« verbunden ist.
Sobald wir die einseitige Hinwendung zu den Objekten, die uns im sinnlichen Wahrnehmen entgegentreten, aufgeben und auch

auf das Denken achten, das bei jeder Beobachtung beteiligt ist, könne uns klar werden, daß uns das Denken am vertrautesten ist. Das Denken sei in sich richtig; nur die Art, wie es auf die Welt angewendet werde, könne falsch sein: »Das Denken ist eine Tatsache; und über die Richtigkeit oder Falschheit einer solchen zu sprechen, ist sinnlos. Ich kann höchstens darüber Zweifel haben, ob das Denken richtig verwendet wird« (GA 4,53f.).

Steiner geht von der seit Plato bedachten Tatsache aus, daß zum Erfassen eines Gegenstandes immer zwei Erkenntnisarten gehören: Auf der einen Seite das *sinnliche Wahrnehmen* und auf der anderen das *Denken*, das die Sinneseindrücke (die Steiner »Wahrnehmungen« nennt) durch seine Begriffe und Ideen ordne und begreife. Die Sinneseindrücke, die wir etwa vom Zusammenprall zweier Billardkugeln in uns aufnehmen, seien als solche ein unzusammenhängendes Nebeneinander und Durcheinander; erst durch unser aktives Denken, das die Begriffe Kugel, Elastizität, Bewegung, Stoß, Geschwindigkeit usw. anwendet, werde der Vorgang verstehbar. Ähnlich, wenn wir einen Löwen als Organismus einer bestimmten Art und Entwicklungsstufe begreifen. Um anschaulich zu machen, daß der Inhalt unserer Begriffe aus dem Denken und nicht aus der Sinnenwelt stamme, weist er beispielsweise darauf hin, daß die Sinnenwelt immer nur bestimmte Dreiecke zeige, aber nie das allen Dreiecken Gemeinsame, das der Begriff Dreieck enthalte. Also stamme der Inhalt des Begriffs Dreieck aus der rein geistigen, sinnlichkeitsfreien Quelle des Denkens.

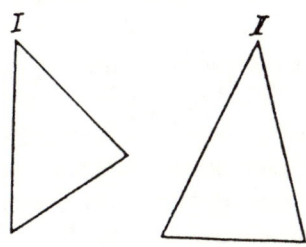

»Betrachten wir folgende zwei Dreiecke. Was haben die wirklich gleich, wenn man bei der Sinnenerfahrung stehen bleibt? Gar nichts.« (GA 2,60)

Auch die einzelnen Lebewesen, die konkrete Rose oder das konkrete Pferd, seien immer als »Ausgestaltung des Typus in einer besonderen Form« (GA 2,113) zu begreifen, der sich nur der denkenden Anschauung der Intuition erschließe – wie es Goethe mit der Idee der Urpflanze und des Urtieres deutlich gemacht habe.

Steiners Auffassung hat nun insofern einen ausgesprochen idealistischen und intuitionistischen Grundzug, als er dem Denken eine so eigenständige, schöpferische Aufgabe zuweist, daß es *inhaltlich weitestgehend unabhängig zu sein scheint von der sinnlichen Wahrnehmung*. Das Wahrnehmen der Welt ist für ihn gleichsam nur der Anlaß, die fertig vorhandenen Begriffe dazu zu denken – so sehr er andererseits davor warnt, aus bloßen Begriffen eine Welt zu spinnen. Für ihn »entzündet« sich das Denken an einem Vorgang (GA 4,39) und »die Beobachtung fordert das Denken heraus« (GA 4,59), ohne daß er der Beobachtung einen inneren Einfluß auf den Denkinhalt zuspricht. »Diesen Inhalt bringt das Denken der Wahrnehmung aus der Begriffs- und Ideenwelt des Menschen entgegen. Im Gegensatz zum Wahrnehmungsinhalte, der uns von außen gegeben ist, erscheint der Gedankeninhalt im Innern. Die Form, in der er zunächst auftritt, wollen wir als *Intuition* bezeichnen. Sie ist für das Denken, was die Beobachtung für die Wahrnehmung ist. Intuition und Beobachtung sind die Quellen unserer Erkenntnis« (GA 4,95). Weil unsere Begriffe mehr seien als nur schattenhafte Nachbildungen von Wahrnehmungen, kämen sie aus reiner Intuition. »Intuition ist das im rein Geistigen verlaufende bewußte Erleben eines rein geistigen Inhaltes« (GA 4,146). Um allen Materialismus, der den Menschen nur unfrei machen würde, zurückzuweisen, betont Steiner, daß die »leiblich-seelische Organisation« des Menschen am Wesen des Denkens »nichts bewirken kann« (ebd.), sondern zurücktritt und ihre eigene Tätigkeit aufhebt, wenn das Denken auftritt. An anderer Stelle sagt er noch deutlicher: »Die Menschenseele kann ihre Erkenntnisse nur in sich *selbstschöpferisch* erzeugen« (GA 18,596).

Damit behauptet Steiner keineswegs, der Mensch denke rein subjektive Begriffe, sondern das genaue Gegenteil: Das selbstschöpferische Erkennen führe ihn mit dem objektiven Weltprozeß zusammen, verbinde Subjekt und Objekt, Mensch und Kosmos, Geist und Materie. Zu dieser Überzeugung führt ihn ein weiterer Grundzug seiner Weltanschauung, nämlich die Ansicht, *unser Denken sei nur vordergründig unsere individuelle Tätigkeit, letztlich aber das Denken des Kosmos, des all-einen Wesens.*

Unser Denken, so argumentiert er, stehe jenseits von Subjekt und Objekt, weil es beide Begriffe, den des Subjekts und den des Objekts, bilde. Weil ich denken kann, habe ich den Eindruck, ich sei ein Subjekt, doch: »Ich darf niemals sagen, daß mein individuelles Subjekt denkt; dieses lebt vielmehr selbst von des Denkens Gnaden« (GA 4,60). Alles steht in einem Weltzusammenhang und Weltprozeß. Doch haben wir in bezug auf Gegenstände der Sinnenwelt den Eindruck, sie bestünden unabhängig vom Denken, und das Bild, das unser Denken entwirft, bestehe nur in unserem Kopf. Doch wenn wir eine Pflanze mit Blatt und Blüte betrachten, verbindet sie sich in unserer Seele mit einem bestimmten Begriff, der zu ihr gehört. »Warum gehört dieser Begriff weniger zur ganzen Pflanze als Blatt und Blüte!« (GA 4,86). »Bringt nicht mit der gleichen Notwendigkeit die Welt das Denken im Kopfe des Menschen hervor, wie die Blüte an der Pflanze?« (ebd.). Nur weil wir einen Begriff erst denken, wenn wir den Gegenstand wahrgenommen haben, kommen wir uns von den Dingen abgesondert vor, als seien sie ohne die entsprechenden Begriffe. Und nur weil unsere Augen jeweils bloß eine einzelne Qualität (etwa Rot) wahrnehmen und unser Verstand einen einzelnen Begriff dazu bilden können, trennen wir die Gegenstände voneinander und von uns. In Wirklichkeit aber ist jede einzelne Qualität »allseitig« von anderen umgeben. »Diese Absonderung ist ein subjektiver Akt, bedingt durch den Umstand, daß wir nicht identisch sind mit dem Weltprozeß, sondern ein Wesen unter anderen Wesen« (GA 4,89).

So wie wir nun einzelne Wahrnehmungen der Außenwelt durch das Denken in den Zusammenhang der Welt eingliedern, tun wir es auch mit den Wahrnehmungen, die wir *an uns selbst* machen. »Mein Selbstwahrnehmen schließt mich innerhalb bestimmter Grenzen ein; mein Denken hat nichts zu tun mit diesen Grenzen. In diesem Sinne bin ich ein Doppelwesen. Ich bin eingeschlossen in das Gebiet, das ich als das meiner Persönlichkeit wahrnehme, aber ich bin Träger einer Tätigkeit, die von einer höheren Sphäre aus mein begrenztes Dasein bestimmt. Unser Denken ist nicht individuell wie unser Empfinden und Fühlen. Es ist universell. Es erhält ein individuelles Gepräge in jedem einzelnen Menschen nur dadurch, daß es auf sein individuelles Fühlen und Empfinden bezogen ist. Durch diese besonderen Färbungen des universellen Denkens unterscheiden sich die einzelnen Menschen voeinander. Ein Dreieck hat nur einen einzigen Begriff. Für den Inhalt dieses Begriffes ist es gleichgültig, ob ihn der menschliche Bewußtseinsträger A oder B faßt. Er wird aber von jedem der zwei Bewußtseinsträger in individueller Weise erfaßt werden« (GA 4,90).

Daß sich in unserem Denken eine überindividuelle Tätigkeit vollzieht, geht nach Steiner auch aus der Tatsache hervor, daß sich unser Selbst erst mit Hilfe des Denkens als Subjekt bezeichnet, weshalb dieses auch nicht subjektiv sein kann, sondern von einem objektiven Standpunkt aus erfaßt wird (GA 4,137f.). Durch das universelle, objektive Denken können wir also die beobachteten Dinge sowie unser Selbst, alles, was unser Wahrnehmen und Fühlen in Einzelwesen auseinanderreißt, zur Einheit zusammenfügen und monistisch sehen. »Für uns legt sich das Weltganze auseinander in: oben und unten, vor und nach, Ursache und Wirkung, Gegenstand und Vorstellung, Stoff und Kraft, Objekt und Subjekt usw. Was uns in der Beobachtung an Einzelheiten gegenübertritt, das verbindet sich durch die zusammenhängende, einheitliche Welt unserer Intuitionen Glied für Glied; und wir fügen durch das Denken alles wieder in eins zusammen, was wir durch das Wahrnehmen getrennt haben« (GA 4,96).

Der Mensch ist Einzelner und auch All

Von hier aus wird deutlich, wie Steiner das Verhältnis des Menschen zum umfassenden Göttlichen sieht, wie für ihn aus der Einheit (dem Monismus) des denkenden Erkennens die Einheit des Seins folgt–das, was man seiner eigenen Einschätzung nach als *»Gedanken-Monismus«* bezeichnen kann (GA 4,266). Die theistische Auffassung des Judentums, des Christentums, des Islam und einzelner Strömungen des Hinduismus, für die sich das menschliche

Denken qualitativ vom göttlichen Denken unterscheidet, jedoch an diesem teilhat, sofern es von ihm getragen (erschaffen), angezogen und erleuchtet wird, ist nach Ansicht Steiners zu dualistisch. Für ihn unterscheidet sich das Denken des Menschen von dem des All-Einen nur durch seinen geringeren Umfang, quantitativ. Er schreibt zwar, daß es an der Peripherie und nicht im Zentrum des Ausströmens des all-einen steht, sagt aber nicht, inwiefern dieser Vergleich einen qualitativen Unterschied beinhalten könnte. Am deutlichsten spricht er davon in den beiden folgenden Abschnitten.

»In dem Denken haben wir das Element gegeben, das unsere besondere Individualität mit dem Kosmos zu einem Ganzen zusammenschließt. Indem wir empfinden und fühlen (auch wahrnehmen), sind wir einzelne, indem wir denken, sind wir das all-eine Wesen, das alles durchdringt. Dies ist der tiefere Grund unserer Doppelnatur: Wir sehen in uns eine schlechthin absolute Kraft zum Dasein kommen, eine Kraft, die universell ist, aber wir lernen sie nicht bei ihrem Ausströmen aus dem Zentrum der Welt kennen, sondern in einem Punkte der Peripherie. Wäre das erstere der Fall, dann wüßten wir in dem Augenblicke, in dem wir zum Bewußtsein kommen, das ganze Welträtsel. Da wir aber in einem Punkte der Peripherie stehen und unser eigenes Dasein in bestimmte Grenzen eingeschlossen finden, müssen wir das außerhalb unseres eigenen Wesens gelegene Gebiet mit Hilfe des aus dem allgemeinen Weltensein in uns hereinragenden Denkens kennenlernen« (GA 4,91).

»Der Dualismus bestimmt das göttliche Urwesen als dasjenige, was alle Menschen durchdringt und in ihnen allen lebt. Der Monismus findet dieses gemeinsame göttliche Leben in der Wirklichkeit selbst. Der ideelle Inhalt eines andern Menschen ist auch der meinige, und ich sehe ihn nur so lange als einen andern an, als ich wahrnehme, nicht mehr aber, sobald ich denke. Jeder Mensch umspannt mit seinem Denken nur einen Teil der gesamten Ideenwelt, und insofern unterscheiden sich die Individuen auch durch den tatsächlichen Inhalt ihres Denkens. Aber diese Inhalte sind in einem in sich geschlossenen Ganzen, das die Denkinhalte aller

Menschen umfaßt. Das gemeinsame Urwesen, das alle Menschen durchdringt, ergreift somit der Mensch in seinem Denken. Das mit dem Gedankeninhalt erfüllte Leben in der Wirklichkeit ist zugleich das Leben in Gott. Das bloß erschlossene, nicht zu erlebende Jenseits beruht auf einem Mißverständnis derer, die glauben, daß das Diesseits den Grund seines Bestandes nicht in sich hat... Der durch abstrakte Schlußfolgerung angenommene Gott ist nur der in ein Jenseits versetzte Mensch, der Wille Schopenhauers die verabsolutierte menschliche Willenskraft... Genau dasselbe ist von allen anderen auf nicht erlebtem Denken ruhenden jenseitigen Prinzipien zu sagen« (GA 4,250).

Der Mensch hat in dieser Sicht eine »Doppelnatur« (GA 4,91); er ist »Bürger zweier Welten, der Sinnen- und der Gedankenwelt« (GA 2,79). Diese Auffassung kann, wenn auch in stark vereinfachter Form, folgende Skizze veranschaulichen.

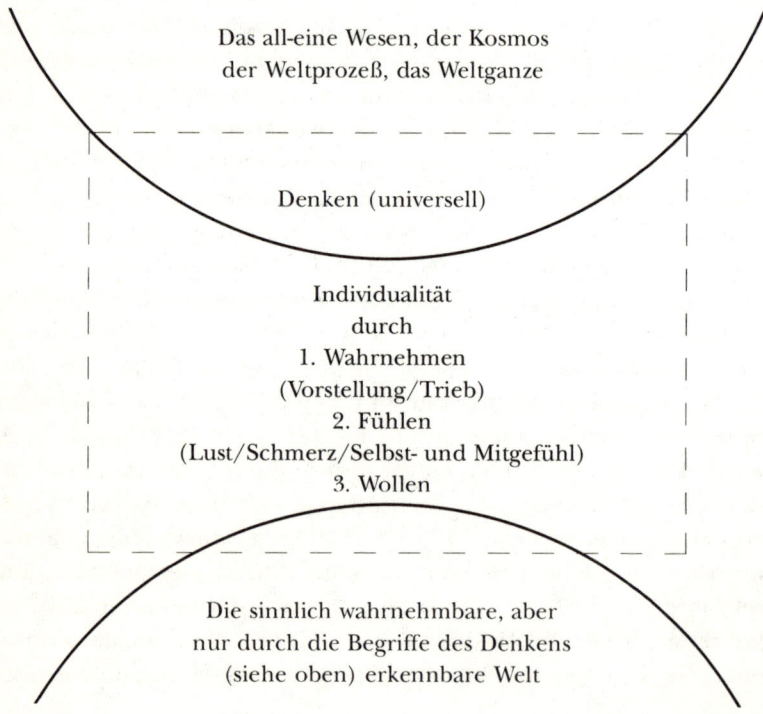

Das all-eine Wesen, der Kosmos
der Weltprozeß, das Weltganze

Denken (universell)

Individualität
durch
1. Wahrnehmen
(Vorstellung/Trieb)
2. Fühlen
(Lust/Schmerz/Selbst- und Mitgefühl)
3. Wollen

Die sinnlich wahrnehmbare, aber
nur durch die Begriffe des Denkens
(siehe oben) erkennbare Welt

Nach Steiner ist das Denken des Menschen das Denken des All-Einen, ist überindividuell, ein »allgemeines Bewußtsein« (GA 4,148) und nur in dieser Form »Ich«. Individualität und Ich-Bewußtsein erhält es durch drei Elemente: (1) Durch das sinnliche *Wahrnehmen*, genauer: durch die *Vorstellung*, die einen universellen Begriff, eine Intuition erst mit einer bestimmten Wahrnehmung verknüpft und so zu einem individuellen Begriff macht. Sofern sich das Wahrnehmen ohne Vermittlung von Gefühl oder Begriff in Wollen umsetzt, heißt es Trieb. (2) Durch das *Fühlen*, das auf die Wahrnehmung der Dinge mit Lust und Schmerz und auf die Wahrnehmung unserer selbst mit Scham oder Stolz und auf die Wahrnehmung unserer Mitmenschen mit Mitgefühl reagieren läßt und die Dinge somit auf das Subjekt bezieht. (3) Durch das *Wollen*, in dem der Mensch – umgekehrt wie im Fühlen – einen Bezug seines Selbsts auf Objekte erlebt. (Später spricht Steiner oft von den drei »Seelenkräften« und meint damit: Denken, Fühlen und Wollen.) Da Wahrnehmen, Fühlen und Wollen ans Nervensystem des Leibes gebunden sind, kann Steiner sagen: »Durch die Leibesorganisation entsteht also das Ich-Bewußtsein« (GA 4,148), doch sei es, einmal entstanden, nicht mehr von dieser abhängig.

Durch moralische Intuition zur Freiheit des ethischen Individualismus

Steiners Auffassung von Mensch und Welt ist bereits in seiner Frühphase nicht nur theoretisch ausgerichtet, sondern Grundlage einer praktischen *Spiritualität des Einswerdens mit dem All-Einen*. Dieses Anliegen hat er in einem eindrucksvollen Bekenntnis zusammengefaßt, das er wahrscheinlich schon sechs Jahre vor Erscheinen seiner »Die Philosophie der Freiheit«, 1888 in Wien niederschrieb und »Credo« nannte. (Der ganze Text ist hinten als Anhang I abgedruckt.) Dort sieht er die Abtötung der Selbstheit als Weg zur Unsterblichkeit im ewigen Sein – ein Gedanke, der nach Inhalt und Ausdrucksweise an die Schlüsselerfahrung erinnert, die ihn mit 20 Jahren das Ewige in uns fühlen ließ. Er schreibt da unter anderem:

»Alles, was selbstisch ist, was ihn zu *diesem* bestimmten, einzelnen Wesen macht, das muß der Mensch in sich aufheben, bei sich abstreifen, denn dieses ist es, was das Licht des Geistes verdunkelt. Was aus der Sinnlichkeit, aus Trieb, Begierde, Leidenschaft hervorgeht, das will nur dieses egoistische Individuum. Daher muß der Mensch dieses selbstische Wollen in sich abtöten, er muß statt dessen, was *er* als Einzelner will, *das* wollen, was der Geist, die Idee in ihm will. Lasse die Einzelheit dahinfahren und folge der Stimme der Idee in Dir, denn sie nur ist das Göttliche. Was man als einzelner will, das ist am Umfange des Weltganzen ein wertloser, im Strom der Zeit verschwindender Punkt; was man ›im Geiste‹ will, das ist im Zentrum, denn es lebt in uns das Zentrallicht des Universums auf; eine solche Tat unterliegt nicht der Zeit… Denn wer die Selbstheit abtötet, der lebt ein ewiges *Sein.* Wir sind in dem Maße unsterblich, in welchem Maße wir in uns die Selbstheit ersterben lassen. Das an uns Sterbliche ist die Selbstheit« (GA 40,273f.).

In seinem Buch »Die Philosophie der Freiheit« entwickelt er diese Spiritualität von den Ausführungen über die Doppelnatur des Menschen aus, die in der obigen Skizze veranschaulicht wurden. Der Mensch soll »eine wahrhafte Individualität« werden, indem er sein auf sich selbst bezogenes, individuelles Gefühl »dem Kosmos eingliedert.« »Für das Weltganze kann mein Gefühlsleben nur einen Wert erhalten, wenn das Gefühl, als Wahrnehmung an meinem Selbst, mit einem Begriffe in Verbindung tritt und sich auf diesem Umwege dem Kosmos eingliedert. – Unser Leben ist ein fortwährendes Hin- und Herpendeln zwischem dem Mitleben des allgemeinen Weltgeschehens und unserem individuellen Sein. Je weiter wir hinaufsteigen in die allgemeine Natur des Denkens, wo uns das Individuelle zuletzt nur mehr als Beispiel, als Exemplar des Begriffes interessiert, desto mehr verliert sich in uns der Charakter des besonderen Wesens, der ganz bestimmten einzelnen Persönlichkeit. Je weiter wir herabsteigen in die Tiefen des Eigenlebens und unsere Gefühle mitklingen lassen mit den Erfahrungen der Außenwelt, desto mehr sondern wir uns ab von dem universellen Sein. Eine wahrhafte Individualität wird derjenige sein, der am weitesten hinaufreicht mit seinen Gefühlen in die Region des Ideellen« (GA 4,109f.).

Das bedeutet einerseits – was Steiner hier nur andeutet –, daß der Mensch neben der gewöhnlichen Außenaufmerksamkeit (dem sinnlichen Wahrnehmen und gedanklichen Verarbeiten, das noch kaum auf das Denken selber achtet) auch das *Erleben ihres ideellen, intuitiven Ursprungs* pflegt, um sich vom alles beherrschenden Einfluß der Sinne zurückzuziehen und sinnlichkeitsfrei zu denken, zu fühlen und zu wollen – wie es Steiner wohl bis zum Beginn seines 36. Lebensjahres getan hat und wie es anthroposophische Kurse auch heute durch die Beschäftigung mit Geometrie und Mathematik einüben. In einem späteren Zusatz spricht Steiner vom »Denk-Erleben«, das, richtig verstanden, bereits »Geist-Erleben« sei (wie er es später deutlicher als Meditationsziel darstellte). Wahrhafte Individualität bedeutet aber andererseits vor allem, daß sich der Mensch in seinem Fühlen und Wollen nicht von seinen Trieben und seinem Egoismus leiten läßt, sondern den *moralischen Intuitionen* folgt, die er aus der ideellen Sphäre heraus gewinnen kann. So kann er die »autoritative Moral«, die bloß den Geboten äußerer Autoritäten oder innerer Pflichten (im Sinne Kants) gehorcht, überwinden und aus eigener sittlicher Einsicht handeln, aus sittlicher Autonomie.

Das Intuitionsvermögen, das diese Freiheit aus individueller Bindung voraussetzt, ist in jedem Menschen verschieden. In jedem soll sich nun die Summe der jeweils wirksamen Ideen und Intuitionen, das heißt der Sittlichkeitsgehalt ausleben, der ihm eigen ist und der letztlich allen gemeinsam ist. »Man kann diesen Standpunkt den *ethischen Individualismus* nennen« (GA 4,160). »Ich erkenne kein äußeres Prinzip meines Handelns an, weil ich in mir selbst den Grund des Handelns, die Liebe zur Handlung gefunden habe. Ich prüfe nicht verstandesmäßig, ob meine Handlung gut oder böse ist; ich vollziehe sie, weil ich sie *liebe*. Sie wird ›gut‹, wenn meine in Liebe getauchte Intuition in der rechten Art in dem intuitiv zu erlebenden Weltzusammenhang drinnen steht; ›böse‹, wenn das nicht der Fall ist« (ebd. 162).

So wie sich der Mensch durch bewußtes Denken aus der Beschränktheit lösen soll, in der ihn seine sinnliche Wahrnehmung zeigt, soll er sich von der vorgegebenen Wahrnehmung des unter Gesetzeszwang lebenden »Schablonenmenschen« befreien, indem er »den Begriff des freien Geistes, das ist seinen eigenen Begriff« (ebd. 168) findet. Wenigstens sollte dies das Entwicklungsziel und Ideal sein.

Monismus, Einheitsphilosophie, Einswerden mit dem All-Einen, das der Mensch in seinem Denken ist, bedeutet also im ethischen Bereich für Steiner, daß man Unfreiheit überwindet und Freiheit entwickelt. Darum wendet er sich auch gegen jede Form von Fremdgesetzlichkeit (sittlicher Heteronomie) und schreibt etwa: »Der Mensch hat nicht den Willen eines außer ihm liegenden Wesens in der Welt, sondern seinen eigenen durchzusetzen; er verwirklicht nicht die Ratschlüsse und Intentionen eines andern Wesens, sondern seine eigenen. Hinter den handelnden Menschen sieht der Monismus nicht die Zwecke einer ihm fremden Weltenlenkung, die die Menschen nach ihrem Willen bestimmt, sondern die Menschen verfolgen, insofern sie intuitive Ideen verwirklichen, nur ihre eigenen, *menschlichen* Zwecke. Denn die Ideenwelt lebt sich nicht in einer Gemeinschaft von Menschen, sondern nur in menschlichen Individuen aus... Der Monismus ist also im Gebiete des wahrhaft sittlichen Handelns *Freiheitsphilosophie*« (GA 4,179).

Der unfreie Mensch wählt seine Intuitionen nicht aus dem Ganzen seiner Ideenwelt aus, sondern fixiert sich auf bestimmte Intuitionen, die seinen bisherigen Erlebnissen und Vorstellungen entsprechen. Er handelt so, wie er es gesehen hat oder befohlen bekam oder wie es ein Gesetz unter Androhung von Strafen vorschreibt. Der freie Mensch hingegen lebt aus der *moralischen Phantasie*. Sobald er den Antrieb zu einer Handlung in allgemein-begrifflicher Form gefunden hat – etwa: »Du sollst deinen Mitmenschen Gutes tun! du sollst so leben, daß du dein Wohlsein am besten beförderst!« –, setzt er sie in jedem einzelnen Fall in die konkrete Vorstellung des Handelns um (GA 4,192f.). Die moralische Phantasie wird auch der Entwicklungsbedingtheit des Menschen gerecht, denn ethische Normen und sittliche Ideen müssen jeweils neu geschaffen werden. Für den Monismus sind sittliche Prozesse Weltprodukte wie alles andere, was besteht: »Der ethische Individualismus ist somit die Krönung des Gebäudes, das *Darwin* und *Haeckel* für die Naturwissenschaft erstrebt haben. Er ist vergeistigte Entwicklungslehre auf das sittliche Leben übertragen« (ebd. 200).

Während für Kant das sittliche Leben nicht der Neigung, sondern nur der Pflicht entspringen soll, lehnt Steiner einen solchen Gegensatz ab. Das Streben nach Lust und das Streben nach Sittlichkeit fallen für ihn zusammen, weil das Sollen zum freien Wollen werden kann. Wer aus moralischer Phantasie und Intuition handelt, will sittliche Ideale verwirklichen, weil dies seine höchste Lust ist. Demgegenüber wird ihm die Lust, die er aus der Befriedigung der alltäglichen Triebe zieht, als Kleinigkeit erscheinen. »Idealisten *schwelgen* geistig bei der Umsetzung ihrer Ideale in Wirklichkeit« (ebd. 232).

Die Hauptphase
Durch meditative Versenkung eins werden mit dem Ganzen

Nach 1900 tritt Steiners Denken in eine Phase, die auf seiner früheren Erkenntnislehre und Weltanschauung aufbaut, diese aber um emotionale und meditative Elemente erweitert und zunehmend esoterisch ausdrückt. Die grundlegenden Werke aus dieser Hauptphase sind: »Theosophie« (1904), »Wie erlangt man Erkenntnisse der höheren Welten?« (1904/1905) und die »Geheimwissenschaft im Umriß« (1910). Hat er in seinen früheren Schriften zum Erleben des selbstschöpferischen Denkens und seiner moralischen Intuitionen aufgerufen, so will er von nun an zu einer *intensiven seelisch-geistigen Versenkung* anleiten, zu der Symbolbetrachtungen, Inspirationserlebnisse und mystische Einheitserfahrung gehören. Diese »höhere Erkenntnis« (GA 12) und »übersinnliche Welterkenntnis« (GA 9) gliedert er bald in die drei Stufen: Imagination, Inspiration und Intuition. Diese Art der Meditation tritt immer mehr in den Vordergrund, so daß das früher beschriebene Erleben des Denkens, zusammen mit den Bemühungen um emotionale und sittliche Selbstbildung, zur Vorbereitung und Begleitung der angestrebten Versenkung wird. Die Versenkung, zu der Steiner nunmehr hinführen will, ist wohl jene Form von Meditation, die er als 36jähriger erstmals gefunden und rückblickend als »seelische Lebensnotwendigkeit« und »Eingang in die Geistesforschung«, in die esoterische Wende gewertet hat (W. Klingler 1986, 133f.).

Steiner beschrieb seinen Erkenntnisweg und vor allem seine Auffassung von Mensch und Welt mehr und mehr in esoterischen, okkulten Ausdrücken, in denen er sich an die Theosophie anlehnte. Diese esoterische Vereinigung war im Jahre 1875 in New York von Helena Blavatsky und Henry Olcott begründet worden. Steiner war ab 1902 Generalsekretär ihrer Deutschen Sektion und hielt in dieser Funktion zahlreiche Vorträge, lehnte aber ihre spiritistische und christentumsfremde, indische Ausrichtung ab. 1913 wurde er aus der Theosophischen Gesellschaft ausgeschlossen; ihre Deutsche Sektion spaltete sich. Die Mehrheit ihrer Mitglieder folgte Steiner und gründete die Anthroposophische Gesellschaft.

Der Erkenntnisweg

Was Steiner an verschiedenen Stellen zum Erkenntnis- oder Schulungsweg und damit zum Kernstück der Anthroposophie äußert, zeigt zwar eine klare Richtung, läßt sich aber nicht streng systematisieren (P. E. Schiller 1979; F. Carlgren 1985). Wenn auch jeder Leiter eines Ausbildungskurses sein Verständnis einfließen läßt, muß letztlich doch jeder Suchende aufgrund seiner Steiner-Deutung und seiner Eigenart (seines Karmas!) seinen Weg bestimmen. Die Führung durch einen erfahrenen Meister darf die Eigenständigkeit und Freiheit des Schülers nicht beeinträchtigen; Steiner will jeden Guruismus vermeiden: »In jedem liegen die Fähigkeiten, selbst zu erkennen, selbst zu schauen, was echte Mystik, Geisteswissenschaft, Anthroposophie und Gnosis lehren« (GA 10,41).

Zur *Vorbereitung des Denkens* muß der Anfänger als »ersten Schritt zur eigenen Anschauung« die Erkenntnisse von Eingeweihten kennenlernen. Das »Studium der Geisteswissenschaft« muß ihm die Auffassung vermitteln, die Steiner etwa in »Die Philosophie der Freiheit« oder »Die Geheimwissenschaft im Umriß« zum sinnlichkeitsfreien Denken des Menschen, zu seiner Siebengliedrigkeit, seiner Wiedergeburt und zur Weltentwicklung dargelegt hat. Der »Geistesschüler« soll sich auch mit Mathematik und Geometrie beschäftigen und sich mit den Metamorphosen bei Pflanze und Tier befassen, um jenes Denken zu verstärken, das von der sinnlichen Wahrnehmung unabhängig ist und doch exakt bleibt.

Wer sich auf den Erkenntnisweg begeben will, muß aber auch sein *Fühlen* und *Wollen* vorbereiten: Er soll sich um die Grundhaltung der »Verehrung, Achtung, Devotion« ergreifenden Tatsachen gegenüber (also nicht um Ergebenheit gegenüber Menschen) bemühen und sich *täglich mindestens fünf Minuten zurückziehen,* um sein Leben objektiv und wie von einer höheren Warte aus zu betrachten und den »höheren Menschen« in sich zu erwecken. Vorbereitung zur Meditation, aber auch Nebenübungen, die sie ständig begleiten müssen, sind das nichts erzwingende Warten auf die Erleuchtung, die sich u.U. erst nach Jahren einstellt. Ferner: Sachlichkeit, Verantwortlichkeit für das eigene Tun, Liebe als Höchstwert, Dankbarkeit, Andacht statt Kritik (GA 10,102-114), sowie die sechs Eigenschaften: Herrschaft über die Gedankenführung, Herrschaft über die Willensimpulse, Gelassenheit gegenüber Lust und Leid, Positivität im Beurteilen der Welt, Unbefangenheit in der Auffassung des Lebens und das harmonische Zusammenstimmen dieser Eigenschaften (GA 13,336; GA 12,31).

Der »Geheimschüler« soll durch Übungen auch emotionale Voreingenommenheit und Undifferenziertheit überwinden und lernen, sich selbstlos in das Blühen und Verwelken von Pflanzen und in die verschiedenen Gefühlsäußerungen von Tieren einzufühlen sowie Menschen offen zuzuhören und ihren Willen zu respektieren. Im Mit-Denken, Mit-Fühlen und Mit-Wollen der Lebenskräfte, die unsichtbar in der sichtbaren Pflanzen-, Tier- und Menschenwelt wirken, soll die Seele zum Mit-Leben mit der Ideenwelt bereit werden (GA 10,43-53). Die Übungen gehen bereits in die erste Stufe der Meditation (die »Imagination«) über, wenn das Mit-Leben mit den Pflanzenkräften nicht mehr von sinnlicher Beobachtung aus, sondern aufgrund rein innerer Vorstellungen angeregt wird.

Die Meditation und ihre Stufen

Der Geistesschüler, der den anthroposophischen Meditationsweg beschreiten will, soll sich täglich fünf bis fünfzehn Minuten zurückziehen, um zu üben. Eine bestimmte Körperhaltung ist dafür nicht vorgeschrieben, denn diese Meditation geht nicht von Körpererfahrungen aus, auch nicht vom bewußten Erleben des Atems. Sie möchte auch hypnotische Zustände, und mediumistische Offenbarungen, wie sie Spiritisten durch Glasrücken oder automatisches Schreiben erhalten wollen und wie sie auch führende Theosophen suchten, vermeiden. Auch unwillkürliche Visionen sind für Steiner unerwünscht, denn alle diese Erlebnisse würden nur das Bewußtsein »herabstimmen« und von den Sinnen und vom Leib abhängig machen. Die anthroposophische Meditation will gerade umgekehrt *vom bewußtesten Denken her das Fühlen und Wollen anregen und führen.* Dadurch daß man »alles Wahrnehmen, alles Erinnern, alles sonstige Innenleben ausschließt« (GA 10,218), soll das Denken, Fühlen und Wollen von den gewohnten Denk- und Verhaltensweisen und ihrer Alltagsgebundenheit unabhängig, *»sinnlichkeitsfrei«* werden.

Es soll das Übersinnliche, Geistige nicht nur als Begriffskorrelat zum Sinnlichen erfahren wie im Erleben des Denkens (gemäß der Frühphase), sondern es *in sich* erleben, das heißt *»Offenbarungen«* aus der geistigen Welt empfangen und diese so intensiv wahrnehmen, wie man »durch die physischen Sinne die physische Welt wahrnimmt«, ja, als »in einem viel höheren Sinne wirklich als die sinnliche Welt« – bis der Meditierende auf der Stufe der »Intuition« ganz in dieses Geistige eintritt, es voll *mitlebt* als »Mitschöpfer«, ohne den sich die Ideenwelt nicht vollenden könnte – nicht nur als »Nachschaffer« (Ga 28,321). Dann ist die Erkenntnis nicht nur sinnlichkeitsfrei, sondern auch »leibfrei«, ähnlich wie im Schlaf und nach dem Tod. Die Seele, schreibt Steiner, »löst sich los von der Leiblichkeit, wie sie sich im Schlafe loslöst.« Schließlich fühlt der Übende: »Jetzt stelle ich etwas vor durch Kräfte, bei denen mir meine Sinne und das Gehirn nicht als Werkzeuge dienen« (GA 13,319).

Steiner unterscheidet in vielen Schriften und Vorträgen drei Stufen der Meditation, die im folgenden näher dargestellt werden sollen. Diese Stufen können seiner Ansicht nach weitgehend gleichzeitig erreicht werden, gehen also ineinander über. Die erste, die Imagination, vermittelt den grundlegenden Einstieg in das Erleben der geistigen Welt, während die zweite, die Inspiration, dieses Erleben zusammenhängender und stärker und die dritte, die Intuition, selbstloser und ideezentrierter erfahren läßt.

»Diese Meditation ist die Hingabe an eine Vorstellung, an eine Gedankenempfindung oder einen Willensakt in einer so intensiven Weise und in einer solchen Art, wie es im gewöhnlichen Leben nicht geschieht, wie sie aber geeignet ist, um Kräfte, die sonst gleichsam verdünnt in unserem Seelenleben vorhanden sind, zu konzentrieren, zu verdichten« (GA 62,122).

Die Imagination
Symbolbetrachtung, Mantren und Aura-Sehen

Der Geistesschüler soll sich in unablässig wiederholter Versenkung einen Gedanken vergegenwärtigen und versuchen dessen Gefühlsgehalt *symbolisch in einem Bild mit gleichsam seelischen und geistigen Farben* zu schauen und das Sinnbild, das er allmählich aufbaut, auf sich wirken zu lassen, um die Erlebnisfähigkeit und Aufmerksamkeit für Geistiges zu verstärken und zu steigern.

Man stelle sich beispielsweise das Wachsen einer Pflanze bis zur Blüte vor und vergleiche mit ihr den Menschen, der zwar beweglicher ist als sie, aber auch von Trieben und Leidenschaften erfüllt wird. Man stelle sich nun den Saft, der durch die Pflanze fließt, als Ausdruck für die reinen Wachstumsgesetze, das rote Blut in den Adern des Menschen aber als Ausdruck für die Triebe und Leidenschaften vor. Dann bedenke man, wie der Mensch seine Begierden und Leidenschaften läutern und reinigen kann und stelle sich das Blut, aber auch das Rot einer Rose als Ausdruck geläuterter Triebe vor. Diese Versinnbildung der Entwicklungsfähigkeit und -aufgabe des Menschen kann eine beseligende Empfindung wecken. Danach fasse man das Erarbeitete in einem Sinnbild zusammen: Ein schwarzes Kreuz sei Ausdruck für das vernichtete Niedere der Triebe, und ein Kranz von sieben roten Rosen im Schnittpunkt der Balken symbolisiere die geläuterten Triebe. »Eine solche Vorstellung hat eine seelenweckende Kraft, wenn man sich in innerlicher Versenkung ihr hingibt« (GA 13,312).

Ähnlich wie das erwähnte Sinnbild des Rosenkreuzes kann sich der Übende die »Werdekräfte« vergegenwärtigen, die aus einem Samenkorn eine Pflanze wachsen lassen. Spürt man diese Kraft in sich selbst, so schafft sie eine geistige Anschauung: »Das Samenkorn wird wie in einer kleinen Lichtwolke eingeschlossen erscheinen. Es wird auf sinnlich-geistige Weise als eine Art *Flamme* empfunden werden. Gegenüber der Mitte dieser Flamme empfindet man so, wie man beim Eindruck der Farbe Lila empfindet; gegenüber dem Rande, wie man der Farbe Bläulich gegenüber empfindet« (GA 10,62). Eine noch stärkere Flamme erlebe man beim Betrachten der Tatsache, daß eine unsichtbare Kraft die absterbende Pflanze nicht ins Nichts verschwinden, sondern im Samen weiterleben läßt. So erfasse man anfanghaft das überall wirkende ewige Geistige und begreife das Geheimnis des Entstehens und Vergehens. »Für die äußeren Sinne entsteht ein Wesen bei der Geburt; es vergeht im Tode. Dies ist aber nur deshalb, weil diese Sinne den verborgenen Geist des Wesens nicht wahrnehmen. *Für den Geist sind Geburt und Tod nur eine Verwandlung...*« (ebd. 65).

Um diese geistigen Kräfte erstarken zu lassen, ist weniger die Länge der einzelnen Übung als vielmehr die Häufigkeit ihrer Wiederholung von Bedeutung. Man kann dabei auch andere als die angeführten Sinnbilder betrachten. Der Schüler kann auch von einem Begriff ausgehen und ihn in einem Symbol auf sich wirken lassen: »Man denke sich die *Weisheit,* welche in der Ordnung der Welterscheinungen lebend und webend vorgestellt wird, durch das *Licht* symbolisiert. Weisheit, die in opfervoller Liebe sich darlebt, denke man von *Wärme* versinnlicht, die in Gegenwart des Lichtes entsteht« (GA 35,118).

Der Geistesschüler kann sich aber nicht nur in Sinnbilder, sondern auch in bestimmte Sätze, Formeln, einzelne Worte oder auch in die allgemeine Idee der Herzensgüte versenken. Bereits in der esoterischen Schule, die Steiner von 1904 bis 1914 leitete, empfahl er Meditationssprüche, *Mantren.* Die »mantrische Kunst« liegt für ihn darin, »daß man die Sprüche selbst mit der eigenen Seelenkraft verbindet, daß man darinnen bleibt in den Sprüchen, daß man durch fortwährendes Wiederholen seine Seelenkraft, die in den Sprüchen lebt, verstärkt, daß man durch immer und immer fortwährendes Sich-Vorsagen dieser Sprüche seine Seelenkraft verstärkt« (GA 322,96). Steiner hat eine Reihe von »Wahrspruchworten« mit mantrischem Chrakter verfaßt. Er schrieb in der gleichen Absicht auch einen »Anthroposophischen Seelenkalender« mit 52

Wochensprüchen, die den Ablauf des Jahres geistig-seelisch miterleben lassen sollen. (Der Morgenspruch, mit dem man in Waldorfschulen den Unterrichtstag beginnt, ist meistens diesem Werk entnommen.) Der Spruch für die 30. Woche (27.10. – 2.11.1912) lautet:

»Es sprießen mir im Seelensonnenlicht
Des Denkens reife Früchte,
In Selbstbewußtseins Sicherheit
Verwandelt alles Fühlen sich.
Empfinden kann ich freudevoll
Des Herbstes Geisterwachen:
Der Winter wird in mir
Den Seelensommer wecken.«

Steiner ist überzeugt, daß die über längere Zeit praktizierten Imaginationsübungen auch das Traumleben, den traumlosen Schlaf und das Wachbewußtsein des Geistesschülers verändern. Die *Träume*, schreibt er, werden immer weniger durch die sinnlichen Eindrücke der Erinnerung verwirrt und stattdessen zusammenhängender, vom Denken kontrolliert: Sie enthalten nun Bilder der anderen, höheren Welt, die der Übende bewußt aufnehmen und behalten lernt. Er kann auch im *traumlosen Schlaf* auf geistige Weise gleichsam Töne und Worte hören, was jedoch vor allem der nächsten Meditationsstufe, der Inspiration, entspricht. Ähnlich kann er im Schlaf Farben schauen.

So erlangt man allmählich die *Kontinuität des Bewußtseins*: Man kann immer besser »Zustände, die vorher nur unbewußt im Schlafleben vorhanden waren, in vollständig bewußte« umwandeln. Die bewußtlosen Phasen im Leben eines solchen Menschen werden kürzer; sein Bewußtsein wird ein durchgehendes. Er erlebt nun die höhere Welt auch dann, wenn sein physischer Leib und seine sinnliche Wahrnehmung ruhen (GA 10,179). Dem Schüler wird bewußt, was der Ungeübte nur unbewußt erfährt: Daß das Seelisch-Geistige des Menschen (das Steiner in seiner Lehre von der Vier- bzw. Siebengliedrigkeit des Menschen »Astralleib« und »Ich« nennt) sich im Schlaf vom Physisch-Vegetativen (dem »physischen Leib« und den »Ätherleib«) trennt und mit der seelisch-geistigen

Welt verbunden bleiben. Er erlebt auch einen bilderartigen Rück-
blick auf sein Leben, ein »Erinnerungstableau«, wie es seiner
Meinung nach unmittelbar vor dem Tod geschaut wird.

Der Geistesschüler soll zwar untertags nicht seinen Übungen nach-
hängen, doch erlangt er nach einiger Zeit die Fähigkeit, auch im *alltäglichen Wachbewußtsein* »die Geheimnisse seiner Umgebung seelisch
als Töne und Worte (zu) erfassen« (ebd. 177) und ähnlich auch in
Farben und Gestalten zu erleben. Steiner schreibt in seiner »Theosophie« und in Aufsätzen der Zeitschrift »Luzifer« und »Lucifer-Gnosis«
ausführlich über die seelisch- geistige Wahrnehmung einer Farb- und
Lichtumstrahlung, einer *Aura*, und man darf darin wohl eine Imagination außerhalb der gelenkten Imaginationsübung sehen. (Auch
der Theosoph C.W. Leadbeater hat 1902 in London ein Buch über
das Aura-Sehen veröffentlicht.) Wer zum Aura-Sehen gelangt ist,
erlebt beispielsweise Steine und Pflanzen »geistig« in verschiedener
Gestalt, je nachdem, ob er sie als nützlich oder als schön wertet, oder
auch je nach der Pflanzenform, die er vor sich hat.

Aura-Sehen und symbolisches Schauen (»Hellsehen«)

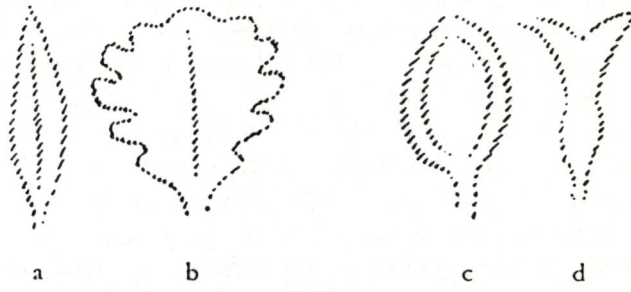

a   b   c   d

»Da wird der hellseherisch geschulte Mensch tief empfinden können
einen Unterschied zwischen einem Pflanzenblatt, das spitz zuläuft
(a), und einem Pflanzenblatt, welches diese Form (b) hat; zwischen
einer Blüte, welche in dieser Weise (c) nach aufwärts wächst, und
einer Blüte, welche etwa so (d) nach außen sich öffnet... Alles das
wird so lebendig sprechend wie die Physiognomie eines Menschen...
So fühlen wir, wie geistige Wesenheiten der zweiten Hierarchie alle
Natur durchdringen und sich in der Gesamtphysiognomie, in dem

Gesamtgestus, in der gesamten Mimik der Natur zum Ausdruck bringen« (GA 136,75f.).

Der Schüler, dem sich das geistige Auge geöffnet hat, erlebt aber vor allem Menschen, denen er begegnet, wie von einer Wolke in Eiform umstrahlt und von verschiedenen Farbtönen umflutet, in denen sich bestimmte Talente, Gewohnheiten und Charaktereigenschaften ausdrücken. Das Aura-Sehen wird durch die Imaginationsübungen vorbereitet. Die Fähigkeit zum symbolischen Schauen und Erleben bildet sich im Schüler ihre – theosophisch gesprochen – geistigen Augen, ihre Hellseherorgane (im symbolischen, meditativen, nicht im parapsychologischen Sinn) und ihre »Lotosblumen« (Chakras). Mit ihnen kann er die vielfach gegliederte übersinnliche Welt wahrnehmen – von den Kräften hinter den Mineralien bis zu den höchsten geistigen Wesenheiten. Wenn dies der Fall ist, schreitet der Schüler allerdings bereits weiter zur *inspirierten* Imagination, die der zweiten Stufe des Erkenntniswegs zuzuordnen ist und die ihn zur Geistesforschung befähigt. Steiner erwähnt auch, daß außerhalb der streng gelenkten Meditation spontane visionäre und auditive Erlebnisse möglich sind, in denen sich das eigene Innere spiegelt und zu deren Verarbeitung Mut gehört. »Leidenschaften, welche in der niederen Natur des Menschen ihren Sitz haben, können die Form von Tieren oder ähnlichen Gestaltungen annehmen, die sich auf den Menschen stürzen« (GA 10,152). Der Geistesschüler soll darin das Spiegelbild seiner eigenen Eigenschaften erkennen und »Mut und Kraft finden, um sich in der richtigen Art zu verhalten« (ebd.). Hier und auch bei anderen, ähnlichen Bemerkungen geht Steiner ohne Zweifel von tiefenpsychologischen Überzeugungen aus, allerdings ohne sich systematisch mit Sigmund Freuds Psychoanalyse auseinanderzusetzen.

Die Inspiration
Erfülltsein von Wesen, Lesen der verborgenen Schrift und Hören des göttlichen Weltenworts

Um zu dieser Stufe zu gelangen, soll der Geistesschüler – etwa beim Meditieren des Rosenkreuzes oder der Pflanze – das Sinnbild, das er aufgebaut hat, aus dem Bewußtsein verschwinden lassen und sich allein auf die seelisch-geistige Tätigkeit konzentrieren, aus der heraus er es aufgebaut hat. Die Erlebnisfähigkeit und Aufmerksamkeit für das Geistige, die bislang gezielt durch den Aufbau und das Wirkenlassen eines Sinnbildes geweckt wurde, soll *als spontaner Impuls, als »Offenbarung« aus dem eigenen Wollen und Denken, als Inspiriertwerden von innen und oben er-wartet werden.* Man lernt, seelisch-geistige Tätigkeit zu wecken, indem man sie aus tiefstem Schweigen als *»inneres Wort«* und »lebendige Einsprechung« bewußt werden läßt. »Wie man die Imagination ein geistiges Schauen nennen kann, so die Inspiration ein geistiges Hören« (GA 12,66).

Hören bedeutet, daß man hier das Erlebte immer weniger als selbsterzeugtes Schauen (subjektiv) erfährt und stattdessen als etwas Eigenständiges vernimmt. »Zunächst erweist sich der Inhalt [der Erkenntnis durch Inspiration] gar nicht als objektiv. Man *weiß* ihn als einen erlebten; aber man fühlt sich ihm nicht gegenübergestellt. Das Letztere tritt erst ein, wenn man ihn durch Seelenenergie gewissermaßen in sich selbst verdichtet. Dadurch wird er erst zu dem, was man objektiv anschauen kann« (GA 35,125f.). Die Kräfte, durch die wir »den subjektiven Inhalt der inspirierten Erkenntnis zur objektiven Anschauung« machen können, stammen für Steiner aus dem »Ätherleib«.

Bei den Übungen zur inspirierten Erkenntnis darf sich der Schüler nicht von unkontrollierten Einfällen ergreifen lassen, vielmehr soll er das *Erfülltsein von Wesen* erfahren. Er soll auch als »Helfer der Welt und der Menschheit« Anweisungen empfangen und »von der höheren Welt aus« handeln (GA 10,80). Er kann nun mit den Willensoffenbarungen der »höheren Wesen« eins werden, während er diese auf der Imaginationsstufe noch weitgehend in den meditierten Sinnbildern und in der übersinnlich geschauten Kräftewelt der Natur, das heißt von außen, betrachtet hat. Was Steiner in seiner Frühphase als moralische Intuitionen aus moralischer Phantasie bezeichnet hat, beschreibt er in seiner Hauptphase als »Erkenntnis durch Inspiration« und als »Offenbarung« aus den höheren Welten.

Der Schüler, der »in sich selbst eine Steigerung der inneren Willensenergie« erlebt, ja sich in bezug auf Ort und Zeit frei fühlt und in die höhere Welt eintritt, wo seine Wünsche und Begierden eine Wirkung für die Dinge haben (GA 10,83), muß nun die Versuchung zum Größenwahn, zur Eigenmächtigkeit und zu Vorurteilen bekämpfen und erkennen, »daß man mit seinem bewegten Ich hineingeflochten ist in die schaffenden Weltenkräfte« (GA 12,71). »Man muß sich rasch entschließen, auf die Eingebung des Geistes in allen Dingen zu hören« und so sein *höheres Selbst* finden, das frei von nachwirkenden Erlebnissen (»Vergessenheitstrunk«) und von eingefahrenen Gewohnheiten ganz aus sich selbst und aus spontaner »Geistesgegenwart« lebt (GA 10,86).

Der Geübte kann das Leben der Umgebung durch »geistiges Hören« in seinen Chakras nachklingen lassen und in der Welt die Sphärenharmonie und das »göttliche Weltenwort« vernehmen. Wirkten auf der Imaginationsstufe die Farben, Figuren und Töne für ihn noch rätselhaft und wie vereinzelte Buchstaben, so kann er jetzt nicht nur die Wandlungen der geistigen Wesen, sondern auch deren Gesetze und Beziehungen besser erkennen und alles viel sicherer und in einem großen Zusammenhang verstehen: Er lernt das »Lesen der verborgenen Schrift« und erkennt die Vorgänge der Weltentwicklung und des eigenen Daseins.

Das Hören des Weltenwortes ist auch Inhalt eines Spruches, den Steiner im »Anthroposophischen Seelenkalender« für die vierte Juli-Woche vorgeschlagen hat (GA 40,19) und der das Atmosphärische der Inspiration treffend ausdrücken dürfte.

> »Es spricht das Weltenwort,
> Das ich durch Sinnestore
> In Seelengründe durfte führen:
> Erfülle deine Geistestiefen
> Mit meinen Weltenweiten,
> zu finden einstens mich in dir.«

Die Intuition
Einswerden mit der ganzen Welt, Karma-Erkenntnis und Forschung in der Akasha-Chronik

Der Übende soll schließlich alles früher Erlebte aus dem Bewußtsein löschen: Erinnerungen, sinnliche Wahrnehmungen, Imaginationen, auch die Seelentätigkeit, in die er sich bei der Inspiration versenkt hat. Durch dieses Leerwerden kann er über sein gewöhnliches Selbst (Ich) hinaus zum *höheren Selbst* (Ich, Geistselbst) emporwachsen. Hier erfährt er mehr als ein inspiriertes Erfülltsein von Wesen, nämlich das *Eindringen in die höchsten welterschaffenden Wesenheiten, das Einswerden mit ihnen und mit der ganzen Welt*, das Mitschöpfersein.

»Erst in der Intuition *verschmilzt* er mit Wesen, die in sich geschlossen sind, selbst... Daher kann nur ein Ich, das in sich bis zu einem hohen Grade gefestigt ist, in ein anderes Wesen ohne Schaden untertauchen« (GA 12,76). »Er fängt an, sich wie mit dem ganzen Weltenbau verwachsen zu fühlen, trotzdem er sich in seiner vollen Selbständigkeit empfindet. Es ist diese Empfindung ein Aufgehen in die ganze Welt, ein *Einswerden* mit derselben, aber ohne die eigene Wesenheit zu verlieren« (GA 13,393).

Aus der Intuition heraus kann der Schüler nun die Rückschau auf den Tag zu einer Übung der Liebe machen. In seiner Naturmeditation kann er in einem Stein die Wesenheit suchen, die sich darin ausdrückt und die er wie sein Ich empfindet. Ähnlich kann er mit den wirkenden Wesen die Verwandlungen der Pflanzenwelt mitwollen und auch ins Tierreich eintauchen und ihm, da es noch in einem grausamen Kampf ums Dasein befangen ist, Impulse der Erlösung zusenden (GA 227,51).

Auf dem Weg zu diesem Ziel muß der Schüler die einseitige Entwicklung seiner Seelenkräfte zum Willensmenschentum, zur Gefühlsschwelgerei und zu einem kalten Denken vermeiden, das heißt an seiner Harmonisierung arbeiten und Mut beweisen: »Der Mensch lernt grausige, das Leben an allen Ecken und Enden bedrohende Gewalten kennen« (GA 10,182). Ihm wird auch das eigene *Karma*, das angesammelte Gute und Schlimme vergangener Leben, als *»Kleiner Hüter der Schwelle«* oder »Doppelgänger« erscheinen, um ihm zu zeigen, wovon er sich befreien und wie er aus seinem höheren Selbst leben muß. An dieser Gestalt werde ihm klar, daß nun nicht mehr die höheren Mächte für einen Ausgleich sorgen, sondern daß er eigenverantwortlich vergangenes Unrecht gutmachen und sich vom Bösen abwenden muß. Wenn das geschehe, vereinige sich der Doppelgänger wieder mit dem Schüler.

Hat er einmal seinen unsterblichen Kern und die notwendigen Inkarnationen erkannt, so offenbart ihm der *Große Hüter der Schwelle* als Lichtgestalt, daß es keine egoistische Seligkeit gibt, sondern daß er – obwohl es für ihn nicht mehr nötig wäre – in neuen Reinkarnationen in die Sinnenwelt zurückkehren muß, um als Befreier alle Genossen mitzubefreien (GA 10,207-211). Später ergänzt Steiner, der ermutigende Große Hüter der Schwelle werde vom Schüler als die *Christus-Gestalt,* als das »große menschliche Erdenvorbild« erkannt (GA 13,394f.). Von hier aus erschließt sich das Wirken des Christus in der Geschichte und heute. Auf der Grundlage der Intuition gelangt der Schüler zur »Erkenntnis der Verhältnisse von Mikrokosmos und Makrokosmos«.

Wer genügend entwickelt ist, kann auch in der *Akasha-Chronik* forschen, in der nach indisch-theosophischer Überlieferung wie in einem Weltgedächtnis alles Vergangene eingetragen ist. (Das Sanskritwort »Akasha« bedeutet: Raum, Äther.) So können Eingeweihte – trotz gelegentlicher Widersprüche und Irrtümer – auch »Dinge, von denen die Geschichte berichtet, in einer weit zuverlässigeren Weise schildern, als es dieser möglich ist« (GA 11,23). Sie lesen die nötigen Angaben im Weltenäther ab. Mit Berufung auf seine Einsicht in die Akasha-Chronik hat Steiner umfangreiche Schilderungen von der Entwicklung der Welt, der Erde und der Menschheit vorgelegt (GA 11; 13). Zu diesen Forschungen gehören nicht nur Aussagen über Leben und Kultur auf Atlantis, dem seiner Ansicht nach im zehnten Jahrtausend vor Christus untergegangenen Festland zwischen Amerika und Europa, das für ihn die Wiege der späteren Kulturen war, sondern auch über das Leben Jesu zwischen seinem 12. und 30. Lebensjahr sowie über »karmische Zusammenhänge« im Leben der Völker oder großer Persönlichkeiten wie Giuseppe Garibaldi und Karl Marx.

So wesentlich nach Steiner die Forschung in der Akasha-Chronik zum eingeweihten Menschen gehört, ist das Ziel des Schulungsweges für Menschen, die sich derzeit inkarnieren, ein anderes: Das Höchste, was sie alle erreichen können und sollten, ist das *Einswerden mit dem Makrokosmos* und eine *Grund-Seelenstimmung,* die alle Erfahrungsweisen, die auf dem Erkenntnisweg erarbeitet wurden, zusammenfaßt (GA 13,393).

Der Mensch – seine Wesensglieder und seine Bestimmung

Der folgende Abschnitt soll die Grundzüge von Steiners Menschenverständnis nachzeichnen. Bei der Beschreibung seines Erkenntnisweges hat sich mehrmals gezeigt, daß sein Verständnis von Meditation eine ganz bestimmte Auffassung von Mensch und Welt voraussetzt – wenn er beispielsweise von leibfreier Erkenntnis, von Ätherleib, Astralleib oder Werdekräften spricht. Umgekehrt wird in den beiden folgenden Kapiteln deutlich werden, daß seine Auffassung von Mensch und Welt in hohem Maß von der beschriebenen Meditationserfahrung her beeinflußt, erleuchtungsbestimmt ist. Wie sieht Steiner in seiner Hauptphase (und danach) das Wesen und die Bestimmung des Menschen?

Wenn Steiner sein Verständnis vom Menschen darlegt, spricht er immer wieder von dessen Gliedern bzw. Wesensgliedern. Allerdings verwendet er in den verschiedenen Phasen und Schriften unterschiedliche Einteilungen und Begriffe. In seiner Frühphase, die sich vor allem mit dem Unterschied zwischen sinnlichem Wahrnehmen und sinnlichkeitsfreiem Denken befaßt, steht für ihn eine entsprechende *Zweiteilung* im Vordergrund: Er sieht den Menschen als sinnlich-geistige »Doppelnatur« (GA 4,91) und als »Bürger zweier Welten, der Sinnen- und der Gedankenwelt« (GA 2,79). Darin ist jedoch bereits eine gewisse Dreiteilung enthalten, sofern er das Fühlen und Wollen als Kräfte eines Zwischenbereichs betrachtet, der das an sich universelle Denken auf die Wahrnehmung bezieht und individualisiert. Vermutlich hat ihn nun das zunehmende Interesse an intensiver meditativer Versenkung in seiner Hauptphase veranlaßt, diesen emotionalen Zwischenbereich stärker zu betonen und als eigenes Wesensglied des Menschen hervorzuheben. Er bezeichnet ihn als Seele bzw. als Seelisches oder Seelisch-Geistiges, wozu ihn wohl auch seine Beschäftigung mit dem Seelenbegriff der antiken Mysterien und der mittelalterlichen

Mystik ermutigt hat (W. Klingler 1986, 75ff.;93). Weil der Mensch die Wirklichkeit (Welt) dreifach erkennt, nämlich leiblich (sinnlich), seelisch (fühlend) und geistig (denkend), nennt er ihn in seiner »Theosophie« einen »Bürger dreier Welten« und entwickelt die frühere Zweiteilung zu einer entsprechenden *Dreiteilung.* »So ist der Mensch Bürger *dreier Welten.* Durch seinen *Leib* gehört er der Welt an, die er auch mit seinem Leibe wahrnimmt; durch seine *Seele* baut er sich seine eigene Welt auf; durch seinen *Geist* offenbart sich ihm eine Welt, die über die beiden anderen erhaben ist« (GA 9,28).

Frühphase		Hauptphase	
Mensch:	Welt:	Mensch:	Welt:
Bürger zweier Welten		Bürger dreier Welten	
1. Sinnlich (Wahrnehmen)	Sinnenwelt	1. Leib	Physische Welt
Fühlen und Wollen		2. Seele	Seelenwelt (astral)
2. Geistig (Denken)	Gedankenwelt	3. Geist	Geisterland (Himmelreich)

Diese Dreiteilung differenziert Steiner häufig zu einer *Vierteilung,* indem er zwischen Seele und Leib einen eigenen vegetativen – oder in esoterischer Sprache und Sicht: ätherischen – Bestandteil annimmt und Ätherleib oder Lebens- bzw. Bildekräfteleib nennt. Da er in diesen Passagen auch für Seele und Geist andere Begriffe gebraucht, ergibt sich folgende Viergliedrigkeit:
1. Physischer Leib 2. Ätherleib 3. Astralleib (Seele) 4. Ich (Geist)
Oft geht Steiner aber auch von einer *Neunteilung* aus, die er dann wieder zu einer *Siebenteilung* vereinfacht, in der die eben angeführte Vierteilung enthalten ist. In der Neunteilung unterscheidet er – im Rückgriff auf die Dreigliederung Leib, Seele, Geist – drei untere Wesensglieder leiblicher Art (wobei Leib einfach Gestalt, Form oder Träger bedeutet und nur der Physische Leib materiell verstanden wird), drei mittlere Wesensglieder seelischer und drei höhere Glieder geistiger Art. Für unsere Darstellung mag folgende

Vereinfachung genügen. Die beiden Gliederungen werden zum Vergleich nebeneinander angeführt; zwei Klammern zeigen, welche Komponenten Steiner zusammenlegt, um zur Siebenteilung zu kommen; die Glieder, die er dabei nicht mehr differenziert, werden im Zusammenhang mit der Siebengliederung kurz erläutert.

Der Mensch: Neungliedrig	Der Mensch: Siebengliedrig
1. Physischer Leib (Körper)	1. Physischer Leib
2. Ätherleib (Lebens- oder Bildekräfteleib)	2. Ätherleib (Lebens- oder Bildekräfteleib)
3. Seelenleib (Empfindungsleib) } 4. Empfindungsseele	3. Astralleib (Seelenleib)
5. Verstandes- oder Gemütsseele	4. Ich
6. Bewußtseinsseele } 7. Geistselbst (Manas)	5. Geistselbst (Manas, geisterfüllte Bewußtseinsseele)
8. Lebensgeist (Buddhi)	6. Lebensgeist (Buddhi)
9. Geistesmensch (Atma)	7. Geistesmensch (Atma)

Betrachten wir die Grundzüge, durch die Steiner die sieben Wesensglieder des Menschen charakterisiert sieht.

Der Physische Leib

Er baut sich aus dem Mineralischen auf und ist nur durch die Bilde-Kräfte des Ätherleibes lebensfähig, der über den Flüssigkeitsorganismus des physischen Leibes auf diesen einwirkt. Er löst sich wieder in das Mineralische auf, wenn sich im Tod der Ätherleib von ihm trennt. Er ist das einzige Wesensglied, das materiell ist; alle anderen sind übermateriell und übersinnlich wahrzunehmen; drücken sich im materiellen und sichtbaren Leib nur aus.

Der Ätherleib (Lebens- oder Bildekräfteleib)

Der Ätherleib des Menschen ist für Steiner die Gesamtheit der Bilde-Kräfte (Ätherkräfte), das Vegetative und Funktionelle, das auf ihre Weise auch Pflanzen und Tiere haben. Er formt den physischen Leib – wie ein Architekt – und erhält die Stoffe und Kräfte im Lebendigen und Strömenden: »Alle Organe werden in ihrer Form und Gestalt durch die Strömungen und Bewegungen des Ätherleibes gehalten. Dem physischen Herzen liegt ein ›Ätherherz‹ zugrunde, dem physischen Gehirn ein ›Äthergehirn‹ usw.«, und wo im physischen Leib gesonderte Teile sind, ist im ätherischen alles in lebendigem Durcheinanderfließen (GA 13,57f.).

Nach Steiner gibt es »logische Gründe« für die Annahme eines Ätherleibes, doch ihn an einem anderen Menschen »sehen« kann nur jemand, der mit dem »erweckten geistigen Auge« die Aura erkennt (GA 9,38). So wie er in einer Imaginationsübung die Werde- und Ätherkräfte der Pflanze erleben läßt (siehe oben), leitet er den Geistesschüler auch an, den menschlichen Ätherleib zu erfassen: Er soll sich imaginativ vergegenwärtigen, wie sich ein Mensch vom Embryo über den Säugling und das Kind zum Erwachsenen entwickelt (GA 316,211ff.). Der Begriff Äther soll also nicht im Sinne der älteren Naturphilosophie als Lebenskraft oder mit der zeitgenössischen Physik als Träger des Lichts verstanden werden, sondern so, wie es »dem höheren Schauen zugänglich ist« – als Aura, wie sie, ähnlich, auch vom Astralleib und von den Auswirkungen des Ich ausgeht. Für den Hellseher, meint er, ist der Ätherleib eines Menschen die seelisch-farbige Gestalt, die er wahrnimmt, wenn er den physischen Leib in seiner Wahrnehmung auslöscht, »absuggeriert«. Normalerweise sieht man ihn durchdrungen vom Astralleib. Wenn man diesen Eindruck nun auch löscht, erscheint er wie eine junge Pfirsichblüte (GA 10,139). Spuren eines Ätherleibs finden sich auch in Mineralien. Der Hellseher sieht auch, wie aus dem Weltenäther Lebenskraft (Prana) in den Ätherleib einströmt und verbraucht wieder ausströmt; der Ätherleib des Menschen ist eine Individualisierung des Weltenäthers, der Welt der Bildekräfte.

Der Ätherleib des Menschen ist also nicht, wie theosophische Schriftsteller behaupten, etwas Feinstoffliches, sondern unstofflich, übersinnlich. Er nimmt zwar noch nicht am Bewußtsein des Menschen teil, ermöglicht ihm aber, Bewußtsein von den äußeren Dingen, Gedanken und Gedächtnis zu haben, da er die physischen Stoffe des Leibes so lebendig erhält, daß der Mensch darin sein Bewußtsein entwickeln kann. Ein Teil des Ätherleibes wandelt sich unter dem Einfluß des Astralleibes von den allgemeinen Lebensprozessen des Fortpflanzens und Variierens von Formen um zu Denkkräften (siehe GA 26,75). Er bildet auch die Grundlage des Gedächtnisses. Denn während der physische Leib ein abgeschlossener Raumesleib ist, erweist sich der Ätherleib (für die imaginative Erkenntnis) als Zeitenleib (GA 26,27), in dem der ganze Entwicklungsverlauf eines Menschen seit der Geburt zu sehen ist. Weil er alle Eindrücke des Lebens bewahrt, zeigt sich in ihm dem Verstorbenen unmittelbar nach dem Tod in rückläufiger Bildfolge wie in einem »Erinnerungstableau« das ganze eigene Leben unter der Rücksicht, was ihm förderlich und was ihm schädlich war.

Der Astralleib (Seelenleib)

Der Astralleib gehört bereits zum bewußten, seelisch-geistigen Teil des Menschen. Ihm ist die Fähigkeit eigen, Sinneseindrücke durch inneres Erleben, durch Empfindungen zu beantworten und auch Lust und Unlust, Schmerz und Freude, Sympathie und Antipathie, Triebe, Instinkte, Leidenschaften zu empfinden. Dieses Sensitive und Triebhaft-Emotionale folgt als solches noch unmittelbar den eigenen Impulsen, wie es bei Tieren und bei wenig entwickelten Menschen zu beobachten ist. Es kann und soll sich jedoch dem Denken unterordnen und von ihm durchdringen lassen.

In der Neunteilung bezeichnet Steiner die Fähigkeit zum Empfinden und Erleben als Empfindungsseele. Sie ist, meint er, durch ein besonderes Glied, das er Seelenleib oder Empfindungsleib nennt, mit dem physischen und ätherischen Leib verbunden. Der Ätherleib verbindet sich demnach mit einem Teil mit dem physischen Leib und mit einem anderen, feineren Teil mit dem Seelenleib. Beide Glieder, Seelenleib und Empfindungsseele, faßt er in der Siebenteilung als Astralleib zusammen. Sofern die Empfindungsseele nun von der Denkkraft durchdrungen wird und damit in Verbindung mit dem Geist ein höheres Seelenleben entfaltet, nennt Steiner sie Verstandesseele. Da diese geistige Durchdringung auch mehr mit Gemütskräften verbunden sein kann, spricht er auch von Gemütsseele. Die Verstandes- oder Gemütsseele bezeichnet er in der Siebengliederung als »Ich«.

Der Astralleib wird durch gewöhnliches Erleben erfahren, aber auch durch übersinnliche Erkenntnis: Der Imagination zeigt er sich als Gestalt aus in sich beweglichen, farbig leuchtenden Bildern (Aura). Voll als eigenes Glied erfaßt wird er jedoch erst durch Inspiration und Intuition. Mit zunehmender Schulung wird er immer mehr vom sinnlichkeitsfreien Ich durchdrungen und – durch die »Lotusblumen« (Chakras) – zu übersinnlicher Erkenntnis befähigt. Insofern leuchtet das Ich und das Geistige in den Astralleib hinein.

Das Ich

Das Ich ist für Steiner der geistige Kern des Menschen, der die bisher genannten niederen Fähigkeiten und Glieder wie »Hüllen« bewohnt, sich über alle Augenblicksempfindungen hinaus als Bleibendes erlebt, die unteren Bereiche nach eigenen Zielen steuert und sie ins Geistige verwandelt.

»Ich schlechtweg« nennt er den unteren Bereich, der als Verstandes- oder Gemütsseele mit dem Denken, Fühlen und Wollen noch ganz in die sinnliche Wahrnehmung und in einzelne Situationen verwickelt ist, während sich der höhere Bereich von all dem distanzieren und zurückziehen kann. Steiner nennt diesen höheren Bereich »Bewußtseinsseele«, läßt diese aber in der Siebenteilung mit dem »Geistselbst« (indisch-theosophisch: Manas) zusammenfallen.

Hier knüpft er an die Überzeugung seiner Frühphase an, das Ich-Bewußtsein entstehe erst durch das Wahrnehmen, Fühlen und Wollen, das das an sich universelle Denken individualisiert. In seiner »Theosophie« denkt er sich den geistigen Teil des Menschen als etwas, das sich wie ein Geistkörper aus dem Geistigen aufbaut und nährt. »Und ebenso wie innerhalb der physischen Welt der einzelne menschliche Körper als eine abgesonderte Wesenheit aufgebaut wird, so innerhalb der Geisteswelt der Geistkörper... Wie der Mensch aus der physischen Welt die Stoffe aufnimmt und sie in seinem physischen Leib verarbeitet, so nimmt er aus der geistigen Umwelt das Geistige auf und macht es zu dem Seinigen. Das Geistige ist die ewige Nahrung des Menschen« (GA 9,53). Wie ernährt er sich, und wie baut er sich aus dem Geistigen auf? Dadurch, daß er sich in seinen Intuitionen ganz von dem in sich gültigen Guten und Wahren leiten läßt und ihm mit allen Wesensgliedern dient. So kann das Ich vom Geistigen her den astralischen, ätherischen und physischen Leib durchstrahlen – bis in die Physiognomie hinein.

»Das Ich lebt in der Seele. Wenn auch die höchste Äußerung des ›Ich‹ der Bewußtseinsseele angehört, so muß man doch sagen, daß dieses ›Ich‹ von da ausstrahlend die ganze Seele erfüllt und durch die Seele seine Wirkung auf den Leib äußert. Und in dem Ich ist der Geist lebendig. Es strahlt der Geist in das Ich und lebt in ihm als in seiner ›Hülle‹, wie das Ich in Leib und Seele als seinen ›Hüllen‹ lebt. Der Geist bildet das Ich von innen nach außen, die mineralische Welt von außen nach innen. Der ein ›Ich‹ bildende und als ›Ich‹ lebende Geist sei ›Geistselbst‹ genannt, weil er als ›Ich‹ oder ›Selbst‹ des Menschen erscheint. Den Unterschied zwischen dem ›Geistselbst‹ und der ›Bewußtseinsseele‹ kann man sich in folgender Art klarmachen. Die Bewußtseinsseele *berührt* die von jeder Antipathie und Sympathie unabhängige, durch sich selbst bestehende Wahrheit; das Geistselbst trägt in sich dieselbe Wahrheit, aber aufgenommen und umschlossen durch das ›Ich‹; durch das letztere individualisiert und in die selbständige Wesenheit des Menschen übernommen. Dadurch, daß die ewige Wahrheit so verselbständigt und mit dem ›Ich‹ zu einer Wesenheit verbunden wird, erlangt das ›Ich‹ selbst die Ewigkeit.
Das Geistselbst ist eine Offenbarung der geistigen Welt innerhalb des Ich, wie von der andern Seite her die Sinnesempfindung eine Offenbarung der physischen Welt innerhalb des Ich ist... In dem gleichen Sinne, wie die Offenbarungen des Körperlichen *Empfindung* heißt, sei die Offenbarung des Geistigen *Intuition* genannt« (GA 9,51).

In seiner Hauptphase sieht Steiner das Verhältnis des Ich zum Göttlichen nicht weniger monistisch als früher. Wenn das Ich sich seiner selbst und seiner Geistigkeit bewußt wird und sich dem Wahren und Guten öffnet, »taucht es in das Göttliche ein«. Mit ihm ist es nicht identisch, aber gleichartig, von gleicher Substanz: »Wie der Tropfen sich zu dem Meere verhält, so verhält sich das ›Ich‹ zum Göttlichen. Der Mensch kann in sich ein Göttliches finden, weil sein ureigenstes Wesen dem Göttlichen entnommen ist« (GA 13,67).

Öffnet sich das Ich über das gewöhnliche Bewußtsein hinaus dem Geistigen, so entwickeln sich im Menschen – wie es für das Geistselbst bereits beschrieben wurde – die höheren Stufen seiner Wesenheit. Sie sind Ergebnisse der Umwandlung, die das Geistige über das Ich in den niederen Wesensgliedern bewirkt.

Geistselbst (Manas)

Das ist die geisterfüllte Bewußtseinsseele (oder das geisterfüllte Ich), sofern sie nicht nur das Denken, Fühlen und Wollen des höheren Seelenbereichs, sondern auch ihren triebhaften Bereich vergeistigt und Herrin über die Begierden wird. Kurz: Der verwandelte Astralleib.

Lebensgeist (Buddhi)

Das ist der Ätherleib, sofern er durch das geisterfüllte Ich umgewandelt wird. Dazu tragen besonders die Impulse der spirituell verstandenen Kunst sowie die Religion bei. Beispielsweise wollte Steiner mit der Eurythmie eine Ausdrucksweise durch körperliche Bewegung schaffen, die nicht mit Tanz als freiem Ausdruck subjektiver Gefühle zu verwechseln ist. Eurythmie will weder allegorisch noch symbolisch etwas darstellen, sondern ein objektiv ätherisches und seelisches Geschehen augenfällig machen. Der Übende soll spüren, wie sich die Kräfteströme im Körper bewegen und wie sich etwas, das vom Menschen unabhängig ist, im Körper einen Ausdruck sucht.

Geistesmensch (Atma)

Damit meint Steiner den physischen Leib, insofern er vom geisterfüllten Ich umgewandelt wird. Denn so wie beispielsweise im Erröten oder Erbleichen das Ich auf den physischen Leib einwirkt, könne dies auch die geisterfüllte Bewußtseinsseele tun.

Mit seiner Lehre von der Siebengliedrigkeit will Steiner den Menschen dazu aufrufen, seine Aufgabe und Chance in der Weltentwicklung zu begreifen. In den ersten Zeilen des mantrischen Grundsteinspruchs zur Neubegründung der Anthroposophischen

Gesellschaft bei der berühmten Weihnachtstagung 1923/24 hat er vor den über 700 Teilnehmern diesen Appell so formuliert (GA 40,181):

>»Menschenseele!
Du lebest in den Gliedern,
Die dich durch Raumeswelt
Im Geistesmeereswesen tragen:
Übe Geist- Erinnern
In Seelentiefen,
Wo in waltendem
Weltenschöpfer- Sein
Das eigne Ich
Im Gottes-Ich
Erweset;
Und du wirst wahrhaft leben
Im Menschen-Welten-Wesen.«

Der Schlaf und sein Bruder, der Tod

Die Lehre von der Viergliedrigkeit liegt auch Steiners Aussagen über das Wachen, Schlafen und Meditieren sowie über den Tod des Menschen und seine Wiederverkörperung (Reinkarnation) zugrunde. Für ihn pendelt der Mensch sozusagen in sieben *Bewußtseinszuständen* zwischen der sinnlichen und geistigen Welt. Den mittleren Zustand nennt er Tagesbewußtsein (oder auch Wachbewußtsein oder Gegenstandsbewußtsein). Darüber liegen die bereits erwähnten drei Stufen der Meditation, in denen der Mensch zunehmend sinnlichkeits- und leibfrei erkennen lernt. Darunter liegen drei Formen herabgeminderten, leibgebundenen Bewußtseins. So gibt es für ihn zwischen nahezu völliger Unbewußtheit im Leiblichen und leibfreier Bewußtheit im Intuitiven sieben Bewußtseinsstufen.

(1) Der Tiefschlaf (Trance): Die Schlafstufe, die nicht nur traumlos ist wie die folgende Stufe, sondern auch nahezu bewußtlos.

(2) Der traumlose Tiefschlaf.

(3) Das Traumbewußtsein: Hier bewegt sich der Mensch zwischen Wachen und Schlafen und lebt in Bildern, die aus sinnlicher wie auch aus übersinnlicher Quelle stammen.

(4) *Das Tagesbewußtsein* (Wachbewußtsein, Gegenstandsbewußtsein)

(5) Das imaginative Bewußtsein (Imagination)

(6) Das inspirative Bewußtsein (Inspiration)

(7) Das intuitive Bewußtsein (Intuition)

Im Tagesbewußtsein (Wachzustand) sind die vier Wesensglieder des Menschen vereinigt. Doch bedeutet Wachen für Steiner ein Verzehren des Leiblichen im Dienst des Geistigen und durch das Geistige. Das Geistige im Menschen entfaltet sich ja nicht als Fortsetzung und im Aufbau von stofflichen Vorgängen im physischen und ätherischen Leib, sondern in ihrem Abbau, ihrem Absterben. »Was tut die Ich-Organisation [der Bereich, durch den das Ich in den Leib eingreifen kann] eigentlich mit dem physischen Leibe? Sie zerstört ihn fortwährend, sie tut dasselbe, was der Tod tut, nur wird dies immer ausgeglichen dadurch, daß der physische Leib fähig ist, äußere Substanzen als Nahrung aufzunehmen… Sie sterben durch Ihre Ich-Organisation fortwährend; das heißt, Sie zerstören Ihren physischen Leib nach innen, während sonst die äußere Natur, wenn Sie durch den Tod gehen, Ihren physischen Leib von außen zerstört« (GA 316,30).

Der physische Leib und der Ätherleib nützen sich also durch die Bewußtseinstätigkeit der höheren Wesensglieder ab und ermüden, während sich Astralleib und Ich nach der intensiven Verbindung, die sie mit den leiblichen Wesensgliedern eingegangen sind, wieder nach der geistigen Welt sehnen. Im Schlaf, meint nun Steiner, ziehen sich Ich und Astralleib schrittweise bis zur völligen Trennung von den unteren Wesensgliedern, dem physischen und ätherischen Leib, zurück. Wenn sich das Ich bereits gelöst hat, hängt der Astralleib noch einige Zeit mit ihnen zusammen, so daß es (beim Einschlafen wie auch beim Aufwachen) zu Träumen kommt. Ich und Astralleib kehren im traumlosen Tiefschlaf in die übersinnliche Welt, der sie entstammen, zurück. Dort wirken sie nachts zusammen mit anderen astralischen und ich-haften »Schutzgeistern« von außen regenerierend auf den physischen und ätherischen Leib. An anderer Stelle sagt Steiner vom Astralleib, er weile im Schlaf in der Harmonie der seelisch-geistigen Welt, wo er sich mit Bildern nähre und stärke, nach denen er während des Tages den ätherischen und über diesen den physischen Leib bilde. Die meditative Schulung soll den Menschen dazu befähigen, solche Erfahrungen in der übersinnlichen Welt auch mit vollem Bewußtsein zu sammeln – etwa in der erwähnten Kontinuität des Bewußtseins.

Der *Tod* ist für Steiner insofern der Bruder des Schlafes, als sich in ihm ebenfalls Wesensglieder voneinander lösen. Doch trennt sich im Tod – anders als im Schlaf – mit dem Ich und dem Astralleib auch der Ätherleib vom physischen Leib; darum zerfällt dieser und bleibt als Leichnam zurück.

Wiederverkörperung (Reinkarnation) und Schicksal (Karma)

Steiner nimmt eine Wiederverkörperung des Menschen im irdischen Leben an und macht über das Leben zwischen Tod und neuer Geburt sowie über den Zusammenhang zwischen den früheren Leben und dem neuen Dasein auf der Erde umfangreiche Aussagen, die für das Verständnis von Schicksal und Sinn des Menschen von höchster Bedeutung sind. Wie kommt er zu diesen Aussagen?

Als erste Erkenntnisquelle betrachtet Steiner die meditative Erkenntnis der *Intuition*, fügt aber hinzu, man könne Reinkarnation auch *theoretisch belegen*, wie er es in seinem Buch »Theosophie« getan habe (GA 35,133f., siehe auch GA 26,27). Zur theoretischen Begründung macht er geltend, nur unser physischer Leib stamme von den Eltern und erwerbe von diesen durch Vererbung »Eigenschaften der Gattung«. Doch als geistiger Mensch habe ich meine eigene Gestalt und Biographie, die nicht ererbt sind. »Und da ich nicht mit unbestimmten, sondern mit bestimmten seelischen Anlagen in die Welt eingetreten bin, da durch diese Anlagen mein Lebensweg, wie er in der Biographie zum Ausdruck kommt, bestimmt ist, so kann meine Arbeit an mir nicht bei meiner Geburt begonnen haben. Ich muß als geistiger Mensch vor meiner Geburt vorhanden gewesen sein. In meinen Vorfahren bin ich sicher nicht vorhanden gewesen... Ich muß vielmehr als geistiges Wesen die Wiederholung eines solchen sein, aus dessen Biographie die meinige erklärbar ist« (GA 9,72f.). Will man beispielsweise die genialen Anlagen eines Mozart oder Lessing nicht als unerklärliche Wunder anstaunen, »so muß man sie für Früchte von Erlebnissen halten, die das Geistselbst durch eine Seele gehabt hat. Sie sind diesem Geistselbst eingeprägt worden. Und da sie nicht in diesem Leben eingepflanzt worden sind, so in einem früheren... In einem Leben erscheint der menschliche Geist als Wiederholung seiner selbst mit den Früchten seiner vorigen Erlebnisse in vorhergehenden Lebensläufen« (GA 9,79). »Der Leib unterliegt dem Gesetz der *Vererbung*; die Seele unterliegt dem selbstgeschaffenen Schicksal. Man nennt dieses vom Menschen geschaffene Schicksal mit einem alten Ausdrucke sein *Karma*« (ebd. 88). Auf den Einwand, diese Argumentation sei nicht streng schlüssig, antwortet Steiner, die Reinkarnation spiele sich in einem »geistigen Feld« ab, zu dem »keine andere unserer gewöhnlichen Geisteskräfte Zutritt [hat] als allein das Denken«, das einem Menschen gelingt, »dessen geistiges Auge erschlossen ist« (ebd. 74). Die gewöhnliche Beobachtung, von der aus er die Vorstellung der Reinkarnation entwickelt habe, könne und müsse die »übersinnliche Beobachtung« vorbereiten (ebd. 80).

Die wichtigere Erkenntnisquelle für Aussagen über Reinkarnation und Karma ist für ihn ohne Zweifel die *Intuition*. In ihr erlebt der Meditierende, wie sich sein »wahres Ich« vom »gewöhnlichen Ich« trennt, und er erkennt, welches verborgene Wollen ihn antreibt; dieses tiefere, gewöhnlichem Bewußtsein verborgene Wollen aber sei Ergebnis der vorigen Inkarnation (GA 13). »Denn die Erfahrung über den inneren Kern des Menschenlebens zeigt gewissermaßen die Einschachtelung sich aufeinander beziehender Menschenpersönlichkeiten. Und diese können nur im Verhältnis des Vorher und Nachher empfunden werden. Denn es erweist sich immer eine folgende als das Ergebnis einer anderen« (GA 35,133). Allerdings gibt es keine Kontinuität zwischen Erdenleben und Erdenleben, sondern diese sind durch »Zwischenzeiten eines rein geistigen Daseins getrennt«, durch Läuterungszustände. Für Rückerinnerungen an vergangene Existenzformen mit genauen Zeitdaten ist allerdings eine übersinnliche Erkenntnis nötig, die zwar in der Linie der Intuition liegt, aber über das hinausgeht, was man gewöhnlich erreicht, wenn man den oben beschriebenen Erkenntnisweg geht – womit Steiner vermutlich die nur bei besonderer Entwicklung und entsprechendem Karma gegebene Einsicht in die Akasha-Chronik meint (GA 35,134).

Zwischen Tod und neuer Geburt

Wie sieht nun Steiner das *Leben des Menschen zwischen Tod und neuer Geburt?* Wenn sich die drei höheren Wesensglieder vom physischen Leib trennen, zeigen sich der Seele alle Erlebnisse des vergangenen Lebens, die im Ätherleib aufbewahrt sind, in einem riesigen *Erinnerungstableau.* »Diese Bilder verblassen nach wenigen Tagen bis zum Entschwinden. Wenn sie sich ganz verloren haben, so weiß der Mensch, daß er auch seinen Ätherleib abgelegt hat...« (GA 26,25). Er löst sich im allgemeinen Weltenäther auf, aus dem er sich individualisiert hat, während der Astralleib und das Ich den Extrakt seiner Erinnerungen mit sich nehmen. Der Astralleib reinigt sich nun in einer *Läuterungszeit* (Kamaloka, Fegfeuer), die so lange dauert wie sämtliche Schlafzeiten des Lebens (in denen unbewußt das gleiche geschah) von den Begierden, die er im leibgebundenen Zustand auf die physische Welt gerichtet hat; dann löst er sich in der allgemeinen Astralwelt auf. Der Astralleib läßt nämlich »alles das erleben, was während des Erdenlebens den unbewußten Inhalt der im Schlafe ruhenden Seele gebildet hat. In diesem Inhalt sind die Urteile enthalten, welche die Geistwesen einer höheren Welt während der Schlafzeiten dem Astralleib einprägen, die aber dem Erdenbewußtsein sich verbergen. Der Mensch lebt sein Erdenleben noch einmal durch, doch so, daß sein Seeleninhalt jetzt die Beurteilung seines Tuns und Denkens vom Gesichtspunkte der Geisteswelt aus ist. Das Durchleben geschieht rückläufig: erst die letzte Nacht, dann die zweitletzte und so weiter« (GA 26,25f.).

Dann betritt das Ich, seiner drei niederen Hüllen ledig, aber mit dem Extrakt der Läuterungszeit die sieben Regionen des *Geisterlan-*

des (Himmel, Devachan, Geistgebiet). Seine Bemühungen während des irdischen Lebens verschaffen ihm ein Verständnis für diese Regionen und einen Zutritt zu ihnen. Hier sind Familienliebe, Freundes- und Menschheitsliebe, geistig- kulturelle Ideen usw. quellhaft und urbildhaft vorhanden: das Ich saugt sich damit voll und stärkt sich durch Kräfte, die sich im nächsten Erdenleben auswirken.

In den höheren dieser Regionen dringt das Ich in die Absichten und Ziele ein, die sich das Geistige mit dem irdischen Leben gesetzt hat; es lebt mit den entsprechenden erhabenen Geistwesen als »ein Glied der göttlichen Weltordnung«. Es befruchtet die Absichten des Geisterlandes, indem es aufgrund der Erfahrungen, die es mit der stofflichen Welt gemacht hat, mit den Geistwesen neue Pläne erarbeitet. Dank dieser Entwicklung beurteilt der Mensch nun vieles neu. Er gliedert sich die Absicht ein, sich *neu zu verkörpern,* um über die niederen Wesensglieder »als ein Bote der geistigen Welt den Geist der Körperwelt einzuverleiben« (GA 9,129).

In der neuen Inkarnation will der Mensch auch sein unausgeglichenes *Karma,* sein »selbstgeschaffenes Schicksal« abtragen und ausgleichen. Die Einsicht in die Mängel, die er im früheren Leben selbstverschuldet hat, weckt in ihm den Drang, sein zukünftiges Erdenleben so verlaufen zu lassen, »daß im Schicksal (Karma) desselben die entsprechende Wirkung des Mangels zutage tritt. Was dann in dem folgenden Erdenleben als leidvolles Geschick, vom Gesichtspunkte dieses Lebens aus, erscheint..., das findet der Mensch in dieser Region des ›Geisterlandes‹ als für ihn durchaus notwendig« (GA 9,142). Das Karmagesetz verlangt unerbittlich Ausgleich für Fehlhandlungen, und was die Menschen als Schicksal trifft, sind »Tatfolgen aus früheren Erdenleben« (ebd. 84).

Entschlossen zu einer neuen Inkarnation, zieht das Ich seine Wesenheit wieder zusammen, umkleidet sie aus der Substanz der Astralwelt mit einem neuen Astralleib, wodurch Bewußtlosigkeit eintritt. Diese Individualität bildet aus dem Weltenäther einen Ätherleib und wählt sich ein Elternpaar (bzw. geistige Wesenheiten geleiten sie zu diesem), das ihm durch Zeugung einen physischen Leib gibt. Dieser ist in den ersten sieben Lebensjahren noch weitgehend von Erbfaktoren bestimmt, bis er sich ganz aus den geistig-seelischen Kräften der Individualität heraus erneuert, was in den zweiten Zähnen am deutlichsten wird: »Ein ganz neuer Körper entsteht; dasjenige, was der Mensch an sich trägt nach dem Zahnwechsel, das wird nicht mehr durch die Vererbungskräfte aufgebaut, das wird ganz allein aus dem Geistig- Seelischen aufgebaut, das heruntersteigt, so daß der Mensch seinen Erbkörper substantiell nur bis zum Zahnwechsel trägt, und während er ihn abstößt, aus seiner Individualität einen neuen aufbaut. Unseren eigenen Körper haben wir eigentlich erst seit dem Zahnwechsel« (GA 317,14). Wenn das geistig-seelische Leben schwach ist, muß der Mensch den zweiten Körper allerdings so formen, wie der erste von den Eltern her geformt ist.

Zusammenfassend und schematisch kann die untenstehende Skizze das Leben des Menschen zwischen Tod und neuer Geburt als ein Sich- Voneinanderlösen und Sich-Neuverbinden der vier Wesensglieder und als entsprechende Entindividualisierung und Reindividualisierung veranschaulichen.

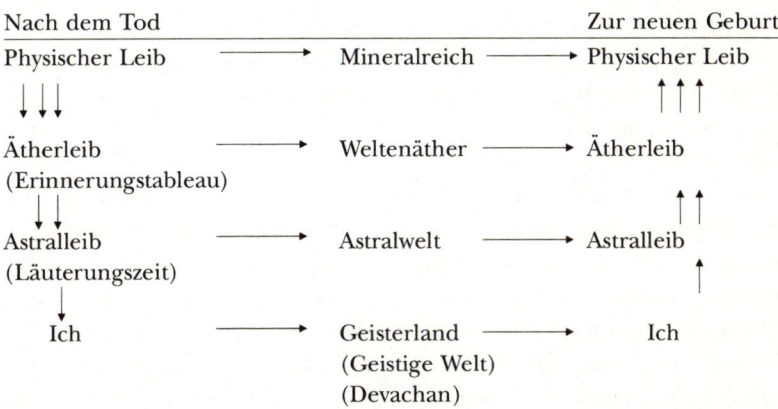

In welchen Zeitabständen reinkarnieren sich die Menschen? Hier sind nach Steiner objektive und persönliche Gesichtspunkte zu berücksichtigen (siehe GA 99). Einerseits sei die astronomische Tatsache maßgebend, daß der sogenannte Frühlingspunkt während der 26.000 Jahre dauernden Erdpräzession etwa in 2160 Jahren ein einzelnes Tierkreiszeichen durchschreite, eine Zeit, in der sich die Verhältnisse auf der Erde grundlegend ändern, so daß das Ich – wenn es sich in einem neuen Tierkreiszeichen reinkarniert – etwas völlig Neues erfahren und erarbeiten könne. Und weil Mann und Frau die Dinge verschieden erleben, verkörpere sich ein Mensch alle 2160 Jahre in der Regel zweimal, einmal als Mann und einmal als Frau. Andererseits hingen die Intervalle zwischen den Inkarnationen aber auch vom Entwicklungsstand jedes einzelnen ab, so daß die Abstände sehr verschieden sein können.

Karma und Lebenssinn

Wichtiger als solche Detailfragen ist für Steiner jedoch die Bedeutung, die der Karmagedanke für den Sinn unserer Anstrengungen, unseres Leids und unseres Glücks hat. Die Lehre von Reinkarnation und Karma gehört für Steiner zum Kern der Anthroposophie. Sie soll sie bis in das Kindergemüt hinein verbreiten, weil sie Glück und Leid erklärt, zur Verantwortung anhält und dazu anspornt, aus Fehlern weise zu werden und mitzuwirken am Erden-Werdegang. Steiner möchte den Karmagedanken nicht im Sinne einer simplen Lohn-Straf-Mechanik des Schicksals verstanden wissen und schon gar nicht als Entlastung und Freibrief (als müsse man sich nicht anstrengen, weil man ja in seinen weiteren Leben alles noch gutmachen könne).

Nach seiner Karmalehre ist *Leid wie eine Anstrengung und Chance, die der Mensch selbst gewählt hat, um Versäumtes nachzuholen, Schuld auszugleichen und sich höherzuentwickeln.* Glück und Erfolg sind die Früchte früherer sittlicher und kultureller Anstrengungen; hemmungsloses Sichausleben jedoch ein Zeichen übersteigerter Anhänglichkeit ans Materielle und sittlicher Unreife. Jeder ist für seine Entwicklung und sein Mitwirken am Weltprozeß selber verantwortlich. Das Karmagesetz belehrt ihn, daß er sich entwickeln muß und entwickeln kann. Damit stellt Steiner das Freiheitsideal, das er im »ethischen Individualismus« seiner Frühphase schon vertrat, in die esoterische Perspektive von Reinkarnation und Karma, die für ihn *Entwicklungsverantwortung und Entwicklungsoptimismus* bedeutet.

»Was führt mich in diese Umwelt hinein? *Unmittelbar* die Eigenschaften meiner Geistseele bei der neuen Verkörperung. Aber diese Eigenschaften habe ich doch nur, weil die Taten meiner früheren Leben sie der Geistseele eingeprägt haben. Diese Taten sind also die *wirkliche Ursache*, warum ich in bestimmte Verhältnisse hineingeboren werde. Und was ich heute tue, wird *mit* eine Ursache sein, warum ich in einem späteren Leben diese oder jene Verhältnisse antreffen werde. – So schafft sich der Mensch in der Tat sein Schicksal. Dieses erscheint nur so lange unbegreiflich, als man das einzelne Leben für sich betrachtet und es nicht als ein Glied der aufeinander folgenden Leben ansieht.

So kann man sagen, daß den Menschen im Leben nichts treffen kann, wozu er nicht selbst die Bedingungen geschaffen hat. Durch die Einsicht in das Schicksalsgesetz – Karma – wird erst begreiflich, warum ›der Gute oft leiden muß, und der Böse glücklich sein kann‹. Diese scheinbare Disharmonie des *einen Lebens* verschwindet, wenn der Blick erweitert wird auf die vielen Leben« (GA 34,99).

»Die Umwelt, in die der Mensch durch eine neue Verkörperung hineingeboren wird, bringt ihm die Ergebnisse seiner Taten, als sein Schicksal, entgegen. Er selbst tritt in diese Umwelt mit den Fähigkeiten, die er in den übersinnlichen Zuständen sich aus seinen früheren Erlebnissen heraus gebildet hat. Deshalb werden auch seine Erlebnisse in der physischen Welt im allgemeinen auf einer um so höheren Stufe stehen, je öfter er sich verkörpert hat oder je größer seine Anstrengungen innerhalb seiner früheren Verkörperungen gewesen sind. Dadurch wird die Pilgerfahrt durch die Verkörperungen hindurch eine Aufwärtsentwickelung sein. Immer reicher wird der Schatz, den seine Erfahrungen in seinem Geiste ansammeln. Und damit tritt er immer reifer seiner Umwelt, seinem Schicksal entgegen. Das macht ihn immer mehr zum Herrn des Schicksals... Er erwirbt sich das Wissen, die Kenntnis der Gesetze seiner Umwelt; mit anderen Worten: er vollbringt immer mehr mit Bewußtsein, was er vorher in Dumpfheit vollbracht hat. Immer geringer wird der Zwang der Umwelt; immer mehr vermag der Geist sich selbst zu bestimmen. Der Geist aber, der sich aus sich selbst bestimmt, das ist der *freie Geist*. Ein

Handeln im vollen hellen Lichte des Bewußtseins ist ein *freies Handeln.* Die volle Freiheit des Menschengeistes ist das *Ideal* seiner Entwickelung« (GA 30,104f.).

Die Kenntnis des Karmagesetzes soll einen nicht davon abhalten, anderen zu helfen. Denn auch wenn man die Wirkungen des Schicksals, das sich einer in früheren Leben selbst geschaffen hat, nicht aufheben kann, so kann man ihm doch helfen, sich mit diesem Schicksal zurechtzufinden und ein besseres neues zu schaffen.

Zum Beispiel: Geistige Behinderung in karmischer Sicht

Steiner sieht beispielsweise die heilpädagogiche Arbeit mit »Seelenpflegebedürftigen«, wie er sie 1924 in einem Heilpädagogischen Kursus anregte, nicht nur medizinisch und pädagogisch-therapeutisch, sondern auch »geisteswissenschaftlich«, das heißt in seiner Sicht vom Menschen, der sich nach dem Karmagesetz reinkarniert. Der Heilerzieher muß sich auf jedes einzelne Kind einstellen, muß Verständnis für seine Verkümmerungen entwickeln und seinen (des Erziehers) Astralleib so gestalten, daß er korrigierend auf den verkümmerten Ätherleib, der die Disharmonie des Kindes verursacht, wirken kann. »Seelisch minderwertige« und »geisteskranke« Kinder leiden, schreibt Steiner, an einem *verkümmerten Ätherleib,* an einer mißlungenen Inkarnation.

Denn nach der bereits in seiner Frühphase dargelegten Auffassung (siehe die Skizze S.28) gibt es an sich keine »verrückten Gedanken« im Weltganzen. Nun entwickelt sich der »Gedankenvorrat«, den ein Mensch hat, aber auch nicht aus dem physischen Gehirn, vielmehr bringt er ihn beim Herabsteigen in das Erdendasein mit und bildet daraus über den Ätherleib das Gehirn. Der Weltenäther, aus dem der sich inkarnierende Mensch seinen Ätherleib formt, ist ja der »Träger der Gedanken«. »Und diese Gedanken, die wir aus dem allgemeinen Weltenäther herausnehmen, die bilden uns vorzugsweise unser Gehirn und im weiteren Sinne unser Nerven-Sinnessystem« (GA 317,28). Das lebendige Denken baut dann die naturhaften

Prozesse im Menschen ab, so daß fortwährend Materie unbrauchbar gemacht und ausgeschieden wird: »das sind die Nerven« (ebd. 29). In den Nerven können sich nun die Gedanken des umliegenden Äthers spiegeln, wodurch das oberflächliche, subjektive Denken in Spiegelbildern entsteht.

Verrückte Gedanken kommen dadurch zustande, daß der Mensch, der aus dem vorirdischen Dasein heruntersteigt, die Gedanken, die im Weltenäther absolut richtig sind, nicht richtig aufnimmt und sie verzerrt spiegelt, weil sein Ätherleib nicht richtig geformt wurde (ebd. 30). Dieser Mangel ist durch sein Karma bedingt. »Wenn er zum Beispiel so ankommt, daß er seinem Karma gemäß das Stoffwechsel-Gliedmaßensystem nicht ordentlich durchdringen kann, so wird dieses in kümmerlicher Weise mit dem Ätherleib versorgt, und der Mensch hat dann seinen Ätherleib in der Kopfgegend ordentlich ausgebildet, er hat ihn in der Unterleibsgegend und Gliedmaßengegend schlecht ausgebildet. Er ist leer von den formenden Gedanken an diesen Stellen. So daß wir uns vor allen Dingen darüber klar sein müssen, daß wir einen mangelhaft ausgebildeten Ätherleib bei zahlreichen seelisch minderwertigen Kindern vorliegen haben« (ebd. 31). Auch ein schwer geisteskrankes Kind ist als ein Wesen zu sehen, dem es nicht gelingt, mit dem Ich und dem Astralleib über den Ätherleib in den physischen Leib hineinzukommen. Vielleicht war dieser Mensch in einer früheren Inkarnation genial, wurde dann aber in einer weiteren Inkarnation früh eingekerkert und wurde als verrückter Mensch geboren, weil er den menschlichen Leib zu wenig kannte, sich vielleicht auch zu wenig dafür interessierte und den Ätherleib mangelhaft bildete und für die Inkarnation Eltern wählte, die nicht den geeigneten Körper liefern konnten (siehe ebd. 19).

Also kann in jedem Verrückten ein gescheitertes Genie leben. »Das aber fordert uns erst recht auf, hinzuschauen auf das, was da heruntersteigt, liebevoll hinzuschauen auf dasjenige, was sich da in der sogenannten Verrücktheit auslebt« (ebd. 36). Bei jeder Behandlung eines behinderten Kindes greift man in sein Karma ein, und der Heilerzieher soll in seine Meditation den Gedanken aufnehmen: »Du tust etwas, was die Götter sonst tun im Leben zwischen Tod und nächster Geburt« (ebd. 39).

Zum Beispiel: Krankheit – karmisch betrachtet

Steiner möchte zu einer karmischen Betrachtung von Krankheit anregen, die von der Überzeugung ausgeht: »Seelisches aus einem Erdenleben verwandelt sich in Körperliches im anderen Erdenleben; Körperliches aus einem Erdenleben verwandelt sich in Seelisches in einem anderen Erdenleben« (GA 239,39). Wenn einen nun eine Krankheit befällt, soll man nicht einfach sagen: Das habe ich verdient, das ist mein Schicksal, sondern berücksichtigen, daß jede Heilung dadurch zustande kommt, daß der Schmerz, der vom physischen Leib ausgeht, die geistigen Wesensglieder des Menschen zu einer energischeren Tätigkeit aufruft. Wenn wir nun von der Krankheit genesen, »so haben wir in unsere Glieder, die wir uns aus früheren Inkarnationen mitgebracht haben, damals jene starken Lebenskräfte hineingelegt, die wirklich heilend eingreifen können. Und wenn wir auf unsere früheren Inkarnationen zurückblicken, so können wir sagen: Wir waren damals nicht nur imstande, unseren Körper in der richtigen Weise zu versorgen durch das, was wir normalerweise im Leben haben, sondern wir haben uns noch einen Reserve-Fonds mitgebracht, den wir herausholen können aus den geistigen Lebensgliedern« (GA 116,49).

Und wenn wir infolge der Krankheit sterben? Dann, meint Steiner, haben wir ja immerhin versucht, die stärkeren Kräfte in uns aufzurufen; sie haben nur nicht gereicht. »Aber wenn es auch nicht gereicht hat, so geht es doch nicht verloren, was wir da an Kräften aufgerufen haben. Das geht mit hinüber in die nächste Inkarnation, und das betreffende Organ wird stärker, als wenn wir die Krankheit nicht gehabt hätten. Und wir werden dann imstande sein, dasjenige Organ, das uns in diesem Leben vorzeitig zu Tode gebracht hat, mit einer besonderen Stärke und Regelmäßigkeit auszubilden« (GA 116,50). Diese Sicht ermutigt. Und somit zeigt sich: »Ein Lebenskraftgesetz ist das Karmagesetz« (ebd. 54).

Wie man sich in Rückerinnerung übt und abgeklärter wird

Steiner betrachtet es als großen spirituellen Gewinn, sich karmisch mit früheren Leben zu beschäftigen und will auch dazu anleiten, damit man sich nicht in die Ausrede flüchte: »Was gehen uns die früheren Inkarnationen an, wenn wir uns nicht an sie erinnern!« (GA 130,264). Zur Einübung schlägt er einmal folgendes Vorgehen vor.

»Wir wollen für alles, was uns getroffen hat, probeweise einmal uns vorstellen, daß wir es doch selbst gewollt hätten, daß wir geradezu den Willen dazu entfaltet hätten. Nehmen wir an, ein Ziegel hätte sich losgelöst vom Dache und wäre uns auf die Schulter gefallen. Wollen wir uns einmal probeweise vorstellen, daß uns das nicht zufällig getroffen hat« (GA 130,262). Ob Ziegel, ob Erkältung oder das Verpassen eines Zuges – wir sollen uns vorstellen, wir hätten das Unglück sorgsam vorbereitet. »Wenn man das macht, kommt man dazu, nach und nach aus diesen Gedanken heraus eine Art Menschen erphantasieren zu können« (ebd. 263). Natürlich sagen wir uns, daß wir nicht dieser Mensch sind. Doch wenn wir uns diesen Menschen weiter ausmalen, wird er immer lebendiger in uns und verwandelt sich, und wir kommen nicht mehr von ihm los. Allmählich haben wir den Eindruck, als ob er in uns stecken würde.

»Und wir erhalten dadurch merkwürdigerweise immer mehr und mehr die Gewißheit: wir selbst haben doch in einer gewissen Weise vorbereitet, was wir uns hier ausgemalt haben. Das heißt, es ist dies keineswegs das Gefühl, daß wir das einmal wirklich getan hätten, aber es sind Gedanken, die doch dem entsprechen, was wir in einer gewissen Weise getan haben. Man wird sich sagen: du hast da und da etwas gemacht, was du jetzt erleidest, es ist für das oder jenes. Es ist eine sehr gute Übung, um eine Art Gemütsgedächtnis herauszubringen für unsere früheren Inkarnationen. Es legt sich dadurch etwas über unsere Seele, aus dem wir fühlen können, du warst da und hast dir das vorbereitet.

Sie werden verstehen können, daß die Herstellung der Erinnerung an die früheren Inkarnationen nicht ganz leicht zu sein braucht... Gründlich hat der Mensch vergessen, was er erlebt hat in den früheren Inkarnationen, da muß er manches machen, um dem Gedächtnis zu Hilfe zu kommen. Und das ist eine solche Übung« (ebd. 263f.).

Sobald uns diese Übung gelingt, können wir erfahren, »daß wir dann den zukünftigen Ereignissen, denen wir begegnen, in ganz anderer Weise gegenüberstehen. Es ändert sich unsere ganze Gemütsverfassung dadurch. Während wir vielleicht früher Schrecken und alle anderen derartigen Gefühle gehabt haben, wenn uns etwas getroffen hat, so bekommen wir jetzt etwas wie ein Erinnerungsgefühl. Und wenn uns dann irgend etwas zustößt, haben wir schon die Richtung unseres Gemüts, das uns sagt: Ach, das ist für dieses oder jenes. – Und das ist Erinnerung an das frühere Leben. Dadurch wird das Leben abgeklärter und ruhiger, und das ist dasjenige, was die Menschen brauchen würden, nicht bloß die, die von der Sehnsucht zur Anthroposophie getrieben werden, sondern auch die, welche draußen stehen« (ebd. 264).

Anthroposophisches Menschenverständnis und Kulturimpuls

Steiners Menschenverständnis ist nicht nur, wie bisher dargelegt wurde, Grundlage für seine Deutung von Schlaf, Tod, Wiederverkörperung und Karma, sondern auch für die *Impulse, die er zur Erneuerung der Kultur aus geistigen Quellen* geben wollte. Dazu gehören die zum Teil mit der niederländischen Ärztin und Theosophin Ita Wegman erarbeiteten Ideen zu einer anthroposophischen Heilkunst ebenso wie die Anregungen zu einem goetheanistischen Baustil (wie er ihn im Goetheanum in Dornach modellhaft verwirklichte), zu einer Bühnenkunst und Sprachgestaltung im Dienste esoterischer Erweckung (die von ihm verfaßten vier Mysteriendramen, Goethes Faust u.a.), zur Waldorfpädagogik und zur »Dreigliederung des sozialen Organismus«. Es würde den Rahmen dieser Darstellung sprengen, wollte man die zahlreichen Überlegungen Steiners in dieser Richtung referieren. Doch soll im folgenden wenigstens an ausgewählten Beispielen darauf hingewiesen werden, wie sich sein Denken, das hier noch mehr als sonst von vielen Ansätzen ausgeht und nicht restlos zu systematisieren ist, immer wieder auf seine Grundaussagen über Mensch und Welt bezieht.

Bei medizinischen Fragen geht Steiner vor allem von den drei Seelenkräften Denken, Fühlen, Wollen aus. Seit seinem 1917 erschienenen Buch »Von Seelenrätseln« (GA 21) ist er überzeugt, daß sich diese auf drei unterscheidbare leibliche Grundlagen (Systeme) stützen und sich durch sie im Leiblichen auswirken:

(1) Das Nerven-Sinnes-System (oder Kopfsystem)   Denken
(2) Das rhythmische System (oder Brustsystem)   Fühlen
(3) Das Stoffwechsel-Gliedmaßen-System   Wollen

Die vier Wesensglieder Ich (Ich-Organisation), Astralleib, Ätherleib und physischer Leib wirken in allen drei Systemen, jedoch unterschiedlich stark.

Das Nerven-Sinnes-System umfaßt das Gehirn und das übrige bis zu den Sinnesorganen verlaufende Nervensystem. Es bildet die leibliche Grundlage, auf die sich das *Denken* (bzw. die Ich-Organisation) stützt und durch das es sich im Leiblichen offenbart. Das *Fühlen* (Astralleib) stützt sich auf die Rhythmen von Herz und Lunge im Brustbereich, und der *Wille* verbindet sich im Stoffwechsel und in den Gliedmaßen mit der physischen Organisation, so daß hier der Ätherleib auf den physischen Leib wirkt. Das Nerven-Sinnes-System und das Stoffwechsel-Gliedmaßen-System stehen einander entgegen im polarischen Gegensatz von Abbau und Aufbau. Das Nerven-Sinnes-System wirkt im ganzen Organismus verhärtend, skelettbildend, *abbauend*, während das Stoffwechsel-Gliedmaßen-System die Wachstums- und Vitalkräfte regelt, das heißt *aufbaut*. Bewußtsein kann sich nur entfalten, wenn das Ich (im Nerven-Sinnes-System), zusammen mit dem Astralleib (im rhythmischen System) den Ätherleib (im Stoffwechsel-Gliedmaßen-System) in seinem Stoffwechselaufbau durch Abbau zurückdrängt. Diese beiden höheren Wesensglieder lassen im Schlaf die Vitalität der unteren Aufbaukräfte vorherrschen, wobei das rhythmische System reduziert tätig ist, während im Wachen die bewußte geistig-seelische Tätigkeit von Ich und Astralleib (bei rascheren Herz- und Atemrhythmen) vorherrscht. Der physische Leib durchdringt alles, wird aber von den höheren Gliedern überwunden. Von der eben umschriebenen Polarität und der vermittelnden Stellung des rhythmischen Systems her will Steiner sowohl das Normale als auch das Abnorme, Gesundheit und Krankheit verstehen (siehe GA 319,169 u.a.).

Krankheit entsteht für ihn dadurch, daß die vier Wesensglieder und die drei Systeme in ihrem Aufbauen und Abbauen *unharmonisch und unregelmäßig zusammenwirken* oder daß ein Prozeß an einer falschen Stelle auftritt. Bei jeder Krankheit ist also auf irgendeine Weise das seelisch-geistige Leben gestört, und die Ursache ist nicht immer nur an der sichtbaren Organschädigung zu suchen (siehe O. Koob 1974; F. Husemann 1967). Der anthroposophische Arzt wird darum bei der Diagnose die Krankheit *ganzheitlich* betrachten und bei aller Zuhilfenahme von technischen Untersuchungsmethoden den Kranken nach Leib, Seele und Geist zu sehen versuchen – was ein geduldiges Eingehen auf jeden einzelnen erfordert. »Nur in diesem intuitiven Erfassen der sich im Physischen verwirklichenden seelisch-geistigen Wesenheit des Menschen erschließt sich die Therapie: Aus dem Wissen um die gemeinsame kosmische Menschen- und Erdentwicklung heraus wird der Arzt ein Heilmittel finden, das eine wirklichkeitsgemäße Beziehung zu den Krankheitsvorgängen im menschlichen Organismus hat: ›Zwei Bilder braucht der Arzt: eines vom Menschen und eines vom Kosmos, die so miteinander in Korrespondenz stehen, daß, wenn das Bild des Menschen durch Krankheit metamorphosiert, das Bild des Kosmos als der ruhende Hintergrund den Hinweis auf die Heilungsmöglichkeiten gibt‹« (F. Husemann 1967, Bd. 1,27).

Nach Steiner soll der Arzt in jedem Einzelfall überlegen, wie er durch bestimmte Naturheilmittel die aufbauenden Kräfte im kranken Organ beeinflußt. Anthroposophisch ausgerichtete Ärzte verwenden in vielen Fällen die Medikamente der Schulmedizin, ziehen aber nach Möglichkeit naturheilkundliche (nicht nur homöopathische) Mittel vor. Dies können Mittel sein, wie sie auch andere erfahrungsmedizinisch interessierte Ärzte verwenden oder auch speziell Mittel, die Steiner aus intuitiver Einsicht in die Kräftewirkungen in den Naturreichen und in menschlichen Organen anregte und die – neben vielen anderen – von der Weleda AG hergestellt werden. Zur anthroposophischen Heilkunst gehören aber auch Massagen und die künstlerische Therapie durch Malen, Plastizieren und Heileurythmie – Verfahren die den gefühlsbezogenen rhythmischen Bereich zwischen Denken (Vorstellen) und Wollen wieder harmonisieren sollen. So wenden anthroposophische Ärzte in vielen Fällen die gleichen Verfahren und Mittel an wie andere ganzheitlich denkende Mediziner; am klarsten unterscheiden sie sich jedoch von ihnen durch ihr anthroposophisches Menschenverständnis, auf dessen Grundlage sie arbeiten und aus dem sie auch ihre Motivation beziehen. Wenn sich ein Patient der anthroposophischen Sicht gegenüber aufgeschlossen zeigt, wird der Arzt darin eine Chance sehen, ihn auch durch die Erkraftung, die Steiners Erkenntnisweg vermittelt, zur Heilung zu führen.

Menschenbild – Gesellschaft – Erziehungskunst (Waldorfpädagogik)

Für Steiner war der Erste Weltkrieg großenteils deshalb entstanden, weil die Regierungen die innenpolitischen Probleme nicht lösen konnten und in die Auseinandersetzung mit dem außenpolitischen Feind auswichen. Seine Vorschläge zu einer Besserung und Neuordnung des öffentlichen Lebens faßte er in dem Stichwort »*Dreigliederung des sozialen Organismus*« zusammen (GA 23; 24; H. Kühn 1978). In seiner Analyse und Zielsetzung ging er von seinem Ideal des Ethischen Individualismus sowie von den Losungen der Französischen Revolution aus. Wie der menschliche Organismus von seinen Funktionen her in drei Systeme gegliedert ist (siehe S. 69), wirken im heutigen Staat drei verschiedene Kräfte zusammen, nämlich wirtschaftliche Interessen, Anforderungen des kulturellen Lebens (Wissenschaft, Kunst, Religion, Erziehung) und Bedürfnisse nach einer Regelung von Rechtsfragen. Unter dem Einfluß des absolutistischen Denkens wurden diese drei Bereiche immer enger zusammengefügt und von staatlicher Macht beherrscht. Der Mensch kann seine Möglichkeiten nur richtig entfalten und die Ideale der Freiheit, Gleichheit und Brüderlichkeit nur verwirklichen, wenn sich das öffentliche Leben in drei autonome, sich selber verwaltende Bereiche mit eigener Organisation entflechten und gliedern kann:

1. Der *Wirtschaftsorganismus* gewährleistet, daß alle Menschen brüderlichen Anteil an den materiellen Gütern der Erde erhalten.
2. Das *Rechtssystem* sorgt für Gleichheit, wo Gleichheit sein muß, nämlich bei den fundamentalen Rechtsnormen, die für jeden ohne Unterschied gelten.
3. Das *Freie Geistesleben* garantiert Freiheit in der Entfaltung und Ausübung kultureller Fähigkeiten und Tätigkeiten in Schulen, Forschungsstätten, Kirchen, Kunststätten, bei freiberuflichen Künstlern, Museen, Bibliotheken usw.

In dieser Sicht verwirklichen die »*Freien Waldorfschulen*« und Rudolf-Steiner-Schulen bereits Freies Geistesleben und tragen damit zur Erneuerung der Gesellschaft bei. Sie wollen einen gegenüber staatlichen, wirtschaftlichen und weltanschaulichen Forderungen freien Raum schaffen und nur den Bedürfnissen des Kindes, wie sie anthroposophische Menschenkenntnis sieht, verpflichtet sein (siehe GA 293-295; S. Leber 1985 u.a.). Am augenfälligsten zeigt sich diese Freiheit in den schuldidaktischen und erzieherischen Eigenheiten, durch die sich die Freien Waldorfschulen seit Steiner von den öffentlichen Schulen unterscheiden:

- Derselbe Klassenlehrer hält von der ersten bis zur achten Klasse den gesamten Hauptunterricht.
- Epochenunterricht: Schlüsselfächer werden in Blöcken von etwa drei Wochen täglich unterrichtet und dann, wenn sie auf diese Weise Schwerpunkt waren, wieder in gewöhnlichen Lektionen behandelt.
- Keine Trennung von Schwächeren und Hochbegabten.
- Zeugnisse nicht mit Zensuren, die vergleichbares Wissen benoten, sondern nur in Form von Beurteilungen der ganzen Schülerpersönlichkeit.
- Kein Sitzenbleiben.
- Die Entwicklung musisch-kreativer Fähigkeiten und die Betonung der Phantasie- und Gemütsbildung durch Märchen, Legenden, Eurythmie, Malen, plastisches Gestalten, Musizieren sowie die Verbindung von Wissenserwerb mit praktischem Tun (Handarbeit, Gartenbau, Berufskunde) stehen im Vordergrund.
- Schulkultur, die in Feiern u.ä. Lehrer, Schüler und Eltern einbezieht.

Welches sind nun die Bedürfnisse und die Bestimmung des Kindes, die die Erziehung zu respektieren und zu fördern hat? Für den an Steiners Menschenlehre orientierten Erzieher und Lehrer geschieht alles, worum sich die anthroposophisch ausgerichtete Erziehung bemüht, »sowohl um der *harmonischen Inkarnation* des einzelnen Kindes willen, wie auch um *Ausgleichskräfte zu erzeugen gegen die einseitig wirkenden Kulturschäden*« (H. R. Niederhäuser 1974, 18); der Lehrer soll dies allerdings nicht direkt sagen und lehren, sondern als Teil der Unterrichtsvorbereitung für sich meditieren.

Nach Steiner ist jeder Mensch eine je eigene, geistig-seelische Individualität, die vom Karma bestimmt ist, das sie aus früheren Erdenleben und aus dem der Zeugung durch die Eltern vorausgehenden Dasein in der geistigen Welt in diese Inkarnation mitbringt, und die der Welt im irdisch-sozialen Dasein geistige Impulse geben und ihr Karma höherentwickeln will. Von der Viergliedrigkeit des Menschen aus betrachtet, bedeutet dies: Das geistige *Ich* und der seelische *Astralleib* (die geistig-seelische Individualität) sollen durch die Erziehung so gefördert werden, daß sie sich über den *Ätherleib* und über das erwähnte Kopf-, Brust- und Stoffwechsel-Gliedmaßen-System den *physischen Leib* mit seinen Gehirnstrukturen und Organen durch die Umwandlungen (Metamorphosen) der Kindheit so bilden, daß sich die vorgeburtlich bestimmte geistig-seelische Individualität mehr und mehr in dem aus der Vererbung stammenden physischen Leib ausdrückt, ihn prägt, individualisiert. Das Denken und Fühlen, das schon vor der Zeugung durch die Eltern da war (gehirnunabhängig), muß sich in der Entwicklung des Gehirns die Fähigkeit erwerben, sich durch Vorstellungen mit den Sinneswahrnehmungen des Leibes zu verbinden. (Man denke an die Erkenntnislehre von »Die Philosophie der Freiheit.«) Diese Entwicklung und alle weiteren Aufgaben, die das Gelingen der Inkarnation erfordert, will anthroposophische Erziehung fördern. Dabei wird nach Steiner jedes Wesensglied des Zöglings vom nächsthöheren Wesensglied des Erziehers erzogen: von seinem Sein, nicht nur von seinem Tun und Reden.

Daraus ergibt sich für Steiner der Grundsatz, daß die Erziehung mehr auf die Weckung und Schulung der körperlichen, seelischen und geistigen Kräfte (Fähigkeiten) als auf die Kenntnis bestimmter inhaltlicher Zusammenhänge und Fakten zielen, das heißt der formalen Bildung den Vorrang vor der materialen einräumen soll, und Steiner beschäftigt sich darum eingehend mit der praktischen Frage, wie eine solche Kräfteschulung angeregt werden kann. Ein weiterer Grundsatz ist für ihn, daß die erzieherischen Anregungen zum rechten Zeitpunkt, entwicklungsgerecht, vor allem nicht zu früh, vermittelt werden müssen. Beide Anliegen und Gesichtspunkte hat er in seiner Lehre von den *Jahrsiebten*, in denen sich der Mensch entwickelt, berücksichtigt und in der Schrift »Die Erziehung des Kindes vom Gesichtspunkte der Geisteswissenschaft« (GA 34) ausgeführt. Hier zitiert er zwar anerkennend Aristoteles und Jean Pauls »Levana oder Erziehungslehre«, meint aber im übrigen, eine konkrete, entwicklungsgerechte Erziehungskunst und -lehre sei nur aus der geisteswissenschaftlichen Kenntnis der menschlichen Wesensglieder und ihrer Entwicklung zu gewinnen.

In Entwicklungs-Jahrsiebten zur harmonischen Inkarnation

Zum rechten Augenblick und zur Richtung fruchtbarer erzieherischer Anregung gibt die Geistesforschung folgende Hinweise. In den ersten sieben Jahren von der Geburt bis zum Zahnwechsel soll das Kind vor allem seinen physischen Leib, dann zwischen Zahnwechsel und Geschlechtsreife (etwa von 7 bis 14) seinen Ätherleib und schließlich bis zur Mündigkeit (14-21) seinen Astralleib entwickeln können. (Nach anthroposophischer Überzeugung verläuft auch die weitere Entwicklung bis zur Metamorphose des Todes in Jahrsiebten: Zwischen 21 und 28 sei die besondere Zeit für die Ausbildung der Empfindungsseele, zwischen 28 und 35 für die rationalere Verstandes- bzw. die gefühlsbetontere Gemütsseele, zwischen 35 und 42 für die Bewußtseinsseele und in den weiteren Siebenjahrperioden für das Geistselbst, den Lebensgeist und den Geistesmenschen. Siehe R. Treichler 1981.) Zwar ist bei der Geburt bereits auch der Äther- und der Astralleib vorhanden, doch wird er noch von einer schützenden Äther- und Astralhülle umgeben und ist darum auf dieser Ebene noch nicht von außen beeinflußbar: das Ätherische (das sinnbildhafte Erfassen und Behalten im Gedächtnis) und das Astralische (das Erkennen in abstrakten Begriffen und mit eigenem Urteil) kann sich im ersten Jahrsiebt nur wie »von selbst« entfalten, aber noch nicht von außen geschult werden.

Das Entwicklungsjahrsiebt des physischen Leibes (0-7 Jahre) hat die besondere Aufgabe, die für das gesamte weitere Wachstum grundlegenden Organformen auszubilden, und der Erzieher soll für die richtige physische Umgebung – im materiellen und im moralischen Sinn – sorgen. Das Kind nimmt diese Umgebungseinflüsse in dieser Lebensepoche durch die *Nachahmung* von Vorbildern auf – nicht durch Belehrung. »Es bildet sich ein gesundes Sehen aus, wenn man die richtigen Farben- und Lichtverhältnisse in des Kindes Umgebung bringt, und es bilden sich in Gehirn und Blutumlauf die physischen Anlagen für einen gesunden moralischen Sinn, wenn das Kind Moralisches in seiner Umgebung sieht« (GA 34,325). Steiner nennt mehrere Anregungen: Keine »schöne« Puppe, die die Phantasie des Kindes verkümmern läßt, sondern eine, die nur andeutet und das Übrige von der Phantasie ergänzen läßt. »Alle Spielzeuge, welche nur aus toten mathematischen Formen bestehen, wirken verödend und ertötend auf die Bildungskräfte des Kindes, dagegen wirkt in der richtigen Art alles, was die Vorstellung des Lebendigen erregt« (ebd. 326). »Ein aufgeregtes Kind muß man mit roten oder rotgelben Farben umgeben und ihm Kleider in solchen Farben machen lassen, dagegen ist bei einem unregsamen Kinde zu den blauen oder blaugrünen Farben zu greifen. Es kommt nämlich auf die Farbe an, die als Gegenfarbe im Inneren erzeugt wird… Hat das aufgeregte Kind eine rote Farbe in seiner Umgebung, so erzeugt es in seinem Innern das grüne Gegenbild. Und die Tätigkeit des Grünerzeugens wirkt beruhigend, die Organe nehmen die Tendenz der Beruhigung in sich auf« (ebd. 326f.). Gesundes Verlangen, Freude und Lust sind zu befriedigen, jedoch ohne Überfütterung und ohne falsche Ernährung. »Zu den Kräften, welche bildsam auf die physischen Organe wirken, gehört also Freude an und mit der Umgebung. Heitere Mienen der Erzieher, und vor allem redliche, keine erzwungene Liebe. Solche Liebe, welche die physische Umgebung gleichsam warm durchströmt, brütet im wahren Sinn des Wortes die Formen der physischen Organe aus« (ebd. 328). Das Sprechen soll das Kind durch Nachahmung, nicht durch Regeln und künstliche Belehrung lernen. Bei Kinderliedern ist der schöne Klang wichtiger als der Sinn, und tanzende Bewegungen haben organbildende Kraft.

Das Entwicklungsjahrsiebt des Ätherleibes (7-14 Jahre) setzt ein, wenn der Ätherleib des Kindes gegenüber den Kräften des ererbten Leibes immer prägender wird (»Und der Schlußpunkt dieser Arbeit sind die eigenen Zähne des Menschen, die an die Stelle der vererbten treten.«) und die schützende Ätherhülle sich auflöst, so daß der Erzieher von außen auf den Ätherleib einwirken kann. »Die Umbildung und das Wachstum des Ätherleibes bedeutet Umbildung beziehungsweise Entwicklung der Neigungen, Gewohnheiten, des Gewissens, des Charakters, des Gedächtnisses, der Temperamente. Auf den Ätherleib wirkt man durch Bilder, durch Beispiele, durch geregeltes Lenken der Phantasie… Das Sinnvolle, das durch das Bild und Gleichnis wirkt, ist jetzt am Platze… Nicht abstrakte Begriffe wirken in der richtigen Weise auf den wachsenden Ätherleib, sondern das Anschauliche, nicht das Sinnlich-, sondern das Geistig-Anschauliche. Die geistige Anschauung ist das richtige Erziehungsmittel in diesen Jahren« (GA 34,329). Die blinde Nachahmung der ersten Jahre wird abgelöst durch die *Nachfolge* von Menschen mit selbstverständlicher, nicht erzwungener Autorität. Dies »muß die unmittelbare geistige Anschauung darstellen, an der sich der junge Mensch Gewissen, Gewohnheiten, Neigungen herausbildet, an der sich sein Temperament in geregelte Bahnen bringt, mit deren Augen er die Dinge der Welt betrachtet« (ebd. 329). Das Kind soll verehrend zu seinen Lehrern und Erziehern aufschauen können. Man soll aber auch von großen Vorbildern der Geschichte erzählen, denn diese müssen »das Gewissen, müssen die Geistesrichtung bestimmen, nicht so sehr abstrakte sittliche Grundsätze, die erst dann ihre richtige Wirkung tun können, wenn sich mit der Geschlechtsreife der astrale Leib seiner astralen Mutterhülle entledigt« (ebd. 330). Dabei kann das richtige mündliche Erzählen nicht ohne weiteres durch Lektüre ersetzt werden. Auch die Geheimnisse der Natur und die Gesetze des Lebens soll das Kind mehr in Symbolen und Gleichnissen ahnen als in verstandesmäßigen Begriffen erfassen; so vergleiche man die Unsterblichkeit der Seele mit dem Hervorgehen des Schmetterlings aus der Puppe und verwende für alle Naturgesetze und Weltgeheimnisse Gleichnisse, die das Gefühl ansprechen. Anschaulichkeit im Unterricht ist freilich nicht materialistisch, nur-sinnlich gemeint. Denn ein Ding besteht ja immer aus Geist und Stoff. Daß eine Pflanze u.ä. mehr ist als die Sinne wahrnehmen, »das muß mit der Empfindung, mit der Phantasie, mit dem Gemüt lebendig erfaßt werden« (ebd. 337). Die gemeinte Anschaulichkeit soll wohl immer auch etwas von der Imagination des meditativen Schulungsweges an sich haben. Eine Chance und Aufgabe des zweiten Jahrsiebts ist auch die Schulung des Gedächtnisses, das sich mit der Umbildung des Ätherleibes besonders entwickelt. »Wie das Kind das Gefüge der Sprache in seinen Seelenorganismus aufnimmt, ohne die Gesetze des Sprachbaus dazu in verstandesmäßigen Begriffen zu brauchen, so *muß* der junge Mensch zur Pflege des Gedächtnisses Dinge lernen, von denen er sich erst später das begriffliche Verstehen aneignen soll... Die Rede vom unverstandenen Gedächtnisstoff ist weiter nichts als ein materialistisches Vorurteil... Der Verstand ist eine Seelenkraft, die erst mit der Geschlechtsreife geboren wird, auf die man daher vor diesem Lebensalter gar nicht von außen wirken sollte« (ebd. 336). Das Kind soll also geschichtliche und geographische Kenntnisse in seinem Gedächtnisschatz aufspeichern, um die Gedächtnisfähigkeit zu stärken und später aus ihm schöpfen zu können. Die Leibesübungen, die diesem Lebensjahrsiebt gemäß sind, sollen nicht nur anatomisch und physiologisch durchdacht sein, sondern das Gefühl vermitteln: »Ich fühle wachsende Kraft in mir« (ebd. 341). Überaus wichtig ist auch die Weckung des religiösen und künstlerischen Erlebens (Musik, Malen, Zeichnen, Gestalten). »Freude am Leben, Liebe zum Dasein, Kraft zur Arbeit, alles das erwächst für das ganze Dasein aus der Pflege des Schönheits- und Kunstsinnes« (Ebd. 340), und das Gute soll zugleich als schön, das Schlechte als häßlich empfunden werden.

In späteren Vorträgen zur Gründung der ersten Waldorfschule differenziert Steiner das zweite Jahrsiebt, indem er auf ein stärkeres sachliches Interesse an der Umgebung (ab 9 Jahren) und ein eigenständigeres Gefühlsleben mit Interesse an sozialen Beziehungen (ab 12 Jahren) hinweist.

Das Entwicklungsjahrsiebt des Astralleibes (14-21 Jahre) wird von der Tatsache bestimmt, daß mit der Geschlechtsreife der Astralleib geboren und freigesetzt wird, wodurch die Fähigkeit entsteht, die eigene Entwicklung seelisch intensiv und bewußt zu erleben. Das Denken »als inneres Leben in abgezogenen Begriffen« und die Urteilskraft, die sich bisher nur in den anderen Seelenkräften »gleichsam von selbst« entwickeln konnten, können jetzt auch von außen, vom Erzieher gefördert werden. Jetzt ist das hilfreich, »was die abgezogene Vorstellungswelt, die Urteilskraft, den freien Verstand entfaltet« (ebd. 342). Damit wird das Autoritätsprinzip des zweiten Jahrsiebts durch das Prinzip der Sachlichkeit abgelöst. Der Jugendliche soll sich über die Dinge, die er zuvor gelernt hat, ein eigenes Urteil bilden. Früher hätte dies nur zu öden Glaubensbekenntnissen, Wissensbrocken und Vorurteilen geführt; jetzt kann es zu Urteilen führen, die von eigenem Erleben und Denken bestimmt sind und die mit etwa 21 Jahren beginnende Mündigkeit grundlegen.

Eine weitere Besonderheit anthroposophischer Menschenkunde und Erziehung sei kurz erwähnt: die *Temperamentenlehre.* Für Steiner sind in jedem Menschen – in seinem Ätherleib verwurzelt – alle vier Temperamente der herkömmlichen Temperamentenlehre vorhanden, doch ist ein Kind vorwiegend Melancholiker, Phlegmatiker, Sanguiniker oder Choleriker, oder zwei Temperamente sind in ihm stärker ausgeprägt als die anderen. Eine Hilfe, um das Temperament zu erziehen und Einseitigkeit zu überwinden, liegt etwa darin, daß der Lehrer in Tierfabeln von den Stärken und Schwächen der Temperamente spricht, daß er für Harmonie in der Klasse sorgt und die Schüler gleichen Temperaments nebeneinander setzt, damit sich ihre Einseitigkeiten gegenseitig abschleifen: Denn so werden die Phlegmatiker um so schneller ihres Phlegmas, die Choleriker ihres Sich-Puffens und die Sanguiniker ihrer Geschwätzigkeit überdrüssig, so daß Gleiches durch Gleiches geheilt wird.

Der Weltprozeß, in den der Mensch hineingestellt ist

Schon in den Ausführungen zur Frühphase von Steiners Denken, aber auch im vorangegangenen Kapitel über sein Menschenverständnis, zeigte sich, daß er den Menschen immer im *Zusammenhang mit dem gesamten Weltprozeß und Kosmos* sieht. Diese Sicht soll in diesem Kapitel in ihren Grundzügen dargestellt werden.

Bereits in der früheren Zweiteilung, in der er den Menschen als »Bürger zweier Welten, der Sinnen- und der Gedankenwelt« sah (vgl. die Skizze S. 28) vertrat er einen *Gedanken-Monismus*, der die Sinnenwelt ähnlich geistig auffaßt wie das menschliche Ich, weil sie ja durch unsere geistigen Begriffe und Zusammenhänge verstehbar wird. In seiner »Theosophie« führt er diese Auffassung weiter, jedoch im Rahmen einer Dreiteilung, für die der Mensch »Bürger dreier Welten«, der physischen, seelischen und geistigen, ist und meint: »Das Mineralreich wird durch die Sinne wahrgenommen und durch das Denken begriffen. Macht man sich über einen mineralischen Körper einen Gedanken, so hat man es somit mit einem Zweifachen zu tun: mit dem Sinnendinge und mit dem Gedanken. Demgemäß hat man sich vorzustellen, daß dieses Sinnending ein verdichtetes Gedankenwesen ist« (GA 9,148). »Nur weil die Dinge der Sinnenwelt nichts anderes sind als die verdichteten Geistwesenheiten, kann der Mensch, der sich durch seine Gedanken zu diesen Geistwesenheiten erhebt, in seinem Denken die Dinge verstehen. Es stammen die Sinnendinge aus der Geisterwelt, sie sind nur eine andere *Form* der Geisteswesenheiten; und wenn sich der Mensch Gedanken über die Dinge macht, so ist sein Inneres nur von der sinnlichen Form ab- und zu den geistigen Urbildern dieser Dinge hingerichtet« (ebd. 147f.). Steiner versteht dieses Denken goetheanistisch als lebendiges Denken in beweglichen Begriffen und rückt es in die Nähe des alchemistischen Symboldenkens, wenn er schreibt: »Ein Ding durch Gedanken verstehen ist ein Vorgang, der verglichen werden kann mit dem, durch welchen ein fester Körper flüssig gemacht wird, damit ihn der Chemiker dann in seiner flüssigen Form untersuchen kann« (ebd. 148).

Steiner liegt sehr viel an diesem meditativ »erkrafteten« Denken, das der Sinnenwelt so begegnet, daß es zu ihren geistigen Urbildern schaut und ihre Verdichtung aus dem all-einen Göttlich-Geistigen miterlebt. Seine umfangreiche Weltentwicklungslehre, die er in »Die Geheimwissenschaft im Umriß«, aber auch in späteren Vorträgen darlegt, dient diesem Ziel. Es ist, als klinge noch die Überwindung seiner eigenen früheren Introvertiertheit nach, wenn er – auch gegen theosophische Tendenzen – betont, daß wahre Selbsterkenntnis das Selbst und die drei Seelenkräfte Denken, Fühlen, Wollen als Teil des gesamten Weltprozesses begreifen müsse.

»Denn wo ist eigentlich dieses Selbst? Ist es innerhalb unserer Haut? Nein, es ist ausgegossen in der ganzen Welt... Derjenige, der durch das Hineinstarren in sein Inneres das Selbst finden will, der sagt sich: du mußt gut sein, selbstlos sein! Ja, schön. Nur kann man bemerken, daß der immer egoistischer wird. Dagegen führt das Sichabplagen mit den großen Geheimnissen des Daseins, das Sichherausreißen aus diesem sich selbst so sehr schmeichelnden, persönlichen Selbst, das Aufgehen in dem, was in den höheren Welten ist und aus ihnen erkannt werden kann, zur wahren Selbsterkenntnis. Indem wir über Saturn, Sonne, Mond nachdenken, verlieren wir uns in Weltgedanken. ›In deinem *Denken* leben Weltgedanken‹, sagt sich die anthroposophisch denkende Seele, aber sie fügt hinzu: ›Verliere dich in Weltgedanken‹. Die aus der Anthroposophie schöpfende Seele sagt sich: ›In deinem *Fühlen* weben Weltenkräfte‹. Aber sie sagt gleich: ›Erlebe dich durch Weltenkräfte!‹...Ebenso sagt sich die Seele, die Stärke schöpft aus der Anthroposophie: ›In deinem *Willen* wirken Weltenwesen‹ und gleich fügt sie hinzu: ›Erschaffe dich aus Willenswesen!‹ Und das gelingt, wenn man Selbsterkenntnis so auffaßt. Dann gelingt es, daß man sich umschafft aus Weltenwesen.

So wird Anthroposophie zum Lebenselixier. Dann erweitern wir unseren Blick über Geisteswelten, dann werden wir die Kräfte saugen aus Geisteswelten, dann werden wir die Kräfte, die wir gewinnen, in uns hineinführen und dann erkennen wir uns in unseren Tiefen« (GA 130,258f.).

Die Überzeugung: »In deinem Denken leben Weltgedanken« bedeutet für Steiner auch, daß wir nicht nur fertige Naturgesetze erkennen, sondern sie auch göttlich-schöpferisch in uns schaffen, daß für seinen Monismus Natur und Mensch zum selben Weltprozeß gehören, so daß Naturerkenntnis und Selbsterkenntnis eins sind: Wir sind selber die göttliche Kraft, die den Wurm zum Menschen hinaufbefördert (GA 51,314). Anders ausgedrückt: Was Steiner über die Entstehung der materiellen und menschlichen Welt aus den geistigen Urbildern lehrt – von der Sternen- bis zur Pflanzenwelt – dient dem gleichen Ziel wie sein Meditationsweg: dem »Einswerden mit dem Makrokosmos« (Ga 13,393).

Der Mensch: Bestandteil aller drei Weltbereiche

Die Grundannahmen, von denen Steiner in den verschiedenen Schriften und Vorträgen seiner Hauptphase ausgeht, lassen sich nicht voll harmonisieren. Doch kann man – wenn man sich bewußt bleibt, daß dies eine Vereinfachung ist – einen Überblick und eine Verständnishilfe schaffen, wenn man von seinen Gedanken zur Dreigliedrigkeit des Menschen ausgeht und die all-eine Wirklichkeit (Welt) entsprechend in eine Geistige Welt, eine Astralwelt und eine Physische Welt gegliedert sieht.
Als Bürger dreier Welten hat der Mensch Anteil und ist Bestandteil der drei Bereiche, in die sich die all-eine Wirklichkeit gliedert. Sein *Ich* ist als Geistselbst von gleicher Substanz wie das Ewige und trägt das Gute und Wahre des Geistigen in sich (wie eine Hülle einen Inhalt); es individualisiert die Absichten der höheren *geistigen Welt* (Geisterland, Devachan, Himmel). Dieser übermenschliche Bereich gliedert sich in höhere Wesenheiten, die von unbestimmter Zahl sind, jedoch in neun (nach anderen Äußerungen

Steiners zusammengefaßt in drei) *Hierarchien* eingeteilt werden können. Steiner nennt sie mit der christlichen Tradition Seraphim, Cherubim, Throne usw. oder mit deutschen Funktionsbezeichnungen Geister der (All-)Liebe, der Harmonie, des Willens usw. Sie hatten nicht nur entscheidenden Anteil an der Entstehung der Welt, sondern wirken ständig in ihr, etwa als Begleiter der einzelnen Menschen (der Angeloi) oder als Volksgeister (die Archangeloi) oder als Zeitgeister (die Archai). In einigen Vorträgen seiner späten Schaffenszeit spricht er auch von der Trinität

Die 3 Weltbereiche individualisieren, gliedern sich	in sich in	im Menschen in
1 .Geistige Welt (Geisterland) (Devachan) (Himmel)	9 Hierarchien: Geister der Liebe (Seraphim) der Harmonien (Cherubim) des Willens (Throne) der Weisheit (Kyriotetes) der Bewegung (Dynameis) der Form (Elohim, Exusiai) der Persönlichkeit (Archai) des Feuers (Archangeloi) des Zwielichts (Angeloi)	1. Ich (Geistselbst)
2. Astralwelt (Seelenwelt)	7 Regionen, aus den Grundkräften Antipathie/Sympathie aufgebaut: Begierdenglut Fließende Reizbarkeit Wünsche Lust und Unlust Seelenlicht Tätige Seelenkraft Seelenleben	2. Astralleib
3. Physische Welt Weltenäther + Mineralreich	4 Ätherarten + Elementarwesen (Erd-, Wasser-, Luft-, Wärmewesen) + Tier-, Pflanzen- und Mineralreich	3. Ätherleib + Physischer Leib

von Vater, Sohn und Geist, die als Sphäre erscheint, die den Hierarchien übergeordnet ist.

Der *Astralleib* des Menschen ist eine Individualisierung der allgemeinen *Astralwelt* (Seelenwelt), die sich aus sieben Regionen aufbaut: aus Begierdenglut, fließender Reizbarkeit, Wünschen usw. Der *Ätherleib* des Menschen ist eine Individualisierung des *Weltenäthers*. Sein *physischer Leib* ist eine Individualisierung des Mineralreichs, das aus den immateriellen Bildekräften des Äthers entstanden ist, vom Äther zum Leben der Pflanzen und Tiere erweckt wird und mit diesen die *physische Welt* bildet. (Auch die Erde und manche übermenschliche Wesen haben einen Ätherleib.)

Das All-Eine in Evolution

Für Steiner ist die Dreigliederung der Welt in eine geistige, seelische und physische nicht statisch, sondern das vorläufige Ergebnis einer *Gesamtentwicklung des all-einen Geistigen.* In ihr sind sowohl die Hierarchien als auch der Mensch in ständiger Entwicklung. So wie beispielsweise die Wesenheiten der Archai in der Phase des alten Saturn auf der Bewußtseinsstufe standen, die heute der Mensch hat, so soll und wird sich der Mensch höherentwickeln und einmal selber zu den Hierarchien gehören. Der Mensch verdankt sich der Gesamtentwicklung und soll sie als Umschlagstelle zwischen dem geistigen und dem physischen Bereich vollenden.

Nach Steiner strömt das ursprüngliche Göttlich-Geistige durch *Emanation und Verdichtung* über die hohen Wesenheiten (Hierarchien) in alles Werdende ein und entwickelt sich in ständiger Metamorphose in ihm und mit ihm. Es wird von der geistigen zur seelischen und über diese zur ätherischen und materiellen Welt. Es will sich nach Phasen zunehmender Verstofflichung wieder zu reiner Geistigkeit emporentwickeln, angereichert mit den Beiträgen, die geistig strebende Wesen dazu leisten und nur am Materiellen erarbeiten können.

»Es entwickelt sich dieses Stoffliche aus dem Geistigen heraus. Vorher ist nur Geistiges vorhanden... Man hat einen Vorgang vor sich, der sich – auf einer höheren Stufe – so abspielt, wie wenn man ein Gefäß mit Wasser betrachtet, in dem sich nach und nach durch kunstvoll geleitete Abkühlung Eisklumpen herausbilden. Wie man hier aus dem, was vorher durchaus Wasser war, das Eis sich heraus verdichten sieht, so kann man durch geistige Beobachtung verfolgen, wie sich aus einem vorangehenden durchaus Geistigen die stofflichen Dinge, Vorgänge und Wesenheiten gleichsam verdichten. – So hat sich der physische Erdenplanet herausentwickelt aus einem geistigen Weltwesen; und alles, was stofflich mit diesem Erdenplaneten verknüpft ist, hat sich aus solchem herausverdichtet, was mit ihm vorher geistig verbunden war. Man hat sich aber nicht vorzustellen, daß jemals *alles* Geistige sich in Stoffliches umwandelt; sondern man hat in dem letzteren immer nur umgewandelte Teile des ursprünglichen Geistigen vor sich« (GA 13,140).

Das Bild vom »Herausverdichten« ist sowohl metaphorisch als auch buchstäblich gemeint. Es ist mit dem bereits erwähnten Vergleich vom Tropfen und vom Meer zusammenzusehen: »Wie der Tropfen sich zu dem Meere verhält, so verhält sich das ›Ich‹ zum Göttlichen. Der Mensch kann in sich ein Göttliches finden, weil sein ureigenstes Wesen dem Göttlichen entnommen ist« (GA 13,67). Das bedeutet: Während das Göttliche im geisterfüllten Ich (Geistselbst) des Menschen unmittelbar gegenwärtig ist, so daß es einen Tropfen aus diesem Meer darstellt, der sich von ihm nur der Menge, nicht der Art nach unterscheidet, offenbart es sich in den untermenschlichen physischen Dingen, die wie Verdichtungen und Eisklumpen dieses Meeres sind, nur mittelbar als die geistige Kraft, die hinter ihnen wirkt, sie beseelt und sich wie durch körperliche Gesten in ihnen ausdrückt.

So ist die sichtbare *Erde* »nur der physische Ausdruck eines geistigseelischen Organismus« (GA 13,241). Ebenso die Gestirne. Die höheren Wesenheiten wirken über die ätherisch-astralen Wesensglieder, die die Gestirne bewegen, auf diese ein. Zumal von der *Sonne*, die von höherentwickelten Wesen bewohnt wird als die Erde, gehen wichtige seelisch-geistige Impulse auf die Erde aus.

»Wie Ihr Leib sich zu Ihrer Seele verhält, so verhält sich das Sonnenlicht zu dem Logos. In dem Sonnenlichte strömt ein Geistiges der Erde zu. Dieses Geistige ist, wenn wir nicht nur den Sonnenleib, sondern auch den Sonnengeist zu fassen vermögen, dieser Geist ist die Liebe, die herunterströmt auf die Erde... mit dem physischen Sonnenlichte strömt die warme Liebe der Gottheit auf die Erde; und die Menschen sind dazu da, die warme Liebe der Gottheit in sich aufzunehmen, zu entwickeln und zu erwidern« (GA 103,58).

An anderer Stelle schreibt Steiner, die erste, stärkste Hierarchie (Seraphim, Cherubim, Throne) offenbare sich »als das im Physischen geistig Wirksame«, während sich die zweite Hierarchie (Kyriotetes, Dynameis, Exusiai) im Ätherischen, das heißt nicht im Physischen, und die dritte Hierarchie (Archai, Archangeloi, Angeloi) nur im Seelisch-Astralen offenbaren. Alle drei Formen von Offenbarungen und Wirkungen würden durch die verschiedenen Arten von Geistigem in Bildlichkeit (vermutlich Imagination) erkannt (GA 26,52ff.). In diesem Zusammenhang spricht er auch manchmal von schöpferischen Wesenheiten und Schöpfungen – etwa in dem Satz: »An die erste Hierarchie kann man geistig herantreten, wenn man die im Natur- und Menschenreich vorhandenen Tatsachen als die Taten (Schöpfungen) eines in ihnen wirkenden Geistigen erschaut. Die erste Hierarchie hat dann das Natur- und Menschenreich zu ihrer Wirkung, in der sie sich entfaltet« (GA 26,63).

Das bedeutet nicht, daß Steiner seine frühere Ablehnung der christlichen Schöpfungslehre, die ihm zu dualistisch erschien, aufgegeben hätte. Vielmehr sieht er hier im Gewordenen »Schöpfungen« im Sinne von Wirkungen, in die die schaffenden Mächte selber eingehen, in denen sie sich ausdrücken und entfalten. So spricht er in seinem Zyklus über »Die Geheimnisse der biblischen Schöpfungsgeschichte« (GA 122) nicht vom einen und einzigen Schöpfer-Gott, sondern meint, an der Schöpfung seien – wie okkulte Forschung lehre und die Bibel bestätige – alle Hierarchien beteiligt gewesen: Im Erdigen leben die »Geister des Willens«, im Wässerigen die »Geister der Weisheit«, im Luftförmigen die »Geister der Bewegung« und im Wärmehaften, das auch alle anderen Bereiche durchdringt und mitgestaltet, die »Geister der Form«, die Exusiai, die die

Bibel *Elohim* nennt. Die Elohim sprachen: »Es werde Licht!« und: »Lasset uns den Menschen machen!« Sie waren zunächst einzelne, doch haben sie sich beim gemeinsamen Vorbereiten des Menschen zu einem »gemeinsamen Organismus«, zu einer Einheit entwickelt, in der sie als »Organe« wirken. Diese Einheit nenne die Bibel Jahve-Elohim. Aus dem eben genannten Grund spreche die Bibel zuerst von Elohim (in der Mehrzahl) und erst am Ende des Schöpfungswerkes von Jahve. Das ergebe sich aus »den okkulten Quellen«. Die Bibelwissenschaft täusche sich und trenne sich von den okkulten Quellen, wenn sie annehme, daß der biblische Schöpfungsbericht aus zwei verschiedenen Überlieferungen – einer, die die Elohim, und einer anderen, die Jahve verehrt habe – zusammengesetzt worden sei.

Anthroposophen lehnen es meistens grundsätzlich ab, daß man Steiners Ansichten in allgemeine Weltanschauungskategorien einordnet, auch wenn man dabei bemüht ist, seiner Eigenart Rechnung zu tragen. Nach ihrer Auffassung will die Anthroposophie ja die der heutigen Welt- und Bewußtseinsentwicklung mögliche und gemäße Erkenntnis vermitteln, die bisher nur Initiierten zuteil wurde. Doch nach allem, was eben angeführt wurde, wird man sagen müssen, daß Steiners Weltentwicklungslehre auf einem *Panentheismus* aufbaut, der sich den Menschen und die biophysische Welt nach dem Modell der *Emanation* denkt. Panentheismus meint hier die Form von All-Einheitslehre, für die das Göttliche, nicht einfach mit der Welt identisch ist und in ihr aufgeht, sondern die Welt überragt, so daß »alles« (griechisch: pan) an ihr »im« (en) Göttlichen ist – doch so, daß die Welt ein Teil des Göttlichen eine Emanation (ein Herausströmen), eine Entwicklungsform von ihm, Leib und Gestalt des Göttlichen ist, nicht die von ihm verschiedene (aber von ihm ständig im Dasein erhaltene) Schöpfung. Dieser Emanations-Panentheismus ergibt sich aus Steiners Gedanken-Monismus, der sagt: Die universellen Begriffe und Intuitionen, durch die wir einen Stein oder den Lauf der Gestirne begreifen, haben wir aus der geistigen Welt. Unsere Naturerkenntnis ist also ein Abglanz des Urbildes, das in den höheren Welten existiert, sich unserem Denken und Ich, diesem Tropfen des (Geist-)Meeres mitteilt und in der Sinnenwelt verdichtet und entfaltet. Physisches muß man meditativ von den »Geistkeimen« her erfassen, die zur »Bildungskraft« herabgestiegen sind und sich zum sinnlich Wahrnehmbaren verdichtet haben (GA 9,146-155).

Das Physische ist aus der geistigen Idee zu verstehen, die sich in ihm verdichtet und ausdrückt. Diese Idee aber hat für Steiner Bewußtsein. Im Grunde gibt es im Weltenall nichts anderes als Bewußtseine (GA 148,277). In seinen Büchern »Aus der Akasha-Chronik« und »Die Geheimwissenschaft im Umriß«, aber auch in zahlreichen Vorträgen beschreibt er die Vergangenheit und die Zukunft der Weltentwicklung aus übersinnlicher Erkenntnis. *Dabei überschreitet er den Gedanken-Monismus seiner Frühphase und konkretisiert ihn durch okkultistisch-esoterische Vorstellungen*: Dem »Seherblick« entschwinden und zerschmelzen die Dinge der Umgebung, bis er schließlich die Region erreicht, »wo nur noch Wesen in irgendwelchen Bewußtseinszuständen sind. Also, die wirklichen Realitäten der Welt sind Wesen in den verschiedenen Bewußtseinszuständen« (GA 148,278). »Alles wurzelt in einem Bewußtsein und zwar in verschiedener Weise« (ebd. 279). Darum beschreibt er in »Die Geheimwissenschaft im Umriß« die Weltevolution als Abfolge von Bewußtseinszuständen. Die Geschichte der Erde und des Kosmos sieht er nach dem Vorbild der Reinkarnationen des Menschen als planetarische Verkörperungen, wobei er die zukünftigen Erdinkarnationen als zunehmende Vergeistigung nach Art des Ablegens des physischen, des ätherischen und des astralischen Wesensgliedes des Menschen nach dem Tode darstellt. Dabei sollen auch die Planeten, die beseelt sind und als Teil des Makrokosmos dem Mikrokosmos des Menschen entsprechen, in die Betrachtung einbezogen werden (siehe GA 118,93-98 u.a.).

Solche übersinnliche Erkenntnis beruht sowohl auf der Erinnerung an frühere Erdenleben, in denen man einen Teil der Weltentwicklung miterlebt hat, als auch auf Akasha-Forschung (siehe GA 26,177; GA 148). Sie setzt einen besonders entwickelten Seherblick voraus, kann aber grundsätzlich von jedem Meditierenden in dieser oder in einer der nächsten Inkarnationen erreicht werden.

Die Akasha-Forschung schildert Steiner als Lesen im Weltenäther, aber auch als Mit-Denken der Gedanken der Hierarchien: Da unsere Gedanken gleichzeitig von der nächsthöheren Hierarchie gedacht werden, kann der Seher seine Gedanken von dieser dirigieren lassen und in sich Gedanken über die weise Führung der Erdenevolution und über die allgemeinen Christus-Wahrheiten erleben (GA 148,280). Bei weiterer Übung erfährt er: »er wird von den Erzengeln im Lebensprozeß der Welt herumgeführt« (ebd. 281) und erfaßt so einzelne Tatsachen aus früheren Epochen der Erdgeschichte (der altindischen, urpersischen und anderer Zeiten sowie aus dem Leben Jesu). Wenn er sich bewußt den Archai als Nahrung hingibt, kann er konkrete Tatsachen erforschen.

Auf dieser Grundlage schildert Steiner auf mehreren hundert Seiten die Entwicklung von Welt und Mensch – eine Betrachtung, die hier nur in einigen Grundzügen wiedergegeben werden kann. (Eine Gesamtübersicht in schematischer Form bietet der Anhang II am Ende dieses Buches.)

Die Evolution: Von der Verstofflichung zur Wiedervergeistigung

In drei Verkörperungen der Erde und des Kosmos haben sich durch zunehmende Verstofflichung des Geistigen zunächst der physische, der ätherische und der astralische Leib des Menschen vorbereitet, bis sich in der entscheidenden vierten, gegenwärtigen Verkörperung das Ich bilden konnte. Es wird sich in drei zukünftigen Globusinkarnationen mit zahlreichen Einzelinkarnationen so entwickeln, daß immer mehr Menschen zum Geistselbst, zum Lebensgeist und zum Geistesmenschen werden. Das Mineralreich wird sich in ein pflanzliches, dieses in ein tierisch-astrales umwandeln – bis mit dem Geistesmenschen alles völlig vergeistigt und leibfrei sein wird. So nimmt Steiner *sieben planetarische Verkörperungen* an, die der Ausbildung der erwähnten sieben Wesensglieder und Bewußtseinszustände dienen und die er mit den herkömmlichen Planetennamen als »alten Saturn«, »alte Sonne« oder als »Saturnzustand« usw. bezeichnet.

Wesensglieder + Bewußtseinszustände und »ihre«	Planetarischen Verkörperungen
1. Physischer Leib Trance (nahezu ohne Bewußtsein)	Saturnzustand
2. Ätherleib Tiefschlaf (traumlos)	Sonnenzustand
3. Astralleib Traum- und Bilderbewußtsein	Mondenzustand
4. Ich Wach- und Gegenstandsbewußtsein	Erdenzustand (Gegenwart)
5. Geistselbst Gesteigerte Imagination	Jupiterzustand
6. Lebensgeist Gesteigerte Inspiration	Venuszustand
7. Geistesmensch Gesteigerte Intuition	Vulkanzustand

Nach jeder dieser Verkörperungen trat bzw. tritt der Kosmos in eine Ruhepause (Pralaya) der völligen Vergeistigung ein. Die Wesenheiten der neun übermenschlichen Hierarchien wirken je nach ihrer Art mit und entwickeln sich mit der gesamten Evolution auch selber.

Im *Saturnzustand* war die Erde zunächst nur »Wille«, den die hochentwickelten »Geister des Willens« (Throne) ausströmten. Daraus entstand »Wärme«, jedoch nicht Wärme, die wie heute an Materie gebunden ist, sondern als »rein seelische und eine noch feinere Substanz als ein Gas«; aus ihr hat sich das Materielle verdichtet. Die physischen Leiber der Menschen waren damals anfanghaft als »Wärmekörper« dieser Art vorhanden. Sie bekamen Leben von außen, weil die »Geister der Weisheit« (Kyriotetes) ihr Leben in sie hineinspiegelten; die »Geister der Bewegung« (Dynameis), deren niedrigstes Glied der Astralleib ist, machten den Saturn nun zu einem mit Sympathien und Antipathien beseelten Wesen, doch wurden diese Empfindungen erst durch das Wirken der »Geister der Form« (Exusiai, Elohim) in einzelne Lebewesen abgeteilt. Persönlichkeit im heutigen Sinn hatten sie noch nicht, doch spiegelten sich in ihnen bereits von außen die »Geister der Persönlichkeit« (Archai). Ähnlich wirkten andere Wesen, bis Menschenphantome mit einem anfanghaften Leben entstanden.

Im *Sonnenzustand* wiederholt sich diese Entwicklung, wird aber durch das Zusammenwirken der Geister so weitergeführt, daß sich die Saturn-Wärme zu Luft verdichtet, die Geister sich im Menschen nicht nur spiegeln, sondern ihre Kräfte in ihn ein- und ausströmen lassen und der keimhafte physische Leib zum Ätherleib mit dem Tiefschlafbewußtsein der Pflanzenwelt wird.

Im *Mondenzustand* haben sich die »Geister der Bewegung« so weiterentwickelt, daß sie aus sich heraus den Astralleib mit seinem Traum- und Bilderbewußtsein in die Menschenwesen einströmen lassen können, deren dichteste Schicht (neben Wärme und Luft) etwas Ähnliches wie das heutige Wasser ist.

Zu Anfang des jetzigen *Erdenzustandes* war die Erde noch ganz Seele, Geist und Feuer und verdichtete sich dann zu Gas und Luft. Daraus spaltete sich ein Weltkörper ab, der sich zur gegenwärtigen Sonne entwickelte; ihn brauchen jene höheren Wesenheiten als Wohnplatz, die die weitere Verdichtung der Erde (zu Wässerigem und Erdigem) behindern würde. Die höheren Wesen wirkten dann von der Sonne und vom Mond, der damals die Erde verließ, auf Erde und Mensch ein und halfen diesem, sich die festeren Teile einzugliedern. Als seine Bewußtseinsseele einen geeigneten Leib bilden konnte, entfachten die »Geister der Form« mit Funken aus ihrem Feuer sein Ich, das der Leib aufnahm.

So ist der Mensch ganz von oben, von geistiger Herkunft und Substanz. Das *Tierreich* aber entwickelte sich nach dem Menschenleib aus Astralwesen, die auf dem Mondenzustand stehen blieben und weniger entwickelt waren als die damals niedersten Menschenseelen. Sein Vorgänger war also der Mensch, nicht das *Pflanzliche*, das ebenfalls aus einem Rest der Menschenentwicklung entstand, nämlich aus wässerigen Gestalten, die zur Zeit der Sonnentrennung vom Astralischen der Sonne so angeregt wurden, daß sie aus dem Ätherischen der Erde ihren Lebensleib bildeten.

In einer zukünftigen, fünften Verkörperung, dem *Jupiterzustand*, werden sich die mineralischen Kräfte in pflanzliche umwandeln und die Nachfahren der guten Menschen die der bösen so veredeln, daß sie noch Zugang zum eigentlichen Menschenreich finden. Die Menschen entwickeln eine gesteigerte Imagination, ein »selbstbewußtes Bilderbewußtsein oder psychisches Bewußtsein«

mit Bildern, die sind, was sie bedeuten, und mit denen sie bewußt auf die übersinnlichen Kräfte einwirken können.

Danach, im *Venuszustand,* verschwindet auch das Pflanzliche. Mit einer Art gesteigerter Inspiration, dem »selbstbewußten Gegenstandsbewußtsein oder überpsychischen Bewußtsein«, wird der Mensch auch Herr über schöpferische Kräfte anderer Welten, kann also nicht nur Bilder, sondern auch Gegenstände erschaffen.

Im *Vulkanzustand* erlangt er – der jetzigen Intuition vergleichbar – die »Gottseligkeit oder das spirituelle Bewußtsein«, eine All-Liebe, die nur dem fortgeschrittenen Geistesschüler näher erläutert werden soll.

Jede der sieben planetarischen Verkörperungen gliedert sich in sieben *Lebenszustände,* die sich nochmals in sieben *Formzustände* aufteilen. Besonders ausführlich beschreibt Steiner den vierten Formzustand (den »physischen«), in dem sich die Erde derzeit befindet und den er in sieben *Zeitalter* (Hauptrassen) unterteilt, nämlich in die 1. Polarische, 2. Hyperboräische, 3. Lemurische, 4. Atlantische, 5. Nachatlantische und zwei zukünftige (6./7.) Epochen.

Die Bedrohung durch das Luziferische und Ahrimanische und die Wende durch den Christus-Impuls

Sowohl die Geistwesen als auch die Menschen haben sich nicht immer geradlinig entwickelt, sondern zwischen Verstofflichung und Vergeistigung geschwankt. So bewirkten »unregelmäßig entwickelte« Wesen, *luziferische Geister* (die Steiner auch unter dem Begriff »Luzifer« zusammenfaßt), die auf dem Mondenzustand stehengeblieben waren und in ihrem Freiheitsrausch gegen die »Sonnengeister« arbeiteten, daß der Mensch in der Lemurischen Zeit (siehe Anhang II) zwar zur Freiheit von bestimmten Kräften, aber auch zum Irrtum und zum Bösen fähig wurde. Dieses *Luziferereignis* (der Sündenfall nach Gen 3) verstrickte ihn mehr, als ihm vorbestimmt war, in die irdische Stofflichkeit. Sein physischer Leib wurde dichter, konnte sich nicht mehr »schwimmend-schwebend« bewegen, und weil sich sein Astralleib von der Außenwelt blenden ließ und seinen Leidenschaften statt den geistigen Einflüssen folgte, wurden auch Krankheit und Tod möglich (GA 13,249f.). Die meisten Menschen ließen sich vom Luziferischen zu maßloser Willkür verführen und richteten einen großen Teil der bewohnten Erde zugrunde. Eine Minderheit rettete sich nach Atlantis, doch entfesselten später viele von ihnen Luft- und Wasserkatastrophen, die das Gebiet zerstörten, weil sie die übersinnlichen Kräfte, die die Eingeweihten lehrten, mißbrauchten. Durch die übermäßige Verdichtung des Leibes wären weitere Inkarnationen von Menschen und damit der gute Fortgang der Weltentwicklung unmöglich geworden, hätte nicht der Christus, das »führende Sonnenwesen« eingegriffen.

Der »Christus-Impuls« wirkte zunächst von außen, von der Sonne aus, durch Einstrahlung auf die Menschheit ein und trug zur Harmonisierung des Leibes und Gemütes bei. Er teilte sich den Menschen der atlantischen Epoche indirekt, wie in einer Spiegelung durch die Mondwesen mit, nämlich durch die Eingeweihten (Initiierten), die andere an Christus- oder Sonnenorakeln in die Einweihung einführten und prophetisch auf Christus hinwiesen. Ähnlich offenbarte er sich in nachatlantischer Zeit dem Buddha, Zarathustra, Mose und anderen. Seit der Taufe Jesu durch Johannes und dem Golgatha-Ereignis wirkt er aber auch von innen auf die Menschheits- und Erdgeschichte ein, weil er »der Geist der Erde« wurde und sich mit der geistigen Erdenatmosphäre verband und so weiterlebt.

In anderen Äußerungen ergänzt und differenziert Steiner seine Christosophie von verschiedenen Gesichtspunkten aus. Er führt etwa aus, daß die Harmonisierung des Kosmos und die Entwicklung der Menschheit durch *luziferische, ahrimanische* und *asurische Wesen*, die gleichzeitig Tendenzen der Zivilisation sind, behindert wird. Die luziferische Tendenz verfolgt als Ideal die »kosmische unbedingte Intelligenz- und Willenswirkung« (GA 26,173). »Ohne seine [Luzifers] Hilfe könnte in das Geistig-Seelische des Menschen, das sich auf der Grundlage des berechenbaren Leiblichen aufbaut, Freiheit nicht einziehen. Aber Luzifer möchte diese Tendenz auf den ganzen Kosmos ausdehnen. Und da wird seine Tätigkeit zum Kampfe gegen die göttlich-geistige Ordnung, zu der der Mensch ursprünglich gehört« (ebd. 173f.). Ganz anders die ahrimanischen Mächte; sie stehen in absolutem Gegensatz zu den göttlich-geistigen Wesen, die mit all ihrer Intelligenz und Freiheit wollen, daß sich aus dem Berechenbaren und Unfreien der freie Mensch entfalte.

»In vollem Gegensatz dazu lebt in dem gierigen Begehren der ahrimanischen Mächte der *kalte Haß* auf alles in Freiheit sich Entfaltende. Ahrimans Streben geht dahin, aus dem, was er von der Erde in den Weltenraum strömen läßt, eine kosmische Maschine zu machen. Sein Ideal ist ›einzig und allein‹ ›Maß, Zahl und Gewicht‹. Er wurde in den der Menschenentwickelung dienenden Kosmos hereingerufen, weil ›Maß, Zahl und Gewicht‹, sein Gebiet, entfaltet werden mußte« (GA 26,174).

Das Ahrimanische hat zwar einen günstigen Einfluß ausgeübt, indem es zur Entwicklung der modernen Wissenschaften beitrug, hat aber auch den Materialismus mit seiner Blindheit gegenüber der geistigen Welt gefördert. Luzifer hat sich im dritten vorchristlichen Jahrtausend in China inkarniert und von dort nach Westen ausgestrahlt; der zeitgenössische Materialismus bereitet eine Inkarnation Ahrimans vor, die im dritten Jahrtausend nach Christus und zwar in der westlichen Welt erfolgen wird.

Doch noch gefährlicher als die ahrimanischen und luziferischen Geister werden in Zukunft die Asuras (ein theosophischer Begriff) für die Geist-Erkenntnis der Menschheit sein. Dies sind zurückgebliebene Wesen aus der Hierarchie der Archai, die sich bei den Menschen durch die Meinung einschleichen, sie (die Menschen) seien weiter nichts als hochentwickelte Tiere und die diesen theoretischen Materialismus auch zu einem praktischen werden lassen. Nach Steiner hat sich Luzifer mit seinem egoistischen Freiheits- und Stofflichkeitsdrang in der Empfindungsseele des Menschen verankert, während Ahriman sich in seiner Verstandesseele festgesetzt hat und ihn zu falschen Urteilen über das Materielle, zu Irrtum, Sünde und Lüge führt (GA 107,247), während sich die Asuras in die Bewußtseinsseele (=Ich), die sich gegenwärtig entwickelt, einschleichen und nur schwer zu überwinden sein werden.

»Denn diese asurischen Geister werden bewirken, daß das, was von ihnen ergriffen ist – und es ist ja des Menschen tiefstes Innerstes, die Bewußtseinsseele mit dem Ich –, daß das Ich sich vereinigt mit der Sinnlichkeit der Erde. Es wird Stück für Stück aus dem Ich herausgerissen werden, und in demselben Maße, wie sich die asurischen Geister in der Bewußtseinsseele festsetzen, in demselben Maße muß der Mensch auf der Erde zurücklassen Stücke seines Daseins. Das wird unwiderbringlich verloren sein, was den asurischen Mächten verfallen ist. Nicht, daß der ganze Mensch ihnen zu verfallen braucht, aber Stücke werden aus dem Geiste des Menschen herausgeschnitten durch die asurischen Mächte« (GA 107,248f.).

Die guten Geister und unter ihnen vor allem der Christus sind den Menschen in ihrer Entwicklung sowohl vor als auch nach dem Golgatha-Ereignis zu Hilfe gekommen: Um das Böse der *luziferi-*

schen Geister abzustreifen, sandten sie dem Menschen *Leiden, Krankheit und Tod* als Gelegenheit zum »Gutmachen, damit wir eine Erziehung haben, uns an unsere Organisation anzupassen« (GA 143,139), da sich das Ich-Bewußtsein zu früh ausgebildet hat. Um die Folgen des *ahrimanischen* Einflusses überwinden zu können, sandte der Christus – schon vor seinem Erscheinen in der irdischen Sphäre – die *karmische Gesetzmäßigkeit.* »Woher kommt die Wohltat des Karma? Woraus ist eigentlich in unserer Erdenentwickelung diese Wohltat entsprungen, daß es ein Karma gibt? Von keiner anderen Kraft kommt das Karma in der ganzen Entwickelung als von dem Christus« (GA 107,250). In der lemurischen und atlantischen Zeit vereinigte sich der Christus in der geistigen Welt – also noch vor der Herabkunft auf die Erde – dreimal mit der geistig-seelischen Wesenheit, die sich später als nathanischer Jesusknabe inkarnierte. Durch diese Durchseelung und Überstrahlung auf die Erde verhinderte er, daß der Mensch unter luziferischem und ahrimanischem Einfluß in seinen zwölf *Sinnen* überempfindlich, in seinen sieben gefäßartigen *Lebensorganen* (Magen, Lunge usw.) maßlos gierig und in seinen drei *Seelenkräften* Denken, Fühlen, Wollen bis zur Hypochondrie und zum Wahnsinn disharmonisch wurde (GA 148,180ff.). In der griechisch-lateinischen Zeit (siehe Anhang II) hat er durch das Golgatha-Ereignis verhindert, daß sich das *Ich* unter luziferischen und ahrimanischen Einflüssen, die bereits die Orakelstätten beherrschten, unregelmäßig ausbildete.

Der Christus: Das führende Sonnenwesen – das Mysterium von Golgatha: Das Mittelpunktsereignis der Erde

Der Entschluß zum Golgatha-Ereignis war auch eine Angelegenheit der höheren Hierarchien, der Götter. Sie sagten sich, daß sie durch die Einmischung von Luzifer und Ahriman die Möglichkeit verlieren würden, über die niederen Hierarchien auf die Menschenseelen einzuwirken und beschlossen, »den Sonnengeist herabzusenden, ihn hinzuopfern, indem man sich sagte:…Wir opfern diesen Sonnengeist hin. Bis jetzt lebte er unter uns, in den

Sphären der höheren Hierarchien; jetzt zieht er durch das Tor des Jesus in die Erdenaura ein« (GA 148,286). Das »populäre Christentum« sagte dazu: »Der Vater opferte der Menschheit seinen Sohn!« (ebd. 288). *Der Christus* ist für Steiner eine der höchsten schöpferischen Wesenheiten, die er auch »Götter« nennt, die sich aus dem Geistigen herausentwickelt und mit der übrigen Welt mitentfaltet haben. Nachdem sich zu Beginn der Hyperboräischen Zeit die Sonne von der Erde getrennt hatte, wurde der Christus zum *führenden Sonnenwesen.* Denn sechs »Lichtgeister« (Elohim), die Liebe ausströmen konnten und zusammen den »Logos« bilden, nahmen auf der Sonne Wohnung, wo sie sich entwickeln konnten. (Der siebte Lichtgeist, Jahve, wählte den Mond als Wirkungsort.)

Das *Mysterium von Golgatha* ist für Steiner »gewissermaßen das Zentralereignis für die gesamte Entwickelung der Menschheit auf Erden« (GA 148,255) und das »Mittelpunktsereignis der Erde« (ebd. 286). Denn es bewirkte, daß sich das Ich auf der Erde wieder geisterfüllt entwickeln kann, daß die Menschen die Angst vor dem Tode (eine Folge Ahrimans) verlieren, daß sie sich zwischen Tod und neuer Inkarnation nicht in ihrem Egoismus verhärten (GA 107,251f.) und daß wir, wenn wir nach dem Tod unseren Ätherleib anblicken, nicht nur das Todverfallene sehen, sondern auch das Keimfähige, das uns und die Erde für den Jupiterzustand bereitet. Denn das Blut, das auf Golgatha aus Jesu Wunden floß, »ätherisierte sich, wurde wirklich aufgenommen von den Ätherkräften der Erde, so daß das Blut, das damals aus den Wunden floß, zur Äthersubstanz wurde.« Der Mensch sieht sie nach dem Tod im Ätherleib erglänzen und weiß voll Seligkeit: »Da ist frisch keimendes Leben, welches den Menschen lebensfähig der Zukunft entgegenführt« (GA 148,191).

Grundlage des Golgatha-Ereignisses war die Inkarnation des Christus in einen menschlichen Astral-, Äther- und physischen Leib, die mit der Taufe des Jesus von Nazareth durch Johannes geschah; die Jahre, die dieser Jesus zuvor gelebt hat, mußten die Herabkunft des Christus vorbereiten. Steiner hat dazu in Vorträgen zu den vier überlieferten *Evangelien* (siehe GA 103; 114; 123; 139) sowie zu Ereignissen, die in ihnen nicht enthalten sind und die er als »die Geheimnisse des sogenannten *Fünften Evangeliums*« (GA 148,37) bezeichnete, umfangreiche Aussagen gemacht. Worauf stützen sie sich, und wie sind sie gemeint?

Die Bibel – einer von den drei Wegen zum Christus

Die Christus-Erkenntnis, die heute möglich und erstrebenswert ist, erwächst nach Steiner nicht notwendig aus dem Studium der vier überlieferten Evangelien, sondern ist eine »mystische Tatsache«, eine selbstschöpferische Erkenntnis, die man auch unabhängig von den Evangelien aus der geistigen Welt erhält. Ja dies ist die Haupterkenntnisquelle, die die Evangelien erst richtig deutet und bestätigt. Sie ist ähnlich wie die Christus- Offenbarung, die Paulus empfing und die Steiner als Initiation darstellt, die ohne Kontakt mit dem irdischen Jesus oder mit Augenzeugen erfolgte.

Es gibt für ihn drei Wege, auf denen die Menschen – je nach ihrem Entwicklungsstand – zum Christus gelangen können; die Bibel ist einer davon.

1. Der Weg durch die *Evangelien* war durch Jahrhunderte und ist für viele auch noch heute der einzige. Er besteht darin, daß man ihre Schilderungen wie gewaltige Bilder auf sich wirken läßt, um aus ihnen Lebenssinn zu schöpfen und ohne sich, wie die moderne Geschichtswissenschaft, für die historische Realität zu interessieren und an Widersprüchen zu stören. Die Geisteswissenschaft spricht ihnen aufgrund ihrer eigenen, maßgeblichen übersinnlichen Erkenntnis den Rang von Schriften zu, die aus Impulsen der geistigen Welt geschrieben wurden.

»Wir erkennen aus den geisteswissenschaftlichen Erkenntnissen heraus, ganz unabhängig von diesen Evangelien, dasjenige, was geschehen ist in der Menschheitsentwickelung mit dem Christus-Impuls, und finden dann das, was in den Evangelien enthalten ist, unabhängig von ihnen« (GA 143,117).

»...daß also weder das Johannes-Evangelium noch die anderen Evangelien Quellen ihrer [der Anthroposophie] Erkenntnis sind, muß immer strenge betont werden. Was heute erforscht werden kann ohne eine historische Urkunde, das ist die Quelle für das anthroposophische Erkennen... Was wir zu lesen vermögen in der unvergänglichen Chronik, in der Akasha-Chronik, das ist für uns die Quelle für die geistige Forschung. Es gibt die Möglichkeit, das, was sich zugetragen hat, ohne äußere Urkunde zu erkennen« (GA 114,28f.).

Allein die Geisteswissenschaft kann also die Evangelien in ihrem tieferen Sinn richtig deuten: »Man kann nicht durch die Evangelien zu dem wirklichen Christus kommen, wenn man die Evangelien nicht geisteswissenschaftlich durchdringt« (GA 191,204).

2. Der Weg durch *innere Erfahrung* erschließt sich gerade heute mehr und mehr Menschen. Wenn jemand auf einer einsamen Insel aufwachsen würde, ohne je den Namen des Christus zu hören, er würde trotzdem vom Christus-Impuls ergriffen – nämlich in dem Augenblick, wo er spürt, daß er etwas braucht, was ihm die Menschheitskultur nicht geben kann, sondern was aus den geistigen Welten kommt. Wenn er erfährt: Ich kann »etwas in meine Organisation hineinsenden, was mir Stärke, was mir Kraft gibt unmittelbar aus den geistigen Welten heraus« (GA 143,129). Dies kann nicht Folge von vielen Inkarnationen sein, so wie es der Buddha geworden ist aus seinen Inkarnationen als Bodhisattva, sondern es ist nur möglich, »weil einmal drei Jahre lang objektiv im Jesus von Nazareth gelebt hat dieser Impuls«, der nicht auf Inkarnationen angewiesen war (ebd. 130).

3. Der Weg der *Initiation* ist – im Unterschied zu den beiden ersten – nicht für alle, sondern nur für die gangbar, die eigens dafür vorbereitet sind. »In unserer Zeit gehört zunächst dazu ein wirkliches, nicht nur theoretisches Vertiefen in die wahre, echte Geisteswissenschaft, die zunächst, wenigstens in unserer Gegenwart, immer der Ausgangspunkt sein muß, wenn wir verstehen wollen, was das ist: der Weg der Initiation« (ebd. 131). Durch die Initiation wird ein unmittelbares Wahrnehmen von Vorgängen in den geistigen Welten erreicht. »Es ist im Grunde genommen damit schon gesagt, daß die Initiation ein...überreligiöser Weg ist« (ebd. 132). Denn auch wenn die großen Religionen von Initiierten gestiftet wurden, wurden sie den Menschen doch so gegeben, daß

ihre Inhalte der Zeitepoche, der Rasse und z.T. der Region angemessen waren, in denen sie lebten. Heute aber kann erstmals in der Öffentlichkeit Geisteswissenschaft gelehrt werden:

»Die Religionen waren eben die Wege, um in die Menschheit einfließen zu lassen die Geheimnisse der Initiation in einer jeweilig einer Gruppe von Menschen angemessenen Art. Aber heute sind wir in der Lage, durch Anthroposophie etwas zu geben, was nicht einer einzelnen Rasse, nicht einem einzelnen Erdstrich, nicht einer einzelnen Gruppe von Menschen angemessen ist, sondern was jedem Menschen, wo er sich auch findet auf der Erde, etwas bringen kann über jene Geheimnisse des Daseins, nach deren Erkenntnis die Seelen sich sehnen... Damit zeigt sich aber schon, daß durch Anthroposophie etwas gegeben sein soll, was einen höheren Standpunkt einnimmt als die religiösen Standpunkte waren und heute noch sind, da wo diese religiösen Standpunkte geltend gemacht werden. Es ist Anthroposophie gewissermaßen dasjenige, was die Geheimnisse der Initiation allgemein menschlich heute auszubreiten hat...« (ebd. 132f.).

Damit will Anthroposophie »kein neues, Unfrieden stiftendes Bekenntnis mit einem religiösen Führer persönlicher Art« in die Welt stellen, sondern das Einweihungsprinzip, das alle Religionen achtet. Weil sie Christus als kosmisches Wesen in allen aus Initiation hervorgegangenen Religionen auffaßt, wird die Anthroposophie »die große, verständnisvolle Vereinigung, die Synthese der religiösen Bekenntnisse auf der Erde bringen« (ebd. 152).
Die Evangelien wurden also von Eingeweihten geschrieben, aber nur entsprechend ihrem und ihrer Zeitgenossen Fassungsvermögen. Darauf deutet nach Steiner Jesu Wort hin: »Ich habe euch noch vieles zu sagen, aber ihr könnt es jetzt noch nicht tragen« (Joh 16,12). Darum solle man nicht ängstlich sagen, dies und das stehe nicht in der Bibel und sei darum kein wahres Christentum. Vielmehr solle man wissen, daß der Christus den wahren Christen »immer von Epoche zu Epoche neue Offenbarungen machen will. Und er wird sie machen durch diejenigen, die ihn verstehen wollen. Und diejenigen, welche das leugnen, verstehen auch nicht

die Bibel, auch nicht das Christentum… Das werden in der Zukunft die wahren Christen sein, welche werden hören wollen, was die Christen als Zeitgenossen des Christus noch nicht tragen konnten« (GA 127,169).

Das Leben des Christus Jesus in der Sicht der Geistesforschung

Steiner hat die überlieferten vier Evangelien geisteswissenschaftlich gedeutet und aufgrund seiner Akasha-Forschung auch Begebenheiten berichtet, die nicht in ihnen stehen, zumal Ereignisse, die sich zwischen dem 12. und dem 30. Lebensjahr Jesu zugetragen haben. Seine Ausführungen werden im folgenden in Grundzügen wiedergegeben – nach einer einleitenden Bemerkung zur Akasha-Forschung.

»Es hat sich durch gewisse Pflichten, die einem aus der geistigen Welt heraus auferlegt werden, für mich die Notwendigkeit ergeben, in der letzten Zeit einiges zu erforschen in bezug auf das Leben des Christus Jesus. Sie wissen, daß es möglich ist, durch die sogenannte Akasha-Forschung zu Ereignissen, die sich in der Vergangenheit vollzogen haben, Zugang zu gewinnen« (GA 148,225).

Wie wurden die menschlichen Hüllen, in die sich das hohe Sonnenwesen inkarniert hat, vorbereitet? Steiner nimmt an, daß zu Beginn unserer Zeitrechnung ungefähr gleichzeitig in Bethlehem in zwei Familien zwei Knaben mit dem Namen Jesus geboren wurden. Dies sei in den Evangelien dadurch angedeutet, daß Matthäus (1,6) in seinem Stammbaum Salomo, Lukas (3,31) aber Nathan erwähne. Im salomonischen Jesusknaben war der Geist oder das Ich des Zarathustra inkarniert, wodurch er sehr begabt und für die damalige Kultur offen wurde und den physischen und ätherischen Leib zu größter Vollkommenheit führen konnte. Im nathanischen Jesus aber hatte sich die welterfahrene Wesenheit des Buddha inkarniert, die wenig praktisch, aber von wunderbarer Tiefe des Herzens war und den Astralleib dieses Jesus entsprechend bildete. Beim Besuch des 12jährigen im Tempel (Lk 2,41ff.) ging nun eine große, nur mit Hilfe der Geisteswissenschaft zu verstehende Veränderung in dem Jesusleben vor sich. Dort ergriff das Zarathustra-Ich des salomonischen Jesus, dessen ichloser Leib bald starb, vom Leib des nathanischen Jesus Besitz und arbeitete dort die Empfindungs-, Verstandes- und Bewußtseinsseele aus, so daß er mit 30 Jahren, bei der Taufe durch Johannes, die von der Sonne herabsteigende Christus-Wesenheit in sich aufnehmen konnte. (Auch die Mutter des nathanischen und der Vater des salomonischen Jesusknaben starben alsbald, und die Mutter des salomonischen und der Vater des nathanischen bildeten eine Familie.) Dem 12- bis 18jährigen gingen unter dem Einfluß des Zarathustra-Wissens moralische Impulse, Sittensprüche und große Ideen auf, und er empfing die Inspiration durch die innere Stimme der Eingebung, die Bath-Kol, von der jüdische Schriften sprechen (GA 148,56). Auf vielen Reisen lernte er Kultstätten des damals verbreiteten Mithras- und Attis-Dienstes kennen, erkannte aber auch dank seiner hellseherischen Kraft, welche dämonischen Kräfte, die Luzifer und Ahriman hergebracht haben, bei den Kulthandlungen in die Glaubenden übergingen. Davon schweigen die Evangelien aus verständlichen Gründen. »Und es ist im Grunde erst im Schoße unserer geistigen Bewegung möglich, über solche Dinge zu sprechen, weil die Menschenseele erst in unserer Zeit ein wirkliches Verständnis haben kann für jene ungeheuren, tiefen, gewaltigen Erlebnisse, wie sie sich schon in diesem jungen Jesus von Nazareth abspielten« (GA 148,58).

Als Menschen, die von ihren Priestern verlassen und krank waren, das Mitleid auf dem Gesicht des 24jährigen Jesus sahen, drängten sie ihn, auf ihrem heidnischen Altar Opfer dazubringen. Er fiel wie tot um, sein Geist wurde entrückt und vernahm als umgewandelte Stimme der Bath-Kol die Worte:

»AUM, Amen!
Es walten die Übel,
Zeugen sich lösender Ichheit,
Von andern erschuldete Selbstheitsschuld,
Erlebet im täglichen Brote,

In dem nicht waltet der Himmel Wille,
Da der Mensch sich schied von Eurem Reich
Und vergaß Euren Namen,
Ihr Väter in den Himmeln« (ebd. 60).

Beim Erwachen sah er, wie eine Schar von Dämonen mit diesen Menschen verbunden war. Von da an war er ein Eingeweihter und wie keiner auf Erden vorbereitet auf die Frage, wie man solche Besessenheit eindämmen kann, und er wußte um das Leid und die Geheimnisse des Lebens.

Andere Eingeweihte vom Orden der Essäer, der in Nazareth eine Niederlassung hatte, traten mit ihm in einen regen Gedankenaustausch, durch den der 25- bis 28jährige Jesus auch ihre Weisheit, die die der Schriftgelehrten übertraf, kennenlernte. Als Folge hatte Jesus ein visionäres »Geistgespräch« mit Buddha, in dem ihm dieser sagte, an seiner Lehre sei die Forderung falsch, daß sich die Erleuchteten von den anderen Menschen so absondern sollen wie die Essäer. Er lernte auch Johannes den Täufer kennen, der wie ein Laienbruder im Essäerorden lebte. Ein wichtiges Erlebnis aus dieser Zeit: »Eines Tages, als nach einer wichtigen, bedeutsamen Unterredung...Jesus von Nazareth das Tor des Hauptgebäudes der Essäer verließ, da traf er, indem er durch das Tor ging, auf die Gestalten, von denen er wußte, daß sie Luzifer und Ahriman waren. Und er sah fliehen Luzifer und Ahriman von dem Tore des Essäerklosters« (GA 148,67). Seither bewegte ihn die Frage, wohin sie fliehen.

In einem Gespräch mit seiner Mutter sprach er aus, was ihm bewußt geworden war: Daß das alte Judentum, das Hillel noch so weise verkörpert hatte, wertlos und die heidnischen Kulte unter die Herrschaft der Dämonen geraten waren und daß die Essäer mit ihrer Absonderung Luzifer und Ahriman zu den anderen Menschen verjagen, um selber glücklich zu leben. Dabei wurde ihm auch sein Zarathustra-Impuls bewußt. Als er nach diesem Gespräch wie von Sinnen war und zu Johannes dem Täufer ging, verließ ihn das Zarathustra-Ich. »Und hinein senkte sich die Christus-Wesenheit in diesen Leib bei der Taufe im Jordan« (ebd. 76f.). Die Christus-Wesenheit ergriff vom physischen, ätherischen und astralischen Leib Jesu Besitz und wurde zum Kampf mit Luzifer und Ahriman in die Einsamkeit geführt.

Obwohl der Christus Jesus gegen diese Feinde siegte, behielt er doch einen Stachel von Ahriman zurück. Denn die Christus-Wesenheit, eben erst zu Erde niedergestiegen, hatte nicht gewußt, daß die Menschen da unten auch das Mineralische, das Metall, zu Geld, zu Brot machen müssen, sondern einfach geantwortet, daß sie nicht vom Brot allein leben, sondern von dem, was als Geistiges aus den geistigen Welten kommt. So mußte der Christus »noch in die Herrschaft des Herrn des Todes kommen, insofern Ahriman der Herr des Todes ist« (ebd. 86). Er zog durch das Land und besuchte leiblich und geistig viele Menschen, so daß sie nicht nur getröstet wurden – wie vor der Taufe durch Johannes –, sondern auch geheilt. Er spürte, wie die Einkörperung in die physische Welt und das Leben im täglichen Brot die Menschen von den Himmeln entfernt und in den Egoismus getrieben hat, zu Ahriman. Er sammelte Jünger, die den Weg von unten zu den geistigen Welten wieder finden sollten. Er paßte das Gebet, das er in der Bath-Kol-Stimme gehört hatte, der Zeit an und kehrte es um, so daß die letzte Zeile (in der Einzahl) zur ersten wurde: »Unser Vater im Himmel« (statt: Ihr Väter in den Himmeln), »geheiliget werde Dein Name« (statt: Und vergaß Euren Namen) usw. So lehrte er das neue Mysteriengebet, das neue Vaterunser.

Was führte nun zum Kreuzestod? Der Christus Jesus brachte das, was die alten Mysterien nur einzelnen vermittelt hatten, allen Menschen und der ganzen Erde. Durch sein Wort verkündete er, daß sich die Menschen das Himmelreich durch die Kraft des Innern nach und nach aneignen können. Seine Taten gipfelten in der öffentlichen Mysteriencinweihung des Lazarus (Joh 11). Lazarus verfiel in einen solchen Zustand, daß seine Umgebung ihn für tot halten und begraben mußte. Der Christus Jesus rief seine Seele aus dem Einweihungsschlaf in den Leib zurück. Seit damals wird die Einweihung zum rein innerlichen Geschehen. In den Priesterkreisen Jerusalems wertete man diese öffentliche Einweihung aber als Mysterienverrat. Der war mit dem Tod zu bestrafen.

An Pfingsten fühlten die Apostel bewußt (zuvor hatten sie es nur wie traumwandelnd durchgemacht), was heute der Blick in die

Akasha-Chronik offenbart: »…wie beim Sterben am Kreuze der Christus-Impuls, durch diese Finsternis hindurchgehend, sich mit der Erdenaura verbindet… Dann hat man jenen großen, gewaltigen Eindruck, wie diese Wesenheit, die im Leibe des Jesus gelebt hat, jetzt sich ausgießt über die geistig-seelische Erdenaura, so daß die Seelen der Menschen nun fortan wie in sie eingezogen sind« (GA 148,197). »Der Erde ist etwas geboren worden, was früher nur im Kosmos vorhanden war, in dem Augenblick, als Jesus von Nazareth verschied am Kreuze auf Golgatha. Der Tod des Jesus von Nazareth war die Geburt der kosmischen Liebe innerhalb der Erdensphäre« (ebd. 32). Und an Pfingsten hat sich die geistige Kraft der Sonne, die vorher nur einzelnen erreichbar war, die in den Mysterien zur Sonne und zum Kosmos aufstiegen, auf die Apostel und andere Menschen ausgegossen.

Der Christus-Impuls nach Golgatha

Seit Golgatha wirkt der Christus-Impuls dem luziferischen und ahrimanischen Einfluß entgegen. Er hat den physischen Leib des Menschen so erfrischt, daß sich Verstorbene wieder inkarnieren können und die Menschheit nicht aussterben muß. Auf Astralleib und Ich wirkt er während des Schlafes. Er hat die »objektiven Wirkungen« der Schuld auf sich genommen, die vom Täter nicht wieder gutzumachenden schädlichen Folgen für die Weltentwicklung. Das »subjektive Karma«, die persönlichen und irdischen Folgen für sich selbst, muß der Mensch jedoch selber austragen und ausgleichen.

Dem Gläubigen sagt Christus gleichsam: Ich bin bei deiner Tat; du wirst durch dein Karma später das für dich zu tun haben, was die Tat für dich bedeutet. Aber was die Tat für die Welt bedeutet, ihre schädlichen Folgen für ihre Entwicklung – das ist meine Sache! »Denn dadurch, daß der Christus auf Golgatha gestorben ist, wird der Mensch nicht sehen seine Schuldentafeln, sondern er wird den sehen, der sie übernommen hat« (GA 155,187). Nicht subjektives Karma, aber die geistigen objektiven Wirkungen der Taten, der Schuld, die nimmt er uns ab.

In seinen letzten Lebensjahren hat Steiner seine menschheitsgeschichtliche Sicht auch dreifaltigkeitstheologisch, trinitarisch ausgedrückt. Er sagte, vor dem Mysterium von Golgatha hätten nur einzelne Initiierte erfahren, daß ihnen der »ewige Vater des Kosmos«, das »göttliche Vaterprinzip« das volle Ich-Bewußtsein gab (GA 214,61). Zur Zeit des Golgatha-Ereignisses entwickelte sich das Ich-Bewußtsein bei den Menschen allgemein, und der physische Leib fing an zu zerfallen. Um dies zu verhindern, zog nun das Sohnesprinzip, das Christus-Prinzip in den Menschen Jesus und in das Ich der Menschen ein. Aber der Christus wollte durch sein Innewohnen das Ich-Bewußtsein der Menschen nicht trüben und sandte darum nach seiner Himmelfahrt den Heiligen Geist, »damit der Mensch sein Ich-Bewußtsein behalten könne und der Christus dem Menschen unbewußt innewohnen kann« (ebd. 69). Durch die Geistsendung habe er die Menschheit befähigt, »aus dem Intellektuellen heraus selber sich aufzuschwingen zum Begreifen des Geistigen« (ebd. 70).Doch wurde das Verständnis der Trinität allmählich verschüttet und durch Dogmen abgelöst, die nur noch einen Glauben ohne Verstehen und Erkennen lehrten.

Im sogenannten Grundsteinspruch von 1923/24 (siehe Anhang III) spricht Steiner vom Vater-Geist, vom Christus-Willen und von des Geistes Weltgedanken, die sich, alle drei, in den unter ihnen stehenden Hierarchien und in der übrigen Welt auswirken und spiegeln. Dieser Grundsteinspruch, vor allem die weihnachtlichen Zusatzstrophen, drücken wohl am treffendsten aus, was ihm seine Christosophie spirituell bedeutete.

Die Sendung der Anthroposophie – das Michaelzeitalter

Obwohl die Menschenseele damals (wie auch heute) wegen ihrer starken Zuwendung zur äußeren Wahrnehmung wenig auf das Mysterium von Golgatha vorbereitet war, wirkt es »seit zweitausend Jahren so, daß diese Wirkung unabhängig ist von dem Verständnis, das die Menschen ihm entgegenbringen könnten. Wäre der Christus abhängig gewesen von diesem Verständnis – er hätte nur wenig wirken können« (GA 148,105). Doch dieses unbewußte Wirken soll mehr und mehr durch bewußtes Erkennen abgelöst werden. Diesem Ziel dient die Anthroposophie. Von den Evangelisten bis zu den späteren Geheimschulen haben einzelne Eingeweihte – etwa aus der Rosenkreuzerbewegung – immer wieder aus unmittelbarer übersinnlicher Erkenntnis geschöpft, während die vielen Menschen ohne übersinnliche Schau auf die Glaubensüberlieferung bauen mußten (GA 13,405) und die Kirche bald nach Paulus in ein »dialektisch-juristisches Zeitalter« eintrat und die Christuserkenntnis auf Autorität und Dogma zu bauen versuchte (GA 200,103-120). Nach der Vorbereitung des Christus-Ereignisses in vorchristlicher Zeit und nach der »Vermaterialisierung selbst des Christentums« muß nun ein drittes Kapitel beginnen.

»Und das dritte Kapitel soll sein die geistige Erfassung des Christentums durch anthroposophische Vertiefung« (GA 103,184). »So nimmt sich die anthroposophische Weltanschauung aus wie eine Testamentsvollstreckung des Christentums. Um zum wahren Christentum geführt zu werden, wird der Mensch in Zukunft jene spirituellen Lehren aufnehmen müssen, welche die anthroposophische Weltanschauung zu geben vermag.« Angeblich gute Christen werden diese angreifen. »Denn alle Begriffe werden sich wandeln müssen, wenn ein wirkliches spirituelles Verständnis des Christentums heranrücken soll« (ebd. 218).

Die Anthroposophie weiß mitten in der »fünften nachatlantischen Kulturepoche« (siehe Anhang II) mit ihrer fortgeschrittenen Individualisierung, aber auch mit ihrem bedrohlichen Materialismus: »Wenn der Mensch den Christus erkennt, wenn er sich wirklich einläßt auf die Weisheit, um zu durchschauen, was der Christus ist, dann erlöst er sich und die luziferischen Wesenheiten durch die Christus-Erkenntnis« (GA 107,254). Schließlich ist der Heilige Geist des Pfingst-Ereignisses »kein anderer als der wiedererstandene und jetzt in reinerer, höherer Glorie erstandene luziferische Geist, der Geist der selbständigen, der weisheitsvollen Erkenntnis« (ebd. 254).
Sie weiß auch, daß – nach einer anderen Betrachtungsweise Steiners, die an die indische Vorstellung von sozusagen einem goldenen (Krita Yuga), einem silbernen (Treta Yuga), einem ehernen (Dvapara Yuga) und einem eisernen (Kali Yuga) Zeitalter anknüpft

– das finstere Kali Yuga, das er auf 3101 v. Chr. bis 1899 n. Chr. datierte, bereits zu Ende ist und einem lichteren, spirituelleren Zeitalter Platz machen mußte. In ihm werden mehr und mehr Menschen, ohne daß sie es verhindern können, einige hellseherische Fähigkeiten, die man nach den Methoden der geistigen Schulung in vollendeterer Form erwirbt, als normale Fähigkeiten besitzen. Immer mehr werden »diesen physischen Leib wie in einem Ätherischen eingeschlossen sehen (werden), wie mit Ätherstrahlen und einer Ätheraura« (GA 118,66). Es werden auch entsprechende Bilder vor ihnen stehen. In deutlichem Maß werden diese Fähigkeiten in den Jahren 1930 bis 1940 zutage treten. Um die Mitte dieses Jahrhunderts wird auch bei diesem oder jenem die Fähigkeit auftreten, ein Nachbild seiner Handlungen »wie eine Art Traumbild« zu sehen – nämlich »die karmische Wirkung meiner Handlung [zeigt], die in der Zukunft eintreten soll« (GA 118,119). Allein die Anthroposophie kann die Menschheit vor dem Materialismus bewahren und diese Elemente neuen Hellsehens als wirkliche Erkenntnis verstehen lehren. Und wenn die Menschheit nicht veröden soll, darf sie vor allem nicht übersehen, daß der Christus einer Anzahl von Menschen, die über das naturgemäße Hellsehen verfügen, im Ätherleib (nicht im physischen Leib) erscheinen wird.

»In unserer fünften Kulturepoche werden sich die intellektuellen Kräfte dann so verdichten, daß der Mensch fähig werden wird, den Christus nicht nur als physische, sondern als Äthergestalt zu sehen. Dieses Ereignis nimmt schon von unserem Jahrhundert, vom zwanzigsten Jahrhundert an, seinen Anfang. Vom dreißigsten, vierzigsten Jahre dieses Jahrhunderts an werden einzelne Menschen auftreten, welche ihr individuelles Leben so entwickelt haben, daß sie sehen werden die Äthergestalt des Christus, wie sie zur Zeit des Jesus von Nazareth den physischen Christus gesehen haben. Und immer mehr und mehr werden in den nächsten drei Jahrtausenden Menschen kommen, welche diesen ätherischen Christus schauen werden, bis ungefähr drei Jahrtausende nach unserer Zeitrechnung eine genügende Anzahl Menschen auf Erden keine Evangelien oder andere Urkunden mehr brauchen werden, weil sie in der Seele den Christus gesehen haben werden« (GA 130,48f.). Dies zeigt, »daß mit der fortschreitenden Menschheit in den drei Kulturepochen, der fünften, sechsten und siebenten, der Christus- Impuls immer mehr und mehr die Erde beherrschen wird« (ebd. 51).

Der Christus kommt in der fünften Kulturepoche im Ätherleib, in der sechsten im astralen Leib und in der siebten »in einem großen kosmischen Ich, das gleich einer großen Gruppenseele der Menschheit ist« (ebd. 52). Wenn nämlich die Erde im Jupiterzustand das Physische abgelegt haben wird, gilt für die weitere Zukunft: »Und wie beim einzelnen Menschen das menschliche Ich der Mittelpunkt ist seiner weiteren Entwickelung, so ist nachher für die ganze Menschheit das Christus-Ich, das in ihre astralischen und Ätherleiber gesenkte Ich dasjenige, was weitergeht, um in der folgenden planetarischen Entwickelung das Jupiterdasein zu beseelen. Wir sehen also, wie der auf die Erde herabgestiegene Christus, von einer physisch-irdischen Menschenwesenheit ausgehend, sich allmählich entwickelt als ätherischer, als astralischer, als Ich-Christus, um als Ich-Christus der Geist der Erde zu sein, der dann mit allen Menschen sich emporhebt zu höheren Stufen« (ebd. 52).

In einer anderen Betrachtungsweise geht Steiner von den Regierungszeiten der besonders fortgeschrittenen Erzengel (Archangeloi) aus, die nicht nur als Seelen ganzer Völker wirken, sondern sich auch in der Leitung von Zeitabschnitten, die etwa 300 Jahre dauern, ablösen. Nach Oriphiel (200 v. Chr.-150 n. Chr.), Anael (150-500), Zachariel (500-850), Raphael (850-1190), Samael (1190-1510) und Gabriel (1510-1879) lenkt nun Michael seit 1879 und bis etwa 2300 die Zeit und gibt ihr sein Gepräge. Seit seinem früheren Wirken (500-200 v. Chr.) hat er sich entscheidend weiterentwickelt, weil er sich Christus, dem Geist der Erde, anschloß. Er unterstützt nun den Christus-Impuls, indem er dazu beiträgt, daß Naturwissenschaft und Technik, die besonderen Errungenschaften des Gabrielzeitalters, durch spirituelle Geisteswissenschaft ergänzt wird, und die Anthroposophie stellt sich mit ihrem Schulungsweg in seinen Dienst.

Nachdem der Christus zu Beginn unserer Zeitrechnung physisch und durch den Materialismus des 19. Jahrhunderts spirituell gekreuzigt wurde, wird die Menschheit vom 20. Jahrhundert an die Auferstehung seines Bewußtseins erleben. »...und der Vermittler, der Sendbote wird Michael sein, der jetzt der Abgesandte des Christus ist. So wie er früher die Seelen der Menschen leitete, damit sie das Hinlenken seines Lebens vom Himmel zur Erde verstehen konnten, so bereitet er jetzt die Menschheit vor, damit sie fähig werde, das Hinlenken des Christus-Bewußtseins aus dem Zustand des Unbewußten in den Zustand des Bewußten zu erleben« (GA 152,45). Der Materialismus wird zwar verstärkt gegen diese Bewußtwerdung kämpfen und sie als Träumerei ansehen. »Trotzdem werden viele Menschen das erkennen, was jetzt beginnt wie eine Morgenröte aufzugehen und was sich während der kommenden Jahrhunderte in die menschlichen Seelen wie eine Sonne ergießen wird, denn Michael kann stets mit einer Sonne verglichen werden. Und wenn auch viele Menschen diese neue Michael-Offenbarung nicht anerkennen werden, so wird sie sich trotzdem über die Menschheit ausbreiten« (ebd. 45). Steiner regte die Feier eines Michaelfestes (29. September) als eines Tages an, der Ostern, Pfingsten und Weihnachten ergänzt.

Mit der Mission Michaels ist also gleichzeitig auch nochmals die Sendung der Anthroposophie umschrieben. Anthroposophen, die den Christus-Impuls auch kultisch-religiös erleben wollen, schließen sich gewöhnlich der *Christengemeinschaft* an. Sie wurde 1922 von evangelischen Theologen wie Friedrich Rittelmeyer und Emil Bock, die sich von Steiner anregen und beraten ließen, begründet. Im Mittelpunkt steht für sie die Feier der sieben Sakramente als »erneuerter Mysterien« und das Gedenken des »Heiligen Jahres«, das die großen kirchlichen Feiertage umfaßt, aber – mit Steiner (siehe GA 26,175 u.a.) – die Jahreszeiten auch als Wirkungen von göttlich-geistiger Liebe (Wärme) und ahrimanischem Haß (Frost) bis in die Natur hinein deutet. Nach Rittelmeyer soll der Kult, wie ihn die Christengemeinschaft feiert, sowohl das Intellektualistisch-Ausgedörrte der liberalprotestantischen Kirche als auch das Magisch-Isolierte der katholischen Kirche vermeiden. Die Anthroposophie regt einen solchen Kult nur an, bleibt aber als »geisteswissenschaftliche Erkenntnis« ihm gegenüber unabhängig. Nach Steiners Auffassung umfaßt diese Erkenntnis den wesentlichen Erkenntnisweg mit seinen Methoden und Ergebnissen, während Religion diese Erkenntnis »im Gemüte« (so schon in seinem Credo, Anhang I) und im Ätherleib zur Geltung bringen soll, ähnlich wie der Kunst die »Anschauung« zugeordnet ist.

Rückfragen

Was verdient »verständnisvolle Zustimmung«?

Steiner schrieb einmal am Ende des Entwurfs einer anthroposophischen Erziehungskunst: »Wenn sie [die Anthroposophie] aber nützliche Geistesarbeit leistet, dann wird der geisteswissenschaftlichen Bewegung die verständnisvolle Zustimmung auf die Dauer nicht versagt werden können« (GA 34,344). Doch kann man eine so vielschichtige Bewegung wie die Anthroposophie global gutheißen oder ablehnen? Genau das soll in diesem Schlußkapitel überlegt werden: Was verdient an der Anthroposophie »verständnisvolle Zustimmung«, und was verdient sie nicht?

Jeder, der die Anthroposophie schätzt, verdankt ihr etwas, das ihm wichtig ist. Ich habe auf diesbezügliche Fragen von Gesprächs- und Briefpartnern sehr unterschiedliche Antworten erhalten. Etwa: »Ich habe durch die Anthroposophie einen Zugang zu Märchen und Symbolen gefunden und gelernt, meine Sonderschüler besser zu verstehen.« Oder: »Mir hat die Eurythmie eine Harmonie mit mir und mit dem Leben geschenkt, die ich nicht mehr missen möchte.« Oder: »Mir erklärt die Anthroposophie alles, was ich für die Arbeit mit den Kindergartenkindern wissen muß, um sie vor Zivilisationsschäden zu bewahren.« Oder: »Entscheidend ist für mich der Erkenntnisweg, vor allem Steiners Buch: ›Wie erlangt man Erkenntnisse der höheren Welten?‹ Von da aus kann man Religiosität und Kultur wieder miteinander verbinden.« In einem idealen Gespräch müßte man jedes Motiv, das geäußert wird, im einzelnen würdigen, um dem Gesprächspartner und der Anthroposophie gerecht zu werden und herauszufinden: Was verdient verständnisvolle Zustimmmung, und was überschätzen wir?

Wer von anthroposophischem Gedankengut angezogen wird, ist oft auch von der Persönlichkeit Rudolf Steiners begeistert. Auf die Frage nach dem Verhältnis zu ihm bekam ich Antworten wie: »Er war ein Erleuchteter« oder: »Für mich ist er ein Genie.« Ich verstehe: Anthroposophische Überzeugung und Lebensweise – das bedeutet für viele Sinnerfüllung und Lebenshilfe, aber auch praktische Anregung sowie menschliche Ermutigung zu alternativer Lebensgestaltung, Erziehung, Heilpädagogik, Medizin und Landwirtschaft. Diese Werte empfinden engagierte Anthroposophen dankbar als Frucht von Steiners besonders fortgeschrittener geistiger Entwicklung, als Ergebnis seiner Forschung, als Sensibilität von seiner Sensibilität. Sie sehen ihn als Bahnbrecher eines neuen Zeitalters, das die Menschen vom erstickenden Materialismus befreit und auf eine menschenwürdigere Zukunft hoffen läßt. Kritische Rückfragen werden da leicht als typisch materialistische Verständnislosigkeit gegenüber diesen Anliegen und Idealen oder auch als Respektlosigkeit gegenüber Rudolf Steiner empfunden, der diese Ideale in seiner Bewegung so bewegend vertreten hat.

Wer sich ein Urteil bilden will, wird unterscheiden müssen. Was *die Person Rudolf Steiners* angeht, ist wohl – trotz des Fehlens einer befriedigenden kritischen Biographie – breite Übereinstimmung darüber zu erzielen, daß er auf beachtliche Weise Reformideen seiner Zeit gegenüber aufgeschlossen war, viele Anstöße kreativ verarbeitete, über Meditationserfahrung verfügte und aus einer humanitären Einstellung heraus lebte. Hätte er seine geistige Heimat in einer der christlichen Kirchen gefunden, er würde heute wahrscheinlich zu ihren bekannteren spirituellen Schriftstellern und Anregern dieses Jahrhunderts zählen. Doch war der universal Interessierte wirklich ein Universalgenie? Kann es in einer so differenzierten und komplexen Kultur wie der unseren überhaupt noch Menschen geben, die in allen Bereichen kompetent sind? Und behält Steiner nicht auch dann seinen Rang und seine Verdienste, wenn man damit rechnet, daß sein Werk, wie jedes Menschenwerk, seine zeitbedingten Grenzen und seine persönlichkeitsspezifischen Schwächen haben wird? Und ist es für die Anliegen, für die er sich eingesetzt hat, nicht besser, wenn man seine Beiträge sachlich prüft, ohne sich vom totalen Autoritätsanspruch einengen zu lassen, den eine in manchen Kreisen gepflegte Steiner-Verehrung erhebt?

Was den Kulturimpuls und die *praktischen Reformideen* der Anthroposophie betrifft – die Waldorfpädagogik, Heilpädagogik, ganzheitliche Medizin, biologisch-dynamische Landwirtschaftsweise und Dreigliederung des sozialen Organismus –, so ist auch hier zu unterscheiden. Der humanitäre Einsatz, den viele anthroposophische Ärzte und Heilpädagogen in ihrer Arbeit zeigen, verdient ohne Zweifel nicht nur Anerkennung, sondern auch Nachahmung. Es ist bewundernswert, wenn in einem Krankenhaus wie dem in Witten-Herdecke Ärzte auf einen Teil ihrer Einkünfte verzichten, damit eine größere Zahl von Krankenschwestern eingestellt und eine intensivere Pflege finanziert werden kann. Es ist erfreulich, wenn die 6000 Mitglieder der Bochumer Gemeinschaftsbank für Leihen und Schenken Brüderlichkeit im Umgang mit Geld praktizieren wollen, indem sie teilweise oder ganz auf Zinsen für ihre Sparguthaben verzichten, damit anthroposophischen und anderen gemeinnützigen Projekten günstige Kredite gewährt werden können. Auch beeindruckt immer wieder das pädagogische Engagement, mit dem sich Eltern und Lehrer – letztere oft mit einem geringeren Gehalt, als sie an öffentlichen Schulen hätten – für Waldorfschulen einsetzen.

Reformideen mit oder ohne »geisteswissenschaftliche Menschenkunde«?

Aber muß man diese Reformideen so eng mit Steiners eigenwillig spiritualistischem Menschen- und Weltbild verbinden, daß sie zu Bestandteilen und Ergebnissen anthroposophischer »Geisteswissenschaft« und »übersinnlicher Forschung« werden? Diese Verknüpfung mag Steiner und die erste Generation von Anthroposophen zu viel Reformwillen und zu wertvollen Intuitionen animiert haben, doch birgt sie heute, Jahrzehnte nach diesem Aufbruch, nicht die *Gefahr einer vorschnellen Ideologisierung* in sich? Kanonisiert sie nicht Vorschläge und Versuche, die u.U. zeitbedingt und veränderungsbedürftig sind, indem sie ihnen die Aura des »geisteswissenschaftlich« Richtigen und Notwendigen verleiht?

Der anthroposophische Heilpädagoge mag durch Steiners Rückführung der geistigen Behinderung auf einen mangelhaft gebildeten Ätherleib (siehe S. 64f.) und durch seine Aufforderung, über jeden Hilfsbedürftigen zu meditieren, zur Einfühlung in jeden einzelnen ermutigt werden, so daß auch seine fachliche Ausbildung voll zum Tragen kommt. Aber motiviert ihn Steiners Erklärung auch dazu, die neurophysiologischen Ursachen von Behinderung mit uneingeschränktem Interesse zu erforschen, oder erscheinen ihm die Auskünfte der Neurophysiologie nicht »materialistisch« und im Vergleich zu Steiners spiritualistischen und karmischen Erklärungen wenig bedeutsam?

Der anthroposophische Arzt, der ja immer auch eine schulmedizinische Ausbildung mitbringt, mag durch Steiners Ansicht, Krankheit entstehe aus einem unharmonischen Zusammenwirken der vier Wesensglieder und der drei Seelenkräfte mit den drei ihnen zugeordneten Organsystemen (Siehe S. 69), auf den psychosomatischen Anteil vieler Krankheiten aufmerksam und zu einer ganzheitlichen Behandlung sowie zur Anwendung von Naturheilmitteln ermutigt werden. Doch ist er nicht offener und erfolgreicher, wenn er Steiners Hinweise als vorwissenschaftliche Form von Erfahrungsmedizin betrachtet und sich an den differenzierteren und gesicherteren Ergebnissen der inzwischen entstandenen Psychosomatischen Medizin und an den Beobachtungen heutiger Erfahrungsmedizin orientiert, ohne sich an eine esoterische Menschenkunde zu binden? Kann Steiners Spiritualisierung der Krankheit nicht den Kranken und den Arzt dazu verleiten, bei einer Krebserkrankung zu lange auf eine Behandlung mit Mistelpräparaten und auf die Mobilisierung seelisch-geistiger Kräfte für diese und die nächste Inkarnation zu setzen und eine Chemotherapie hinauszuschieben oder abzulehnen? Bei Patienten und Ärzten mit liberaler anthroposophischer Einstellung wird diese Gefahr gering sein, nicht jedoch bei orthodoxen.

Dem anthroposophischen Waldorflehrer bietet die Waldorfschule den gewünschten Rahmen für eine alternative Schulpädagogik und das Erbe Steiners eine Fülle von Anregungen (siehe S. 71 ff.). Doch behält er auch die innere Freiheit, dieses Erbe als eine weithin der Reformpädagogischen Bewegung nach 1900 verpflichtete Tradition zu betrachten und sich auch für andere Reformideen – von der Montessori-Pädagogik bis zur Gestalt-Pädagogik, die keineswegs als »materialistisch« abgetan werden können – zu interessieren und auch die nachsteinerschen Diskussionen um die Schulpädagogik und die inzwischen entwickelte Entwicklungspsychologie zu verarbeiten? Ist es ein Zeichen von Innovationsbereitschaft, wenn der von E.A.K. Stockmeyer zusammengestellte »lebendige« Lehrplan (der nur Waldorflehrern verkauft wird) heute noch den Hinweisen folgt, die Steiner vor 70 Jahren gegeben hat, als ob sich seither weder an den Erziehungsaufgaben noch an den erziehungspsychologischen Erkenntnissen etwas geändert hätte? Wer hat die innere Unabhängigkeit, die ernsthaften Warnungen vor einer Ver-Steinerung der Waldorfpädagogik, die K. Prange, H. Ullrich oder F.-J. Wehnes formuliert haben, zu beherzigen? Kann man zugeben, daß Steiners Temperamentenlehre psychologisch zu simpel und pädagogisch problematisch, das heißt revisionsbedürftig ist? Kann man sich eingestehen, daß er seine Ideen zur Phantasiebildung, Gefühlserziehung, Gedächtnisschulung und dergleichen in ein Siebenjahres-Schema preßt, das für eine wissenschaftliche Entwicklungspsychologie unannehmbar ist (siehe H. Ullrich 1986, 110ff.) und ganz anderen, »geisteswissenschaftlichen« Leitvorstellungen folgt, nämlich seiner Lehre von den Wesensgliedern des Menschen und der unbeweisbaren, vorgefaßten Meinung: »Alles, was zeitlich angeordnet ist, das ist nach dem Maße und nach der Natur der Siebenzahl angeordnet« (GA 113, Vortrag 30.8.1909)? Kann man seine Ideen und Anliegen auch frei von solchen Systemzwängen bedenken und weiterführen?

Wer Steiner in allem folgen will, wird hier in Schwierigkeiten geraten, auch wenn die Anthroposophie gern auf ihre Freiheitlichkeit hinweist und herausstellt, daß sie kein verpflichtendes Glaubensbekenntnis hat. Steiner sieht nämlich die *Beziehung zwischen Kultur und meditativ-weltanschaulicher Erkenntnis* überaus eng und undialektisch. Für die christlichen Kirchen zeigt der Glaube, das heißt die natürliche und die biblische Wert- und Gotteserkenntnis, das letzte Woher und Wohin, das die Kultur mit ihren Erfahrungswissenschaften, ihrer Erziehung, Kunst und Politik voraussetzt und als Sinnorientierung braucht. Er bietet eine Gesamt- und Letztperspektive, in der man beispielsweise die Ergebnisse der Biologie oder Physik, die diese nach eigenen Methoden gewinnen müssen, meditieren kann. Er gibt den erzieherischen, medizinischen, psychotherapeutischen, wirtschaftlich-technischen und politischen Bemühungen eine umfassende Grundorientierung und -motivation, indem er die Schöpfungs- und Vaterbotschaft der Bibel und das damit verbundene Liebesgebot vermittelt (siehe B. Grom u.a. 1987, 242-248). Damit macht er Grund- und Letztziele bewußt – ähnlich Steiners ursprünglicher Idee einer von Liebe geleiteten »moralischen Phantasie« – und inspiriert zu ihrer je neuen, situationsgerechten Verwirklichung, ohne jedoch detaillierte Programme vorzugeben. Der Glaube inspiriert Kultur, läßt ihr aber auch ihre Eigengesetzlichkeit und steht in kritischer Spannung zu ihr. (Man denke beispielsweise an P. Tillich, Die religiöse Substanz der Kultur, Stuttgart 1967; J.B. Metz, Glaube in Geschichte und Gesellschaft, Mainz 1977 oder H. Küng, Kunst und Sinnfrage, Köln 1980). Er lehrt keine spezifisch christliche Psychologie, Pädagogik, Medizin oder Politik, so sehr er dazu motiviert, diese Bereiche nach den ihnen eigenen Methoden und mit dem Grundziel Menschenwürde (Liebe) zu gestalten. Nach der Lektion, die der katholischen Kirche durch den Fall Galilei erteilt wurde, steht dies für alle Natur- und Humanwissenschaften außer Zweifel.

Steiner betont nun zwar auch, daß die modernen Naturwissenschaften und die Medizin nötig waren, um den Menschen von den Naturkräften zu befreien und daß der Anthroposoph ihre Ergebnisse respektieren und studieren soll. Insgesamt hält er sie jedoch für materialistisch verengt. Von der wissenschaftlichen Psychologie und Pädagogik spricht er noch weniger positiv. In der Neuzeit sieht er eine »fortschreitende Intellektualisierung der Menschheitskultur« (GA 214,59), der die Anthroposophie die Erkraftung des Denkens, Fühlens und Wollens durch Imagination, Inspiration und Intuition entgegensetzen soll. Statistische Erhebungen scheint er nur in einer unzulänglichen Form zu kennen, vor der er verallgemeinernd warnen muß: »Die Menschen finden es heute sehr sicher, wenn sie mit Zahlen rechnen, statistisch die Dinge der Welt zu beweisen. Mit der Statistik und mit den Zahlen hat Ahriman ein ganz besonders leichtes Spiel...« (GA 191,209). Während er die

»gewöhnliche Schulpsychologie« abwertet – er selber hat weder die Psychologie noch die Pädagogik durch ein Fachstudium kennengelernt –, erhebt er seine autodidaktisch erworbenen Kenntnisse und seine »geisteswissenschaftliche« Sicht zur sicheren und einzigen geistgemäßen Erkenntnisquelle:

»Da lernt man [wenn man einige Jahre als Erzieher gearbeitet hat] in ganz anderer Weise die Seelen kennen als durch die gewöhnliche Schulpsychologie, die gewöhnlich für eine Seelenerkenntnis ganz wertlos ist« (GA 116,41). Die Schulpsychologie ist also auch nicht als Korrektiv von praktischen Intuitionen und Versuchen brauchbar. Sie ist aber auch gar nicht nötig, denn:
»Alle Erziehungskunst, alle Pädagogik ist dürr und tot, die nicht aus solcher Wurzel immer frische Säfte zugeführt erhält. Die Geisteswissenschaft hat für alle Weltgeheimnisse die zutreffenden Gleichnisse, die aus dem Wesen der Dinge genommenen Bilder, die nicht erst der Mensch schafft, sondern die von den Kräften der Welt selbst beim Schaffen zugrunde gelegt werden. Deshalb muß die Geisteswissenschaft die lebensvolle Grundlage aller Erziehungskunst sein« (GA 34,333).

Will Steiner nur auf die Grenzen und Lücken der Erfahrungswissenschaften hinweisen und vor naiver Wissenschaftsgläubigkeit warnen? Nein, er geht weit über eine solche Warnung hinaus. Er meint, die meditativ geschulte Geist-Erkenntnis befähige zu einer *»geisteswissenschaftlichen Menschenkunde«, die die akademischen Humanwissenschaften in deren eigenem Bereich ergänzen und korrigieren kann.* Zu dieser »geisteswissenschaftlich« begründeten Menschenkunde gehören die erwähnten Ansichten über die Temperamente, über die Entwicklungs-Jahrsiebte, aber auch über das richtige Spielzeug für Kinder und über die richtige Ernährung:

»Könnten die Menschen wie der Geisteswissenschaftler hineinschauen in das sich in seinen Formen aufbauende Gehirn, sie würden sicher ihren Kindern nur solche Spielzeuge geben, welche geeignet sind, die Bildungstätigkeit des Gehirns lebendig anzuregen« (GA 34,325f.).

»Die Geisteswissenschaft wird bis auf die einzelnen Nahrungs- und Genußmittel alles anzugeben wissen, was hier [bei jungen Kindern] in Betracht kommt« (ebd. 327).

»Geisteswissenschaftliche Menschenkunde« – eine Laienwissenschaft mit ausgeprägtem Leib-Seele-Dualismus und ohne Methode?

Auch in bezug auf andere Grundfragen der Psychologie lehrt Steiners »geisteswissenschaftliche Menschenkunde« Auffassungen, die eine parallele, »esoterische Psychologie« begründen, die großenteils erfahrungswissenschaftlich weder nachweisbar noch widerlegbar ist, in manchen Punkten aber auch zur wissenschaftlichen Psychologie in Spannung steht.

Die Lehre von den vier (bzw. sieben oder neun) Wesensgliedern enthält in vorwissenschaftlicher Form sicher richtige Beobachtungen über die Fähigkeit des Menschen, sich reflektierend von belastenden Erlebnissen und Impulsen, von sozialem Erwartungsdruck und eingefahrenen Gewohnheiten zu distanzieren und das körperliche Befinden psychosomatisch zu entstören. Allerdings sind darin tiefenpsychologische Erkenntnisse auch nicht ansatzweise verarbeitet, so sehr Steiner gelegentlich vom Unbewußten spricht. Und wird man der bipolaren Einheit von Triebhaft-Emotionalem (teilweise Unbewußtem) und Kognitiv-Bewußtem gerecht, wenn man diese beiden Bereiche der Psyche als verschiedene Wesensglieder unterscheidet (als Astralleib und als Ich bzw. Bewußtseinsseele), andererseits aber hinzufügt, daß sie zusammenwirken und daß Denken, Fühlen und Wollen miteinander auftreten usw.?

Steiners Annahme eines Ätherleibes spiegelt wohl sein goetheanistisch-imaginatives Betrachten vegetativ-organischer Formen des menschlichen Leibes (das »Ätherherz« die »Ätherlunge«) wieder, läßt ihn aber über diesen Ätherleib, über seine früheren Entwicklungsstadien und seine Beziehung zur Sternenwelt, Aussagen machen, die sich einer allgemeinen wissenschaftlichen Überprüfung entziehen und den Leser dem Erleuchtungsanspruch Steiners ausliefern. Denn der Ätherleib ist ja nur dem »erweckten geistigen Auge« (GA 9,38) des imaginativen, aura-haften Schauens zugänglich; wer ihn nicht sieht, hat eben seine meditativen Fähigkeiten noch nicht genügend geschult. Wer will da noch die Behauptung überprüfen oder einer brauchbaren Gedächtnisforschung als Hypothese zugrunde legen, ein Teil des Ätherleibes wandle sich unter dem Einfluß des Astralleibes zu Denkkräften um und bilde besonders auch die Grundlage des Gedächtnisses? Was kann man für oder gegen eine Gewißheit wie diese sagen: »Es liegt das Eigentümliche darin, daß in unmittelbarem Wissen klar ist: der Ätherleib ist nichts anderes als ein zusammengedrängtes, die Weltgesetzlichkeit in sich spiegelndes Bild der kosmischen Gesetzmäßigkeit« (GA 35,127). Und die Vorstellung, der menschliche Ätherleib forme sich bei der Inkarnation aus dem »Weltenäther«, aus der »Welt der Bildekräfte«? Nimmt Steiner hier nicht gegen alle Beobachtung an, das Vegetative existiere an sich, unabhängig von konkreten Trägern, so wie er auch eine allgemeine, subjektlose Astralwelt postuliert – nur weil er sich *das* Ätherische (Vegetative) und *das* Astralische (Triebhaft-Emotionale) abstrakt denken und in seinen möglichen Abwandlungen (Metamorphosen) bildhaft, bewegt, fluidal vorstellen kann: ein begriffsrealistischer Trugschluß.

Die meisten Psychologen, Hirnforscher wie J. Eccles und R. Sperry inbegriffen, werden Steiners Anliegen zustimmen, gegen den Materialismus früherer Zeiten hervorzuheben, daß die Erkenntnis ihrem Inhalt nach nicht das Ergebnis körperlicher, neurophysiologischer Vorgänge ist, sondern von eigenen geistigen und logischen Einsichten bestimmt wird. Ebenso, daß geistige Erkenntnis so viel eigenständige Ursächlichkeit gegenüber Gehirnvorgängen hat, daß freie Selbststeuerung möglich ist. Diesen Beobachtungen wird weder ein materialistischer Monismus noch ein radikaler Dualismus gerecht, sondern am ehesten ein Interaktionismus, wie er der heutigen Psychosomatik und Pharmakopsychologie zugrunde liegt. Dieser nimmt eine Leib-Seele-Einheit an, der gemäß jeder psychische Zustand oder Vorgang sowohl nach seinem erlebnismäßigen (psychischen) als auch nach seinem neurophysiologischen Korrelat, von dem er funktionell abhängt, zu beschreiben ist. Gehirnprozesse sind in dem wissenschaftlich erforschbaren vortodlichen Leben immer die unerläßliche, wenn auch nicht hinreichende

Voraussetzung für Erleben, Wollen und Denken und auch für Schlafen, Träumen und Trance. Die Neurophysiologie weiß, durch welche Elektroenzephalogramm(EEG)-Bilder die Hirntätigkeit im Schlaf und in meditativer Versenkung gekennzeichnet ist.

Dagegen meint Steiners antimaterialistischer Übereifer, im traumlosen Schlaf und in inspirierter Meditation löse sich die Seele (Astralleib und Ich) von der Leiblichkeit und erfahre: »Jetzt stelle ich etwas vor durch Kräfte, bei denen mir meine Sinne und das Gehirn nicht als Werkzeug dienen« (GA 13,319). »Die Seelenverfassung des Geistesforschers kann nur so verstanden werden, daß in ihr die Illusion des gewöhnlichen Bewußtseins überwunden ist, und daß ein Ausgangspunkt des Seelenlebens gewonnen wird, der den menschlichen Wesenskern real in freier Loslösung von der Leibesorganisation erlebt« (GA 35,143).

Können wir Gehirn, Physiognomie, Gesundheit, Pflanzen und Tiere direkt von unserem geistig-seelischen Kern her beeinflussen?

In seinem extremen, geist-begeisterten Leib-Seele-Dualismus und Spiritualismus schreibt Steiner dem Ich und dem Astralleib die Fähigkeit zu, aus ihrem Tiefschlaf-Aufenthalt in der seelisch-geistigen Welt Kraft für die Regeneration des Leibes zu sammeln, sieht dessen Regenerationsfähigkeit also ganz ichabhängig. Für ihn ist aber das ganze leibliche Schicksal des Menschen von dessen seelisch-geistiger Individualität abhängig: Das Geistig-Seelische muß zeitlich und ursächlich so sehr vor dem Leiblichen liegen, daß er im Rückgriff auf volkstümliche, mythische Vorstellungen von einer Seelenwanderung, eine Inkarnation annimmt, bei der Ich und Astralleib den Ätherleib selber bilden. Sie bringen beim Herabsteigen in das Erdenleben ihren »Gedankenvorrat« mit und bilden daraus über den Ätherleib das Gehirn. Sie wählen auch das Elternpaar aus, das zur Zeugung des physischen Leibes notwendig ist. So hängen Gehirn, Physiognomie und Erbfaktoren von der vorgeburtlichen Individualität ab; sie ist dafür verantwortlich, bestimmend. Krankheit und geistige Behinderung beruhen auf Verkümmerungen des Ätherleibes und letztlich auf mangelnder Vorbereitung der Inkarnation, auf Interesselosigkeit, traumatisierenden, einseitigen Erfahrungen und fehlender Kräftebildung vor der Zeugung. Und die Erbfaktoren, die doch erwiesenermaßen vieles am leiblichen Schicksal des Menschen lebenslang bestimmen? Für Steiner bilden wir nach dem Umbau des physischen Leibes in den ersten sieben Lebensjahren unseren eigenen Körper, was sich im Gestaltwandel und in der Bildung der zweiten Zähne zeige, und es sei irrig, eine Wirkung von Erbfaktoren über diese Zeit hinaus anzunehmen. »Das also, was gewöhnlich in der Vererbungstheorie vorgebracht wird, ist ja ein Kohl« (GA 317,15).

Wer, karmabedingt, der Macht der Vererbung ausgeliefert ist, findet im Christus-Impuls und in der Anthroposophie Gegenkräfte.

»Der Mensch, der sich nicht kümmert um die geistige Welt, der nicht in seine Seele hineingießt, was aus der geisteswissenschaftlichen Bewegung heraus fließen kann, er ist unterworfen dem, was aus der physischen Vererbungslinie kommt. Einzig und allein dadurch, daß der Mensch sich durchsetzt mit dem, was ihm aus der geisteswissenschaftlichen Geistesströmung zukommen kann, macht er sich zum Herrn über das, was herunterfließt aus der Vererbungslinie, macht es zu einem Unbedeutenden und wird Sieger über alles, was in der Außenwelt an den Menschen durch hemmende Mächte herantritt... Dann werden die Menschen in der physischen Welt auch immer gesünder werden durch die Geisteswissenschaft. Denn die Geisteswissenschaft wird selber das Heilmittel werden, welches die Menschen schön und gesund in der physischen Welt macht« (GA 107,256f.).

Zu diesem Spiritualismus gehört auch die Ansicht, Krankheit und Tod bedrängten den Menschen erst, seit sein Astralleib nach dem Luziferereignis den Leidenschaften statt den geistigen Einflüssen folgte. Ebenso die Meinung, wer meditiere, könne dem Tierreich Impulse der Erlösung zusenden und Parasiten in der Landwirtschaft durch Konzentration (zwischen Mitte Januar und Mitte Februar) bekämpfen sowie das Pflanzenwachstum fördern.

»Ich erinnere Sie daran, daß es Menschen gibt, bei denen Blumen, die sie an ihren Fenstern züchten, wunderbar gedeihen. Bei anderen Menschen gedeihen sie gar nicht, sondern verdorren... Alles dasjenige aber, was da auf eine äußerlich nicht erklärliche, innerlich aber sehr durchschaubare Weise geschieht durch den Einfluß des Menschen selber, das geschieht schon auch dadurch, daß der Mensch, sagen wir, Meditationen verrichtet und sich durch das meditative Leben vorbereitet... Man lebt ja eigentlich ganz anders mit dem Stickstoff, der die Imaginationen enthält, wenn man meditiert. Dadurch versetzt man sich in eine Lage, die bewirkt, daß alles das wesentlich wirksam ist; in eine solche Lage versetzt man sich dann überhaupt gegenüber dem gesamten Pflanzenwachstum« (GA 327,114).

Das meditative Sicheinfühlen in Pflanzen und deren Wachstumsbedingungen geht hier offensichtlich über ins magische Beeinflussen. Der Spiritualismus, wie er aus den genannten Beispielen deutlich wird, weckt natürlich das Vertrauen des Menschen in die Möglichkeiten seiner eigenen Kräfte und in alle helfenden Mächte des Kosmos. Doch ist es nicht ein Optimismus, der – wenn auch subtil und kontrolliert – ständig auf das nicht-unterscheidende (adualistische), partizipativ-magische Denken zurückgreift, das nach S. Freud und J. Piaget das großartige, aber unreflektierte, naive Geborgenheitsgefühl und Wunschdenken des Kleinkindes ausmacht, um es wiederzubeleben (siehe B. Grom 1986, 166; 194)? Hier soll nicht näher untersucht werden, wie brauchbar Steiners Auffassungen von einem Nerven-Sinnes-, einem rhythmischen und einem Stoffwechsel-Gliedmaßen-System und ihrer aufbauenden, abbauenden und vermittelnden Wirkung für die medizinische Forschung und Therapie sind, oder was von seiner »okkulten Physiologie« zu halten ist.

»Geisteswissenschaftliche« Erkenntnis durch Akasha-Forschung?

Zur *Akasha-Forschung* sei erwähnt, daß sie bis jetzt noch in keinem Fall zu irgendwelchen archäologischen Entdeckungen geführt hat, obwohl es nach Steiner doch möglich sein soll, durch sie historische Ereignisse zuverlässiger zu beschreiben als aufgrund geschichtlicher Quellen (GA 11,23). Atlantis als großes Festland mit einer Zivilisation, die die Wiege der späteren Kulturen war, hat sicher nicht existiert. (Geologisch möglich scheint nur die Versenkung einer Insel westlich von Gibraltar.) Die Vorstellung knüpft an sagenhafte Berichte in Platos »Timaios« und »Kritias« an. Sie belebt die Phantasie, aber nicht den Sinn für exakte historische Forschung. (Sie ist ja von Steiner historisch, nicht nur symbolisch gemeint.) Für die intuitiv und Akasha-chronisch erforschten Inkarnationsfolgen und karmischen Zusammenhänge bekannter Persönlichkeiten genügte Steiner ein bezeichnendes Detail, ein Stichwort (etwa »fatalistisch« oder »dialektisch«), zu dem er eine entsprechende Biographie in der Vergangenheit imaginierte, und ein bewunderndes oder kritisches Verhältnis, das er darin ausdrücken konnte:

Jemand, der zu scharfer Kritik neigte und in einem Buch Beispiele von Gelehrtenneid sammelte und dem einschlägigen Kapitel die Überschrift gab: »Schlichologisches in der wissenschaftlichen Welt«, betrachtet er so: »Es ist charakteristisch, wenn ein Mensch den Ausdruck ›Schlichologisches‹ bildet, man fühlt etwas bei diesem Schlichologischen. Und sehen Sie, gerade das scharfe seelische Ins-Augefassen solcher Wortbildungen führt dazu, zu erkennen, wie diese Persönlichkeit in einem vorigen Erdenleben ein Mensch war, der viel zu tun hatte mit allerlei kriegerischen Unternehmungen, wo man vieles auf schleichenden Wegen durchzuführen hatte. Karmisch verwandelte sich das in die Fähigkeit, so Bilder zu machen vom Schleichen, Kämpfen, Bekriegen in allerlei Unternehmungen ...« (GA 239,39f.).
US-Präsident Woodrow Wilson will Steiner aus folgendem Zusammenhang heraus als »recht begrenzte Kapazität« erkannt haben. »Das geschah, weil mir der Zusammenhang klar war zwischen einem Nachfolger Mahammeds, Muawija, aus dem siebenten Jahrhundert, und Woodrow Wilson. Alles, was an Fatalismus dazumal lebte in dieser Persönlichkeit des Muawija, kam in diesem ja sonst ganz unerklärlichen Fatalismus, der nur ein Fatalismus des Willens sein wollte, zum Vorschein, im Fatalismus des Woodrow Wilson. Und man möchte sagen, wer suchen will nach einer Bekräftigung, nach einem Ursprung der bekannten vierzehn Punkte, der wird sie schon im Koran finden können« (GA 239,67f.).

Der Gedanke an Karl Marx führt Steiner zu einer Persönlichkeit, die etwa im 9. Jahrhundert im Nordosten Frankreichs gelebt hat. Sie war zunächst reich, ließ sich aber auf alle möglichen abenteuerlichen Kriegszüge ein. Während sie auf einem solchen Kriegszug war, der für sie enttäuschend endete, »hatte ein anderer sich dessen Haus und Hof und Land und Leute bemächtigt. Die Persönlichkeit fand einfach nicht mehr ihr Eigentum vor – es ist sonderbar, aber es ist geschehen – und mußte in Zukunft als eine Art Helot, als Leibeigener dienen auf dem eigenen Herrenhofe. Da wurde in der Nacht gewöhnlich so manche Zusammenkunft mit benachbarten Leuten gehalten, und in einer ziemlich wüsten Weise wurden Kraftideen entwickelt, bei denen nichts weiter herauskommen konnte, als daß sie eben entwickelt wurden. Man möchte sagen, ein realdialektisches Spiel wurde mit diesen Kraftideen der Auflehnung gegen die Herren…getrieben… Und wiederum erschien im neunzehnten Jahrhundert diese Persönlichkeit und wurde innerlich, gedanklich, seelisch dasjenige, was werden konnte aus dieser früheren Inkarnation, wurde Karl Marx, der Sozialistenhäuptling. Und nun denken Sie, meine lieben Freunde, wie durchhellt die Weltgeschichte wird, wenn man sie in dieser Weise betrachten kann, wenn man tatsächlich die Seelen verfolgen kann von einer Epoche zur anderen…« (GA 239,67).

Welche Methode?

»Die Geisteswissenschaftliche Menschenkunde« Steiners kann wertvolle vorwissenschaftliche Beobachtungen enthalten – aber auch willkürliche Annahmen und Irrtümer. Teile von ihr können durchaus mit wissenschaftlichen Begriffen und Methoden als zutreffend erwiesen werden (siehe H. Barz 1984). Es ist auch möglich, daß von Steiners Anstößen aus solide geforscht wird, wie es Anthroposophen in der Heilmittelherstellung (und auch in der Biologisch-dynamischen Landwirtschaftsweise) getan haben. Aber die »geisteswissenschaftliche Menschenkunde« kennt als solche *keine zuverlässige Methode.* Neben »logischen Gründen« wird da das Aura-Sehen, die Imagination, die Inspiration und die Intuition zur entscheidenden Erkenntnisquelle erklärt (so bei Steiners Ansichten über die vier Wesensglieder, Schlaf, Erinnerung, Reinkarnation und Karma). Solche »übersinnliche Beobachtung« gelingt aber nur dem, »dessen geistiges Auge erschlossen ist« (GA 9,74; ähnlich GA 35,132). Wer dieses Gelingen für sich in Anspruch nehmen kann, läßt sich objektiv und intersubjektiv nicht feststellen. Steiner hatte eben die subjektive Gewißheit, daß sich ihm bestimmte Bilder und Zusammenhänge zeigten. Und die Kontrolle durch andere, die diese Gewißheit nicht haben? »Dazu genügt, wenn der Geistesforscher seine Erlebnisse mitgeteilt hat, die gewöhnliche unbefangene Logik« (GA 35,129). Wer seine Aussagen als Hypothesen nehme, werde sie in der sinnenfälligen Welt bestätigt finden.

Tatsächlich enthalten die Ergebnisse dieser »Geisteswissenschaft« – nur in meditativer Form und mit dem Anspruch auf übersinnliche Erkenntnis – normalbewußte Beobachtungen und Überlegungen Steiners, Kenntnisse der zeitgenössischen Wissenschaften (etwa über die Evolution, über pädagogische Reformen, über die Kulturgeschichte, über die Auslegung der Bibel), Inhalte der Volksweisheit, der esoterischen Überlieferung (Atlantis, Akasha-Chronik, Rosenkreuzerische und Theosophische Spekulationen), des mythisch-symbolischen Denkens (bestimmte Vorstellungen von der Seele, der menschliche Leib als Mikrokosmos, der dem Makrokosmos der Gestirne entspricht). Steiner hat seine Überlegungen auch mit Vorliebe mythisch-symbolisch ausgedrückt, diese Ausdrucksweise aber oft buchstäblich, wissenschaftlich gemeint. (So kleidet er seine Überlegungen zum rechten Zeitpunkt in der Erziehung in das Bild von der Ätherhülle und Astralhülle, die den Heranwachsenden abschirme.) Zur »geisteswissenschaftlichen« Forschung gehören unscharfe Begriffe und ein Denken in Analogien (Tod wird wie Schlaf und Schlaf wie Tod gesehen; die Erde und die anderen Gestirne sind »nur der physische Ausdruck eines geistig- seelischen Organismus« GA 13,241), wie es nach J. Piaget dem Animismus und dem »Synkretismus des Denkens« eigen ist. Letzterer bedeutet: »1. Das Denken ist nicht diskursiv, sondern springt durch einen einzigen intuitiven Akt von den Prämissen zum Schluß, ohne sich der Deduktion zu bedienen... 2. Bildliche Schemata und 3. Analogieschemata werden gebraucht.« Alles läßt sich mit allem verbinden. (J. Piaget, Sprechen und Denken des Kindes, Düsseldorf 1972, 160). Nun kann mythisches und synkretistisches Denken viele Einsichten enthalten, aber nicht unvermittelt übernommen und zur entscheidenden Erkenntnisquelle gemacht werden (siehe K. Hübner, die Wahrheit des Mythos, München 1985; A. Grabner-Haider, Strukturen des Mythos, Bern 1989).

In Steiners Denken wird die Humangeschichte von nichthumanen, kosmischen Gesetzmäßigkeiten her gedeutet, wenn er von der Erdpräzession im Tierkreis darauf schließt, daß sich die Verhältnisse auf der Erde etwa alle 2160 Jahre grundlegend ändern, so daß eine »Kulturepoche« jeweils eine solche Zeitspanne umfaßt – was ihn nicht hindert die Geschichte aber auch nach anderen, volkstümlichen Perioden einzuteilen (nach einem goldenen, silbernen, ehernen, eisernen Zeitalter: Yugas) oder den Erzengeln Regierungszeiten von 300 Jahren zuzusprechen. Zu diesem Denken gehören auch begriffsrealistische Hypostasierungen wie etwa die Annahme, der Zeitgeist sei »eine wirkliche Wesenheit« aus der Hierarchie der Archai (GA 107,311) und es gebe eine von einzelnen, realen Pflanzen, Tieren und Menschen unabhängige Äther- und Astralwelt. Die Siebenzahl wird unbewiesen als Ordnungsprinzip alles Zeitlichen angesehen, während sich das Räumliche nach der Zahl zwölf gliedert – eine Verallgemeinerung aufgrund der zwölf Fixsterne, die einen festen Gürtel bilden, während die sieben alten Planeten kreisen.

Viele Aussagen Steiners sind prinzipiell nicht nachprüfbar – etwa die über den Ätherleib, über das Leben zwischen Tod und Wiederverkörperung (an das sich nur der meditativ Geschulte soll erinnern können), über Inkarnationsfolgen, über frühere Verkörperungen von Erde und Kosmos. Trotzdem behauptet Steiner, sein Buch »Die Philosophie der Freiheit« enthalte »seelische Beobachtungs-Resultate nach naturwissenschaftlicher Methode« (so der spätere Untertitel). Er schreibt auch, Reinkarnation und Karma seien »vom Standpunkte der modernen Naturwissenschaft notwendige Vorstellungen« (GA 34,67) – nur weil er von der Erkenntnis Pasteurs ausgeht, daß Lebendiges nur aus Lebendigem entsteht und Gattungs- und Artgemäßes immer nur Gattungs- und Artgemäßes hervorbringt, die geistig-seelische Individualität des Menschen also eine eigene Gattung und Erbe ihrer früheren Leben sei. Kann die Biologie Auskunft über den Ursprung geistig-seelischer Individualität und über das Vorhandensein früherer Leben geben? Und was hat es mit Naturwissenschaft zu tun, wenn R. Bubner (1984) Steiners Gedankengang einfach modern paraphrasiert?

Es ist nicht möglich, Steiners Intuitionen in einen systematischen Zusammenhang zu bringen. Es gibt denn auch keine umfassende Darstellung der Anthroposophie, sondern nur Systematisierungsversuche von einzelnen Denkansätzen Steiners – etwa seiner frühen Erkenntnislehre oder seines Erkenntnisweges, seiner Entwicklungs- und Erziehungslehre, seiner ganzheitlichen Medizin. Diese Versuche von H. Witzenmann, P.E. Schiller, S. Leber, F. Husemann, H. Wutte und anderen zeigen zwar manche Zusammenhänge auf, enden aber früher oder später in bloßen Steiner-Paraphrasierungen und Textcollagen. Anthroposophen geben nicht gern zu, daß Steiners Aussagen nicht befriedigend harmonisierbar sind und auch Widersprüche enthalten. Sie sehen gern darüber hinweg und weisen auf das »differenzierte und komplexe« Denken Steiners und auf den »Weg-Charakter« seiner Anregungen hin. Doch warum konnte und kann nach Steiner niemand mehr diesen »Weg« weitergehen und aus »übersinnlicher Beobachtung« heraus die Lücken schließen?

Der von Stefan Leber (1985) und seinen Mitautoren unternommene Versuch, die Waldorfpädagogik entwicklungspsychologisch zu begründen, wiederholt und paraphrasiert großenteils Steiners Begriffe und Vorgaben. Da heißt es dogmatisch: »Geisteswissenschaftlich gesehen« (S. 78). Oder zum ersten Gestaltwandel und Zahnwechsel: »Durch eine geschulte geistige Beobachtungskraft kann man verfolgen, wie die plastischen Kräfte mit ihrer Tätigkeit im physischen Leibe aufhören und nun im seelischen Bereich zu wirken beginnen« (S. 71). »Für die Geisteswissenschaft ist es das Seelisch-Geistige, das den Leib gestaltet, aufbaut, erhält und…entläßt. So gesehen werden dann Hormone, Sekretionen, ja jeder einzelne Stoff innerhalb der Leibesorganisation zu einer Offenbarung des inneren geistigen Wesens« (S. 96). Manches kann auch in die wissenschaftliche Entwicklungspsychologie eingeordnet werden. Aber oft führt dieser Versuch zu einem typisch konkordistischen Denken: Man greift aus J. Piagets strukturgenetischer Entwicklungstheorie und anderen Ansätzen (etwa dem J.S. Bruners), die von ganz anderen Voraussetzungen ausgehen als R. Steiner und die keinen Satz mit dem Zahnwechsel, der Bildung eines Ätherleibes oder der Geschlechtsreife begründen, selektiv einzelne Aussagen heraus, die in einem äußeren Sinn mit Steiners Theorie der Entwicklungs-Jahrsiebte übereinstimmen und meint, darin eine Bestätigung zu finden.

Erliegt die Anthroposophie nicht dem Wunsch, eine Erkenntnismethode zu besitzen, die auf alle Fragen human- und naturwissenschaftlicher Art eine Antwort erlaubt und dem modernen Menschen wieder ein *geschlossenes Menschen- und Weltbild* schenkt? Steiner hat selten eine Frage, die ihn beschäftigte, unbeantwortet gelassen. Er wußte Bescheid über die Leib-Seele-Einheit des Menschen, über Erinnerung und Krankheit, über die Entwicklung des Kindes, über die Bewußtseinsentwicklung früherer Kulturepochen, über Atlantis und auch über die Vorgänge im Grabe Jesu. Die »geisteswissenschaftliche« Forschung kennt keine Grenzen. Ist die Anthroposophie also nicht nur der Versuch, materialistische und rationalistische Verengung zu überwinden, sondern auch eine *Laienwissenschaft und -kultur* zu schaffen, die das Fragmentarische der akademischen Wissenschaften durch vorwissenschaftliche Überlieferungen, Alltagsbeobachtungen, mythisch-symbolische Spekulationen und weltanschauliche Ableitungen (aus einem spiritualistischen Menschen- und Weltbild) ergänzt und überhöht? Nimmt sie dabei nicht auch manchen Widerspruch zu den Erfahrungswissenschaften in Kauf, und entzieht sie sich nicht den Kriterien erfahrungswissenschaftlicher Rationalität, wenn sie sich auf die besonders entwickelte »übersinnliche Beobachtung« Rudolf Steiners beruft und sich mit einer Nachprüfung aufgrund eigener meditativer Schulung begnügt? Immunisiert sie sich damit nicht gegen Kritik, und erklärt sie damit nicht Steiners »Anregungen« für unrevidierbar?

Anthroposophie als meditative Geistesschulung

Anthroposophie versteht sich nicht nur als geisteswissenschaftliche Menschenkunde und als Kulturimpuls, sondern sieht ihr Herzstück in der Anleitung zu ihrem *meditativen Erkenntnisweg*. Nach ihrer Überzeugung muß sich der Mensch dadurch höherentwikkeln, daß er lernt, das »gewöhnliche Bewußtsein« zu überschreiten und in der Fähigkeit zu »übersinnlicher Erkenntnis« zu erkraften.

Die Anthroposophie kann sich der Zustimmung des Christentums und anderer Weltreligionen sicher sein, wenn sie hervorhebt, daß eine Glaubenslehre als solche nur der halbe Glaube ist, daß sie immer auch mit der entsprechenden Sensibilität und Wahrnehmungsfähigkeit (und dem davon beseelten Handeln) verbunden sein muß, das heißt eine Kultur der Stille, der Sammlung (Meditation) und des Gebets erfordert. Sie hat auch recht, wenn sie zivilisationskritisch die Notwendigkeit betont, im Gegenzug zur Aufmerksamkeit für das sinnlich Wahrnehmbare, intellektuell Berechenbare, Zweckgerichtete, die in der gegenwärtigen Leistungs-, Konsum- und Bildungsgesellschaft einseitig gefördert wird, auch die Bereitschaft zu innerer, emotional bedeutsamer Erfahrung und Betroffenheit zu wecken. (Dabei muß man zwar die Möglichkeiten einer audiovisuellen Medienkultur nicht so grundsätzlich in Frage stellen, wie es Steiner tat, als er schon die Vorliebe seiner Zeitgenossen für Lichtbildervorträge als ein Zeichen von Denkfaulheit wertete – eine Einstellung, der die Waldorfpädagogik treu bleibt, wenn sie audiovisuelle Medien aus Unterricht und Erziehung verbannt.) Bereitschaft zu mehr Innenaufmerksamkeit – das versuchen die Kirchen heute durch ein breites Angebot von Besinnungstagen, Exerzitien und Meditationskursen zu wecken, die den Gottesdienst vorbereiten und ergänzen sollen. Steiner gibt ohne Zweifel beherzigenswerte Hinweise zur Vorbereitung auf ein spirituelles Leben, zum Erleben von Symbolen und Mantren sowie zum Verarbeiten unbewußter Regungen und Projektionen, die sich bei gesteigerter Innenaufmerksamkeit einstellen können. Er respektiert die Eigenart (für ihn: das Karma) des Übenden und kann sich vorstellen, daß man die erstrebte Reife auch auf anderen Wegen, etwa durch Schicksalsschläge, erlangen kann.

Allerdings versteht er seinen Erkenntnisweg in einer eigenen Weise, die zu Rückfragen herausfordert.

(1) Werden die *möglichen Wege der Meditation nicht gehörig reduziert,* wenn die Anthroposophie den Gang von der Imagination über die Inspiration zur Intuition, wie sie ihn vorzeichnet, als das allen anderen Wegen überlegene, am meisten zeitgemäße und geistgemäße Vorgehen darstellt und damit verabsolutiert? Wird die Anthroposophie durch den ihr eigenen Drang zu angeblich »leibfreier« Erkenntnis nicht daran gehindert, andere Wege, wie sie die heutige Meditationsbewegung und die spirituellen Traditionen des Christentums in breiter Auswahl kennen – vom Choralsingen und dem sogenannten Jesusgebet bis zu körper- und atembezogenen Erfahrungen, für die die Yoga-Schulen, die Eutonie und andere Ansätze sensibilisieren –, als voll- und gleichwertig anzuerkennen – nicht nur als mögliche Vorbereitung zum eigentlichen, anthroposophischen Meditationsweg?

(2) Ist die entscheidende Geist-Erkenntnis, etwa die voll entwickelte (nicht nur vorbereitende) Rückschau auf den Tag, *nur von veränderten Bewußtseinszuständen* (letztlich von der Stufe der Intuition) her möglich, wie Steiner meint – oder ist es nicht auch eine vollgültige Meditation, wenn man *in gesammeltem Wachbewußtsein* die Botschaft der Bibel betrachtet oder Begegnungen, Widerfahrnisse des Alltags so verarbeitet, daß man in ihnen die schenkende, haltgebende oder auch fordernde Gegenwart Gottes als Sinn erfaßt? In gesammeltem Wachbewußtsein bedeutet: Nicht nur in der imaginativen und inspirierten Hingabe an bestimmte Inhalte, bei der das kritische Denken ausgeschaltet ist – wie es allen Formen von Versenkungsbewußtsein eigen ist (siehe B. Grom/J. Schmidt 1988, 118ff.). Damit soll die Hinführung zu veränderten Bewußtseinszuständen (Versenkungsbewußtsein) nicht abgewertet, wohl aber relativiert werden. Der emotionale Wert solcher Zustände ist u.U. hoch, weil sie dem Meditierenden eine besondere emotionale

Empfänglichkeit vermitteln. Allerdings werden sie auch sehr unterschiedlich erlebt, je nachdem von welcher Glaubensüberzeugung und Zielsetzung der Meditierende ausgeht (J.M. Van der Lans 1981). Die Überzeugung gibt der meditativ gesteigerten Aufmerksamkeit die Richtung vor. Die Überzeugung aber muß außerhalb, vor und nach der Meditation bestimmt und geprüft werden. So hat auch Paulus außergewöhnliche Bewußtseinszustände wie Entrückung und Zungenrede (Glossolalie) durchaus geschätzt – sofern sie sich vom Gottesglauben der Gemeinde und vom Christuszeugnis der Apostel leiten ließen (1 Kor 12, 1-14, 40; 15, 3-11; 11, 23). Daraus ergibt sich eine dritte Rückfrage.

(3) Muß man die Erfahrungen der Imagination, Inspiration und Intuition, die die anthroposophische Meditation gezielt weckt, so *unmittelbar mit weltanschaulichen Vorstellungen verbinden,* wie Steiner es tut, wenn er innerhalb der Imaginationsübungen das Pflanzenwachstum als Sinnbild der in den Reinkarnationen waltenden ewigen Kräfte betrachten läßt oder die Aura als Offenbarung von Kräften hinter den sichtbaren Gegenständen deutet, die Inspiration als »Erfülltsein von Wesen«, die Intuition als Einswerden mit welterschaffenden Wesenheiten, als Mitwollen der Pflanzenmetamorphose, als Erlösungsimpuls an die Tierwelt und als Bewußtwerdung der karmabedingten Notwendigkeit weiterer Inkarnationen? Menschen, die ohne Steiners Vorgaben meditieren, erfahren auch Imaginationen, Inspirationen und Intuitionen, doch deuten sie sie anders. Hier zeigt sich eine offensichtliche *Wechselwirkung und ein Zirkel* in Steiners Denken: Einerseits formuliert er vieles an seinem Menschen- und Weltbild, seiner Weltanschauung, *erleuchtungsbestimmt,* das heißt so, wie es ihm in meditativen Bewußtseinszuständen erscheint. Andererseits beschreibt er die Erfahrungen, zu denen die Meditation hinführen soll, *weltanschauungsbestimmt,* von einem vorgefaßten Menschen-, Welt- und Gottesbild aus. Der Anfänger soll ja als ersten Schritt zur eigenen Anschauung dem Studium der Geisteswissenschaft obliegen und sich mit den Auffassungen vertraut machen, die Steiner in »Die Philosophie der Freiheit« oder in »Die Geheimwissenschaft im Umriß« dargelegt hat. Es lohnt sich, die Meditationserfahrungen, die Steiner offensichtlich aus eigener Erfahrung beschrieben hat und die er vermitteln

wollte, psychologisch zu erhellen. Ein solcher Verstehensversuch muß keineswegs zu einer »Totalreduktion« auf illusionäre Vorstellungen und neurophysiologische Vorgänge führen, wie der Anthroposoph Lorenzo Ravagli (1988) meinen Ausführungen in der Zeitschrift »Stimmen der Zeit« (Mai/Juni 1988) meinte vorwerfen zu müssen. Einer religionspsychologischen Betrachtung, die sich ihrer fachlichen Grenzen bewußt ist, geht es nur darum, subjektive, psychische Bedingungen, Merkmale und Zusammenhänge religiös-meditativer Erlebnisse zu erforschen, wobei sie das Urteil, inwiefern sie objektiv gelten, der philosophisch-theologischen Diskussion überläßt. Allerdings kann sie sichtbar machen – und damit zur interdisziplinären Klärung beitragen –, wie vieldeutig, einflußreich und beeinflußbar solche Erlebnisse sind. Sie kann zeigen, in welcher Richtung sie vermutlich Steiners weltanschauliches Denken (erleuchtungsbestimmt) beeinflußt haben, das heißt, wo er solche Erlebnisse u.U. ungeprüft objektiviert hat, und in welcher Richtung sie umgekehrt (weltanschauungsbestimmt) von seinem weltanschaulichen Denken beeinflußt wurden und wie man sie auch einfacher, sparsamer deuten kann.

Die von Steiner beschriebenen Meditationserfahrungen in psychologischer Sicht

Wie ist die *Imagination* zu verstehen, das Sichversenken in Sinnbilder, Formeln und Worte (Mantren), die einem die Entwicklungsfähigkeit und -aufgabe des Menschen sowie die todüberdauernden »Werdekräfte« der Pflanzenwelt nahebringen und eine »seelenweckende Kraft« entfalten sollen? Sie entspricht wohl am ehesten – obwohl sie nicht von den gleichen körperbezogenen Übungen ausgeht – der »formelhaften Vorsatzbildung« und dem Schauen einer selbstgewählten Farbe oder eines Sinnbildes, wie es auf der Oberstufe des Autogenen Trainings praktiziert wird (J.H. Schultz; K. Thomas). Hier wird – im Unterschied zu den thematisch offeneren Formen desselben Autogenen Trainings, des Katathymen Bilderlebens und der Aktiven Imagination – ebenfalls die Erlebnisfähigkeit dadurch in einer bestimmten Richtung gesteigert, daß man in tiefer Versenkung streng zielgerichtet und selbstkontrolliert ein Gefühl wachruft und ohne jede Zerstreuung und kritische Distanz erlebt, verstärkt. Solche Selbsthypnose schirmt das Bewußtsein zwar schlafähnlich gegen Eindrücke der Außenwelt ab, verlangt aber nach innen jene geistige Wachheit und Freiheit, die Steiner fordert und bei der (Fremd-)»Hypnose« vermißt. Sie ist »selbstschöpferische« Erkenntnis, die u.U. mit einem starken Realitätsgefühl verbunden sein kann.

Diese Versenkung kann auch für Erfahrungen außerhalb der Übung sensibilisieren, wie Steiner sie schildert. Die *Kontinuität des Bewußtseins* dürfte die durch beharrliches Meditieren erreichte Erlebnisbereitschaft (Grund-Seelenstimmung) sein, mit der der Übende zu Bett geht, die im Schlaf unbewußt und bis in die Träume hinein weiterwirkt und beim Aufwachen als Erstes bewußt wird – als Stimmung, die ihn ununterbrochen beherrscht: »Ich schlief, doch mein Herz war wach« (Hld 5,2). Das *Erinnerungstableau* könnte eine rasche Abfolge von Erinnerungen sein, die katathym, von einem intensiven Gefühl und Ideal her aktiviert werden und in denen Situationen an einem vorüberziehen, in denen dieses Erleben und Wollen im Vordergrund stand.

Wer lange meditiert und sich Steiners diesbezügliche Erwartung zu eigen gemacht hat, kann u.U. auch außerhalb der Übung Personen und Dinge »seelisch« in Tönen, in Farben und Gestalten – als »*Aura*« – erleben. Er hat dann die den »eidetisch« Begabten geläufige Fähigkeit zur »Gefühlssynästhesie« (E.R. Jaensch 1923; 1925) und zu »symbolischen Visionen« (W. Tenhaeff 1957, 37) entwickelt: Er kann Gedanken und Gefühle, die Menschen und Dinge in ihm auslösen – sei es, daß er sie normal oder auch telepathisch (soweit es sich um Menschen handelt) wahrnimmt –, visuell oder akustisch symbolisieren (G. Walther 1955, 67-77). Den Eindruck, den ein Mensch oder Gegenstand macht, erlebt er buchstäblich als Ausstrahlung, als ätherische Konturverdoppelung, als ein Gefühl wie blau, rot usw. – so wie manche Menschen die Fähigkeit haben, zu Melodien bestimmte Farbtöne zu sehen.

Die Stufe der *Inspiration* erreicht man, wenn man nach kurzer Versenkung in anregende Sinnbilder und Formeln das gewünschte positive Erleben unmittelbar aus dem Inneren kommen lassen kann. Wenn alle Ablenkung und alle kritische Distanz zum angestrebten Gefühl ausgeschaltet sind, so daß man sich ihm ähnlich intensiv hingeben kann wie einem Traum. Dann kann solches Denken und Wollen auch aus dem Unbewußten kommen, das auf das Erwarten positiver und das Abwehren destruktiver Impulse eingestimmt wurde. Man läßt »es« walten. Man schaltet um auf kontrollierte Spontaneität, auf eine Gehirntätigkeit, die überwiegend in der rechten (schöpferischen und ichfremden) Gehirnhälfte und im subkortikalen Bereich abläuft. Die Gedanken und Regungen werden nicht mehr als Ergebnis eigenen Bemühens empfunden, sondern als ichfremd, verselbständigt, personifiziert: als Eingebungen, als »inneres Wort«, als »Offenbarungen« und »Inspirationen« von höheren Wesen (sofern die Impulse »gut« sind). Es ist eine gesunde Form »medialen Erlebens« (H.W. Gruhle) und entspricht genau dem, was Steiner als »Erfülltsein von Wesen« der geistigen Welt beschreibt, für deren Regungen man durchlässig, ein Medium wird. F. Nietzsche schilderte solches Inspiriertsein in seinem »Ecce homo«: »Mit dem geringsten Rest von Aberglauben in sich würde man in der Tat die Vorstellung, bloß Inkarnation, bloß Mundstück, bloß Medium übermächtiger Gewalten zu sein, kaum abzuweisen wissen. Der Begriff Offenbarung in dem Sinne, daß plötzlich, mit unsäglicher Sicherheit und Feinheit, etwas sichtbar, hörbar wird, das einen im Tiefsten erschüttert und umwirft, beschreibt einfach den Tatbestand.« So hatte Goethe den Eindruck, nicht er habe sein Natur-Fragment geschrieben, sondern die Natur selbst durch ihn, und der Österreicher Jakob Lorber (1800-1864) schrieb 25 Bände »Neuoffenbarungen«, die ihm Christus durch die »innere Stimme« diktiert haben soll.

Daß der Meditationsweg nicht nur zu einer emotionalen Umwandlung (»Vergessenheitstrunk«), sondern auch zu Realitätsverlust und Desintegration, zu einer »Spaltung der Persönlichkeit« führen kann, erwähnt Steiner selbst (GA 10). Wer für unbewußte Impulse durchlässig wird, baut auch Abwehrmechanismen 'ab und muß ein neues Gleichgewicht zwischen Abwehr und Offenheit, Pflichten und Sehnsüchten suchen. Das »höhere Selbst« und »wahre Ich«, von dem Steiner spricht, könnte das zur Höherentwicklung drängende ideale Selbst sein, dessen Unterschied zum realen »gewöhnlichen Ich« durch die Distanzierung von allem Triebhaften, die seine Meditation mitbewirkt, deutlich bewußt wird. Das »Karma«, das Ergebnis früherer Inkarnationen sein soll, könnte – wie auch der »Doppelgänger« – ein Bündel unbewußter Motive und Widerstände gegen das erstrebte Ideal bedeuten, so wie der »Große Hüter der Schwelle« ein Symbol für die Ermutigung sein könnte, die vom Wissen um Jesus ausgeht und als eigenständiger, inspirierender Impuls erlebt wird, ähnlich wie in den zahlreichen Jesuserscheinungen der Frömmigkeitsgeschichte.

Wenn Steiner solche Meditationserfahrungen als »leibfrei« darstellt und manche Mystiker ähnlich berichten, der höhere Teil ihrer Seele habe den Körper verlassen, so beruht dies wohl darauf, daß sich das Bewußtsein in tiefer Versenkung auch gegen die Leibempfindungen (Schwere, Wärme, Spannungen) so abschottet, daß es sich subjektiv leibfrei fühlt.

Und die *Intuition?* Hier scheint sich das Inspiriertwerden vom Ideal der Liebe und dem Ja zum Leben zu steigern und zu wandeln, so daß es als (kontrollierte) Verschmelzung mit dem Leben und als Ich-Entgrenzung erlebt wird. Das Ich hat den Eindruck, es höre nicht mehr nur Eingebungen der höheren Wesenheiten, sondern es »verschmelze« mit ihnen (und zwar mit den höchsten »welterschaffenden« Wesen), es werde *eins mit dem Makrokosmos* und sei Mitschöpfer mit seiner All-Liebe. Aller Wahrscheinlichkeit nach handelt es sich um ein Erlebnis, wie es Richard Bucke als kosmisches Bewußtsein beschrieben hat: Das Erlebnis eines Wohlbefindens, einer Kraft, einer Liebe zu allem und einer Allverbundenheit, worin sich der Mensch unbedroht und uneingeschränkt, das heißt subjektiv unendlich und unsterblich fühlt (siehe B. Grom u.a. 1987, 222ff.). Eine positive, ekstatische Ich-Entgrenzung, nicht bloß eine Regression zu infantiler Seligkeit, sondern (auch) Durchbruch zu einer Weiterentwicklung, zu mehr Selbstvertrauen und zu strahlender Offenheit. Mit Steiners Worten: »Das Ewige in uns«, wie er es mit 20 Jahren erstmals erfuhr, aber auch: »Das Ich hat sich ergossen über alle Wesen; es ist mit ihnen zusammengeflossen« (GA 12,22).

Diese Charakterisierung gilt, streng genommen, nur für die Intuition, wie er sie in den Schriften zum Meditationsweg (GA 10; 12;

13) beschreibt. In vielen späteren Äußerungen scheint Steiner unter »Intuitionen« auch alle Einfälle und Gedankengänge zu verstehen, die von wachbewußten Überlegungen und Eindrücken ausgehen, jedoch durch inspirierte Imaginationen und durch das Gefühl kosmischer Allverbundenheit (einer allgemeineren Form von meditativer Intuition) zu einem »lebendigen Denken« in symbolischer und mythischer Gestalt werden.

Geisteswissenschaftliche Erkenntnis – die Verknüpfung von wachbewußter Überlegung mit meditativ-symbolischem Erleben?

Dieses Ineinander von wachbewußter, weltanschaulicher Überlegung und imaginativem, inspiriertem und intuitivem Erleben (derselben) ist bezeichnend für viele Gedankengänge Steiners und macht sie für eine psychologische wie auch für eine philosophisch-theologische Betrachtung so schwer faßbar.

Beispiel 1: Die Psychisierung von Materie und Natur

Ein lehrreiches Beispiel in dieser Hinsicht ist der *spiritualistische Animismus*, der Steiner die unbelebte, anorganische Materie beseelen, psychisieren, personifizieren läßt. Für ihn steht fest: »Für die übersinnliche Anschauung gibt es keine ›Unbewußtheit‹, sondern nur verschiedene Grade der Bewußtheit. Alles in der Welt ist bewußt«, auch wenn es noch nicht die geistige Bewußtheit des Ich erreicht hat (GA 13,174). Im Grunde gibt es im Weltenall nichts anderes als Bewußtseine (GA 148,277). »Ein Kristall zum Beispiel wird in seine Form gegossen durch Kräfte, die sich der höheren Anschauung gegenüber ausnehmen wie ein Trieb, der im Menschen wirkt. Durch ähnliche Kräfte wird der Saft durch die Gefäße der Pflanze geleitet... Der Geheimschüler sieht auf der geschilderten Stufe seiner Entwickelung nicht nur den Kristall, die Pflanze, sondern auch die gekennzeichneten geistigen Kräfte« (GA 10,166). Dem Seherblick zeigen sich die Dinge als »nichts anderes als verdichtete Geistwesenheiten« und als »eine andere Form der

Geisteswesenheiten« (GA 9,147), und er kann ihre Herkunft und Verdichtungsfolge aus den höchsten Wurzeln beschreiben.

Den Jahreslauf deutet er in einer Weise, die eine symbolische Betrachtung weit überschreitet und das Gesagte, in die Natur Hineinprojizierte buchstäblich, animistisch versteht: »Man muß in der naturhaften Weltenwärme, die mit dem Frühling einsetzt und gegen den Sommer zu wirkt, die naturhafte Liebe der göttlich- geistigen Wesen wahrnehmen; man muß in dem wehenden Froste des Winters die Wirkung Ahrimans gewahr werden.
Im Hochsommer webt sich Luzifers Kraft in die naturhafte Liebe, die Wärme, hinein. In der Weihnachtszeit wendet sich die Kraft der göttlich-geistigen Wesen, denen der Mensch ursprünglich verbunden ist, gegen den Frost-Haß Ahrimans. Und gegen den Frühling zu mildert fortdauernd naturhafte göttliche Liebe naturhaften Ahriman-Haß« (GA 26,175).
In solcher kosmischer Imagination und Intuition kann er auch dem Kalk im Erdboden »geistige Eigenschaften« zuschreiben, die sich mit der Jahreszeit verändern. »Der Winterkalk ist sozusagen eine in sich zufriedene Wesenheit – wir dürfen ja nach mannigfaltigsten Betrachtungen, die wir hier angestellt haben, weil wir wissen, daß im Grunde genommen überall Seele und Geist zu finden ist, von solchen Dingen wie von belebten, beseelten Wesen sprechen –, der Winterkalk ist gewissermaßen eine in sich zufriedene Wesenheit… Es sind ja die Elementarwesen, die in dem Irdischen leben. Er ist durchgeistigt. Aber er ist gewissermaßen so zufrieden, wie ein Menschenkopf zufrieden ist, wenn er eben ein wichtiges Problem gelöst hat und froh ist, daß er nun Gedanken hat, die diese Lösung bedeuten. Man nimmt, weil man ja in der Intuition überall auch gefühlsmäßig wahrnimmt, eben im ganzen Umfange der irdischen Kalkbildung während der Winterzeit innere Befriedigung wahr« (GA 223,198). Im Frühjahr aber wird der Kalk lebendig und begierdenhaft, und die ahrimanischen Wesen versuchen, über den Kalk die Erde mit Seelischem, Astralischem zu durchdringen. »Man sieht überall, wie die Hoffnungen der ahrimanischen Wesen in Imaginationen über die Erde hinüberspielen, ich möchte sagen, wie ein geistiger Wind, der alles

überweht, und man sieht, wie sich nun die ahrimanischen Wesen anstrengen, von oben herunter gewissermaßen einen Regen des Astralischen hervorzurufen« (ebd. 199).

Naturphilosophisch spricht nichts für eine solche Psychisierung der anorganischen Welt – auch nicht der von Esoterikern wie Fritjof Capra bemühte Hinweis auf die Quantentheorie. Denn auch wenn die Teilchen im mikrophysikalischen Bereich ohne Raum- und Zeitschranken miteinander zusammenhängen, zeigen sie doch nicht jene eigenaktive, erkenntnisgeleitete Selbststeuerung, die seelischem und geistigem Leben eigen ist. Sie fällen keine Entscheidungen und folgen keinen Stimmungen. Vielmehr ist ihr Verhalten immer nur Reaktion auf Bedingungen, die ihnen äußerlich sind – etwa Temperatur. Gerade darum kann man ihr Verhalten auch naturgesetzlich erfassen, auch wenn dies nur nach den Gesetzen der Wahrscheinlichkeit möglich ist (W. Büchel 1983; C. Kummer 1987, 264f.). Diese Gesetzmäßigkeit, würde Steiner erwidern, ist aber doch etwas Geistiges. Ja, es ist etwas objektiv Geistiges in der Art eines Niederschlags und Ergebnisses von einer geistigen Tätigkeit (des Denkens des Schöpfers). Mit welchem Recht aber macht es Steiner zu etwas, das selber denkt und empfindet, zu etwas subjektiv Seelisch-Geistigem?

Diese Vorstellung wurzelt einerseits in der bereits in seiner Frühphase vertretenen Ansicht, ein Sinnending sei – da es durch Gedanken erfaßt werde – aus Geistigem aufgebaut. (Wobei er eben nicht zwischen subjektivem und objektivem Geistigem unterscheidet.) Sie wurzelt aber andererseits in dem »goetheanistischen«, imaginativen Erleben, durch das sich das denkerische Erfassen des Materiellen »erkraftet«. Das Denken in Imaginationen – zumal wenn es wie bei ihm mit einer evolutiven Sicht verbunden wird – zeigt *alles in fließendem Übergang*, in Metamorphose, und zwar in einem Wandel, der seelisch-geistig bestimmt ist – so wie der meditativ Geschulte die Welt von seinen Gefühlen und Gedanken her in bestimmten Aura-Imaginationen erlebt. Steiner objektiviert diese imaginative Wahrnehmung und kommt so zu einer Sicht, die eine *fluidale Kräftewelt* annimmt, in der sich das Geistige über das Astralische und Ätherische zum Physischen verdichten kann. Ihr zufolge kann im Menschen und überhaupt in der Welt das Geistigste ins Materiellste, das Höchste ins Niedrigste ausströmen (Emanation) und daraus wieder zurückfließen, sich verdichten und wieder verflüssigen.

Beispiel 2: Reinkarnation und Karma

Einerseits beruft sich Steiner bei seinen Darlegungen über Reinkarnation und Karma auf meditativ erlebbare Rückerinnerungen an frühere Leben (GA 35,134) sowie auf die Intuition, in der einem die Kluft zwischen »wahrem Ich« und »gewöhnlichem Ich« und ein verborgenes Wollen deutlich werde, das das Ergebnis der vorigen Inkarnation und des durchlaufenen Läuterungszustandes sei (GA 13). Er spricht von der »Einschachtelung sich aufeinander beziehender Menschenpersönlichkeiten« (GA 35,133). Andererseits führt er das auf S. 57f. wiedergegebene Argument an, das auch das gewöhnliche Bewußtsein überzeugen soll.

Psychologisch läßt sich Reinkarnation zwar nicht ausschließen, doch spricht auch nichts für sie. Die erwähnten Rückerinnerungen an frühere Leben tauchen besonders häufig in Meditations- und Selbsterfahrungsgruppen auf, deren Leiter sie für real und wichtig erklären, während andere, die ohne diese Vorstellung und Erwartung meditieren, kaum solche Erinnerungen erleben. Sie können auch auf Erinnerungstäuschungen (Déjà-vu-Erlebnisse) zurückgehen, bei denen infolge von Müdigkeit oder Verdrängung eine neue Situation als schon einmal erlebt empfunden und in frühere Zeiten zurückverlegt wird. Noch nie haben solche Erinnerungen zu archäologischen Entdeckungen geführt. Die erstaunlichen »Erinnerungen«, die Jan Stevenson gesammelt hat, können auf telepathischem Abzapfen von Erinnerungen Lebender beruhen. Das »verborgene Wollen« und die »Einschachtelung« mehrerer Persönlichkeiten in einem beschreibt aber vermutlich unbewußte Motivkonflikte mit Strebungen, die – noch im Vorfeld zu einer Spaltung und einer »multiplen Persönlichkeit« – bereits verhältnismäßig eigenständige Anteile und Personifikationen der Psyche geworden sind.

Bezeichnenderweise hält Steiner die Rückerinnerung und die Intuition für überzeugender als das für das Normalbewußtsein bestimmte Argument. Entscheidend ist für ihn die »übersinnliche Beobachtung«; Argumente können nur auf sie vorbereiten.

Er meint nämlich daß man seine Karma- und Reinkarnationsauffassung wird »nicht ganz bewahren können vor den Einwürfen einer nicht genauen, von dem Denken nicht richtig geleiteten Beobachtung. Aber andererseits ist richtig, daß, wer sich eine solche Vorstellung durch gewöhnlich denkende Beobachtung erwirbt, sich bereitmacht zur übersinnlichen Beobachtung. Er bildet gewissermaßen etwas aus, was man haben muß vor dieser übersinnlichen Beobachtung, wie man das Auge haben muß *vor* der sinnlichen Beobachtung. Wer einwendet, daß man sich ja durch Bildung einer solchen Vorstellung die übersinnliche Beobachtung selbst suggerieren könne, der beweist nur, daß er nicht in freiem Denken auf die Wirklichkeit einzugehen vermag und daß gerade *er* sich *dadurch* seine Einwände selbst suggeriert« (GA 9,80). Also: Was »übersinnliche Beobachtung« lehrt, kann durch das gewöhnliche Bewußtsein nur vorbereitet werden – erfaßt werden muß es durch übersinnliche Beobachtung; sie erweist sich selbst als wahr, ohne vom gewöhnlichen Bewußtsein überprüft werden zu können. Zweifel an der übersinnlichen Wahrnehmung nennt Steiner ohne weitere Begründung – in der Art einer Retourkutsche – einfach Selbstsuggestion.

Beispiel 3: Das »Fünfte Evangelium« nach der Akasha-Chronik

Selten beruft sich Steiner so eindringlich auf seine »Akasha-Forschung« wie im Vortragszyklus über das »Fünfte Evangelium«. Doch wie wenig ist das, was er offenbart, eine Neuoffenbarung und wie sehr ein imaginativ-intuitives Arrangement von altbekannten Elementen und mit durchsichtigen Tendenzen. Begebenheiten, die die Evangelien selber berichten, einige Annahmen der zeitgenössischen Bibelwissenschaft (die Auseinandersetzung mit E. Renan und A. von Harnack inbegriffen), ein Detail aus den Stammbäumen Jesu, die Umkehrung des Vaterunsers, rabbinische Überlieferungen über den Schriftgelehrten Hillel und Offenbarungen durch eine Bath-Kol-Stimme vom Himmel, bestimmte Vorstellungen von antiken Mysterienkulten: dies alles, rekonstruiert im Rahmen von Steiners Ideen vom Christus-Impuls, von den Wesensgliedern des Menschen, von Luzifer und Ahriman, Reinkarnation und Karma, ist das angeblich Unbekannte, das sich unabhängig von historischen Quellen in der Akasha-Chronik lesen ließ. Tatsächlich erweckt es eher den Eindruck, als wolle Steiner hier seinen Hörern und Lesern in erzählender Form noch einmal die Grundgedanken einprägen, die er anderswo lehrhaft vorgetragen hat. Durch die Berufung auf die selten vorhandene Fähigkeit, im Weltenäther lesen zu können, verleiht er seinen Ansichten freilich auch eine besondere, »objektive« Autorität und Legitimation. So läßt er beispielsweise Buddha zu Jesus sagen, daß er fälschlicherweise eine Absonderung der Initiierten in Ordensgemeinschaften gefordert habe – eine Meinung, die Steiner auch unabhängig von seiner Akasha-Forschung vertrat, durch die Akasha-Forschung jedoch in den Rang einer Offenbarung heben konnte. Wer will diesen Anspruch überprüfen?

Anthroposophie – ein Appell zum Nachvollzug von Steiners hellsichtigem Bewußtsein

Ich möchte hier nicht einem dürren Intellektualismus das Wort reden und wiederhole: Imaginationen und Inspirationen können weltanschauliche Einsichten bis zur überwältigenden Numinosität erlebbar werden lassen, und intuitive Eingebungen können eine Erkenntnisweise sein, in der einem richtige Einsichten aufgehen – dem Künstler wie auch dem Mystiker. Aber einen Beweis für die Richtigkeit dessen, was man in diesen veränderten Bewußtseinszuständen erlebt und wahrgenommen hat, bieten diese Erlebnisse nicht, wie Steiner in seinem unkritischen Intuitionismus meint. Eine *weltanschauliche Realitätsprüfung* (siehe B. Grom 1986, 28f.), die die Erlebnisse der Meditation auf mögliche Widersprüche, Denkfehler und bloßes Wunschdenken untersucht, ist in diesen Zuständen weitgehend ausgeschlossen, weil in ihnen das kritische Denken eingeschränkt ist. Solche Realitätsprüfung ist allein im »gewöhnlichen Bewußtsein« möglich,wobei dieses freilich nicht, wie bei Steiner, auf »Verstand« reduziert werden darf, sondern als Vernunft aufzufassen ist, die nicht positivistisch verengt, sondern auf die Möglichkeitsbedingungen und die Letzt-Gründe unseres Lebens aufmerksam ist.

Es gibt viele Seher mit Neuoffenbarungen: Jakob Lorber, Helena Blavatsky, Rudolf Steiner, Beatrice Brunner (»Geistige Loge Zürich«), Gabriele Wittek (»Universelles Leben«, Würzburg). Ihre Botschaften sind so verschieden wie die weltanschaulichen Ideen, denen sie sich (im Wachbewußtsein) verpflichtet fühlen. Sie können nicht alle recht haben, und die bloße Tatsache, daß sie ein Eingebungserlebnis hatten, sagt noch nichts über die Richtigkeit oder Unrichtigkeit ihrer Mitteilung. Ob sie eine tiefe und richtige Einsicht hatten, läßt sich nur dadurch feststellen, daß man ihre Botschaften an der religionsphilosophischen und theologischen Erkenntnis mißt, die uns im Wachbewußtsein möglich ist. (Ähnlich hat Israel nur die Propheten in seine biblische Tradition aufgenommen, die seinem Glauben an den Gott des Bundes und der Schöpfung entsprachen.) Steiner gibt zu, daß nach seiner Auffassung theoretisch nicht widerlegt werden kann, daß ein Geistforscher Illusionen, Halluzinationen und Autosuggestionen vortragen könnte, doch genügt ihm der Hinweis, daß der Hellseher mit zunehmender Übung in »unmittelbarer Erfahrung« zwischen bloß vorgestelltem und wahrgenommenem Übersinnlichem unterscheiden lernt (GA 35,121). Das allerdings haben sich die oben erwähnten Seher und noch Dutzende anderer jeweils auch zugetraut.

Wenn wir Steiner fragen, ob seine Auffassung von der beseelten Erde, von Wiedergeburt und Karma und vom Leben Jesu richtig ist, antwortet er mit dem erwähnten *Zirkel*: Einerseits bietet er für die »gewöhnlich denkende Beobachtung« Argumente an, die jedoch weitgehend nur Postulate und Intuitionen sind, zu denen er sich aufgrund seiner extrem intuitionistischen Erkenntnislehre, die keine weltanschauliche Realitätsprüfung grundlegt, berechtigt fühlt. Intuitionen sind für ihn Tatsachen des Denkens; dieses ist höchstens falsch angewandt und vorurteilsbelastet. Andererseits sind die Argumente erst in der Meditation voll einsichtig. In einem solchen Zirkel bewegt er sich auch, wenn er sich auf die Bibel bezieht: Einerseits sieht er in ihr eine Bestätigung seiner »okkult« gewonnenen Erkenntnisse. Andererseits muß die Bibel aus »okkulter«, »geisteswissenschaftlicher« Erkenntnis heraus gedeutet werden. Tatsächlich ist das, was Steiner über den Schöpfungsbericht (der nie von Elohim in der Mehrzahl spricht, den er einfach falsch übersetzt) oder über das Leben Jesu sagt, so eindeutig aus seinem vorgefaßten Denken in Emanationen und Hierarchien heraus konstruiert und im Widerspruch zu aller Bibelwissenschaft, daß sich eine Diskussion über eine solche »geisteswissenschaftliche« Auslegungskunst erübrigt. In dieser hermeneutisch unverantwortlichen Art – wenn auch weniger gewaltsam als Steiner – hat auch noch der Arzt und Gründungs-Präsident der privaten Universität Witten/Herdecke, Gerhard Kienle, »Die ungeschriebene Philosophie Jesu« (1983) dargelegt: ohne ein einziges neutestamentliches Wörterbuch oder Kommentarwerk zu Rate zu ziehen.

Wir müssen feststellen: *Die Anthroposophie kennt keine philosophische oder theologische Methode außer ihrem extrem intuitionistischen Erkenntnisverständnis;* sie verfügt weder über einen phänomenologischen noch einen transzendentalphilosophischen noch einen fundamentaltheologischen Ansatz. Da kann leicht Erleuchtung gegen Erleuchtung stehen – wenn sich etwa der Industrielle Peter von Siemens in der Auseinandersetzung mit einem anderen Anthroposophen (G. Unger) um den ahrimanischen bzw. asurischen Charakter der Kernenergie auf »den klaren Eindruck, den ich auch durch sorgsame meditative Beschäftigung in mir fundiert habe,« beruft (R. Brüll 1985, 68). Andererseits können nach Steiner die Argumente, die die Richtigkeit der »übersinnlichen Beobachtung« erweisen sollen, erst durch die Hingabe an diese »übersinnliche Beobachtung« voll überzeugen. Seine Erkenntnislehre, die anfangs noch stärker an philosophischen Argumenten interessiert war (dazu später mehr), geht mehr und mehr in den *Appell über, seine Meditationserlebnisse samt ihren weltanschaulichen Vorentscheidungen einfach nachzuvollziehen.* Wird die Anthroposophie damit nicht zu einem rational unbekümmerten, fideistischen Sprung in die Vorgaben von Steiners bis zur Akasha-Einsicht entwickelten »hellsichtigem Bewußtsein«?

Anthroposophen betonen, daß man »geisteswissenschaftliche Erkenntnisse«, wie Steiner sie vortrug, nicht mit dem gewöhnlichen Verstand (auch bei ihnen ist nicht von Vernunft die Rede), sondern nur durch den meditativen Vollzug begreifen könne, und am besten wachse man in diese Erkenntnisart dadurch hinein, daß man sich um ein künstlerisches Verhältnis zur Wirklichkeit bemühe. Auf die Kräfteschulung, auf das Erkraften von Denken, Fühlen und Wollen komme es an. Bei manchen habe ich den Eindruck, ihnen genüge die positive, aufbauende Absicht von Steiners Weltanschauung, um in sie einzustimmen wie in eine Melodie, die durch die optimistische Stimmung, die sie weckt, genügend überzeugt. Wer gegen eine solche Einstellung Bedenken vorträgt, wirkt unmusikalisch, verkopft, verschlossen. Man übernimmt Steiners Weltanschauung als Arbeitshypothese und sieht den Beweis in ihrer aufbauenden Wirkung. (Obwohl es ein breites Angebot an aufbauenden, aber unterschiedlichen Weltanschauungen gibt.)

Eine bezeichnende Äußerung: Eine Nachprüfung von Steiners Akasha-Forschung ist kaum möglich, »denn das setzte die von Steiner erreichte hohe Entwicklung des Bewußtseins voraus... Wenn es so etwas wie eine Bestätigung für Steiners Auffassung gibt, so stellt sie sich im jahrelangen Umgang mit seinen Aussagen ein. Nimmt man diese als eine Art Arbeitshypothesen auf Zusehen hin an, dann erweisen sie sich – langsam und stückweise – von innen heraus als hilfreich und klärend. Bei diesem oder jenem Tatbestand erwacht das Gefühl: ...mit Steiners Erklärungen läßt sich leben. Das kann sich steigern bis zur Einsicht: Das kann gar nicht anders sein; das ist richtig« (A. Baumann 1986, 6).

Läuft dies nicht auf Selbstindoktrination hinaus? Steiner hat dieses Vorgehen meisterhaft vorgezeichnet, wenn er dazu anleitet (siehe oben S. 67), sich »*probeweise*« den Menschen zu »erphantasieren«, der man in einem früheren Leben war – bis sich ein entsprechendes »Gemütsgedächtnis« und völlige Gewißheit herausbildet. Gibt es da noch ein Kriterium, das verhindern kann, daß man sich einfach der Vorstellung hingibt, die den eigenen Wünschen oder Selbstvorwürfen entspricht?

Dieses Probeweise-Glauben gehört zu einer umfassenden Strategie zur Schaffung von Plausibilität:

(1) Beweise haben keine Bedeutung: »Die geistigen Wahrheiten erkennt man am besten an ihren Früchten, nicht durch einen angeblich noch so wissenschaftlichen Beweis, der doch kaum viel anderes sein kann als ein logisches Geplänkel« (GA 34,342).

(2) Anthroposophie beweist sich für den, der sich auf sie einläßt, durch ihre aufbauende Wirkung:

»Im geisteswissenschaftlichen Denken liegt aber die Betätigung, welche die Seele beim naturwissenschaftlichen Denken auf den Beweis wendet, schon in dem Suchen nach den Tatsachen... Wer diesen Weg wirklich durchschreitet, hat auch schon das Beweisende erlebt...« (GA 13,40f.). »Sie [die Anthroposophie] tritt im Menschen als Herzens- und Gefühlsbedürfnis auf. Sie muß ihre Rechtfertigung dadurch finden, daß sie diesem Bedürfnisse Befriedigung gewähren kann« (GA 26,14). Gegenfrage: Kann also eine Ansicht, die erbaut und Herzensbedürfnisse befriedigt, nicht falsch sein? Genügt es Steiner, wenn eine Ansicht als Placebo wirkt?

(3) Der Geistesschüler muß dem initiierten Geistesforscher glauben:

»Tatsachen kann man *erfahren*, aber nicht ›mit dem Verstande beweisen‹. Mit dem Verstande kann man auch einen Walfisch nicht beweisen. Den muß man entweder selbst sehen oder sich von denen beschreiben lassen, die einen gesehen haben. So ist es auch mit übersinnlichen Tatsachen. Ist man noch nicht so weit, sie selbst zu sehen, so muß man sie sich beschreiben lassen. Ich kann jedermann die Versicherung geben, daß die übersinnlichen Tatsachen, die ich im folgenden beschreibe, für den, dessen höhere Sinne geöffnet sind, ebenso ›tatsächlich‹ sind wie der Walfisch« (GA 34,107). Man bemerke: Auch hier ist nur von Verstand und nicht von Vernunft die Rede: Der Geistesschüler soll sich vom erkenntnisunfähigen Verstand befreien und dem erkenntnisbegabten Initiierten zuwenden.

Steiner beteuert, er verlange keinen »blinden Glauben«, sondern berichte als Anregung, was er geschaut habe, und diese Erkenntnisse erwiesen sich dem Meditierenden im Vollzug als richtig. Diese Anregungen vermittelt er in einer Sprache, die durch Zureden und dogmatisches Behaupten gekennzeichnet ist:

»Versuchen Sie einmal, sich recht vertraut zu machen mit dem Gedanken, den ich eben angeschlagen habe...«
»Man muß sich vertraut machen mit dem Gedanken...«
»Für die übersinnliche Beobachtung ist das ohne weiteres klar...«
»Man muß sich nur unbefangen der Erkenntnis hingeben...«
»Wie in allen Fällen, in denen es sich um die Erkenntnis der verborgenen Dinge und Vorgänge der Welt handelt, gehört zum Auffinden der wirklichen Tatsachen des Schlafzustandes in ihrer eigenen Gestalt die übersinnliche Beobachtung; wenn aber einmal ausgesprochen ist, was durch diese gefunden werden kann, dann ist dieses für ein wahrhaft unbefangenes Denken ohne weiteres verständlich.«
»Diejenigen, welche geistiges Anschauungsvermögen haben, nehmen aber solche Wesen wahr.« (Nämlich Volksgeister, Zeitgeister, Undinen und Gnome.)

(4) Wer Steiner nicht folgt, wird in seiner Autorität abgewertet und als »befangen« oder verständnisunfähig bezeichnet:

»Aus gewissen Vorurteilen heraus« und aufgrund »einer ungeschulten Beobachtung« sprechen manche den Tieren ein Erinnerungsvermögen zu, das der menschlichen Erinnerung ähnlich sei (GA 13,62ff.).
»Für denjenigen, dessen geistiges Auge erschlossen ist, wirken die obigen Gedankengänge genau mit derselben Kraft, wie ein Vorgang wirkt, der sich vor seinem physischen Auge abspielt« (GA 9,74f.). Also ist das geistige Auge der Andersdenkenden noch nicht erschlossen.

Wer Anthroposophie ablehnt, ist eben aufgrund seines Karmas noch nicht zur nötigen Einsicht fähig; wenn er weiterstrebt, wird er sie – vielleicht in seiner nächsten Inkarnation – erreichen. Gerät die Anthroposophie durch diese Ansicht nicht in die Versuchung, sich dem argumentativen Gespräch mit Andersdenkenden zu entziehen und gegen Kritik zu immunisieren?

Anthroposophie als Weltanschauung

Anthroposophie will nicht nur eine Menschenkunde, einen Kulturimpuls und einen Meditationsweg, sondern auch eine *Weltanschauung* vermitteln. Als kirchlich engagierter Christ, der seine Glaubensüberzeugungen immer wieder überprüft und weiterdenkt, sehe ich in ihr – so wie in jeder anderen ernsthaften Weltanschauung – eine Anfrage: Was verdient an ihr verständnisvolle Zustimmung, wie Steiner sagt, und was ist nicht nachvollziehbar?

Eine solche Auseinandersetzung sollte man nicht von vornherein als Ausdruck von Überheblichkeit, Feindseligkeit oder Rechthaberei verdächtigen. Sie geht hier gerade von der Überzeugung aus, daß sich die Anthroposophie auf ernsthafte Weise um Grundfragen des Menschen bemüht, die überaus bedenkenswert sind. Die Anthroposophie vermittelt strebenden Menschen Sinnerfüllung und -orientierung durch Geist-Enthusiasmus, Verantwortungssinn und Entwicklungsoptimismus. Das kann ich nur respektieren. Sie ist geschichtlich und ideell eine nachchristliche Bewegung, die immer wieder Menschen angezogen hat, die ihre Kirche als spirituell dürftig und in fertigen, erfahrungsfremden Formeln erstarrt empfanden, und sollte darum immer auch als Frage nach Defiziten in den Kirchen verstanden werden. Ihre spirituellen Absichten und humanitären Ideale verdienen Hochachtung. Die Kirchen können die Anthroposophie als Verbündete im Bemühen um eine Überwindung des theoretischen und praktischen Materialismus, um das Ja zum Leben (gegen Abtreibung, Euthanasie, Naturzerstörung) und um einen spirituell orientierten Lebensstil betrachten. Das steht hier nicht in Frage. Doch gemeinsame Ideale kann man von sehr verschiedenen weltanschaulichen Grundlagen aus anstreben. Und von diesen muß man überzeugt sein können. Die Anthroposophie glaubt, daß sie zur Geist-Erkenntnis führt, die dem heutigen Entwicklungsstand der Menschheit angemessen ist und von Steiner entscheidend angestoßen wurde. Kann man von diesem Absolutheitsanspruch überzeugt sein, kann man von ihren Kernaussagen überzeugt sein? Was spricht dafür und was dagegen?

Geist-Erkenntnis durch unmittelbare Intuition?

In seiner Frühphase möchte Steiner durch philosophische Reflexion einen »ethischen Individualismus« grundlegen, in dem sich der Mensch seiner Freiheit bewußt wird und aus den begrifflichen und moralischen Intuitionen des Geistigen selbstbestimmt. Damit hält er ein tiefsinniges Plädoyer für Selbstverantwortung (sittliche Autonomie statt bloßer Befolgung autoritärer Normen), für lebendige ethisch-religiöse Erfahrung (statt eines nur »dogmatisch« behaupteten und eines abstrakten, »bloß erschlossenen, nicht zu erlebenden Jenseits«, (GA 4,250) und für eine Spiritualität des Einswerdens mit dem All-Einen: »Lasse die Einzelheit dahinfahren und folge der Stimme der Idee in Dir, denn sie nur ist das Göttliche…verliere Dich selbst, um Dich im Weltgeiste wiederzufinden« (GA 40,273). Damit hat Steiner Grundfragen neuzeitlichen philosophischen und theologischen Denkens aufgegriffen. Hat er sie mit seinem »Gedanken-Monismus« und Panentheismus aber auch differenziert und überzeugend beantwortet?

Eine erste Schwierigkeit: Geht Steiner nicht von einer *extrem intuitionistischen, unhaltbaren Auffassung von geistiger Erkenntnis* aus, wenn er meint, Begriffe wie Pflanze, Tier, Dreieck, Bewegung oder Geschwindigkeit kämen weitestgehend unabhängig von sinnlicher Beobachtung und Abstraktion, durch Intuition in unser Bewußtsein? Gewiß sind, wie Kant gezeigt hat, Raum und Zeit Formen der Anschauung, die unserer Sinneserkenntnis vorausliegen (apriorisch sind). Und Kategorien wie Einheit, Vielheit, Kausalität u.a. sind apriorische Bedingungen, die Erfahrung erst ermöglichen. Aber so konkrete Begriffe, wie Steiner sie voraussetzt, können wir nur durch intensive Beobachtung und Abstraktion erarbeiten. Das »Selbstschöpferische« und Voraussetzungslose (siehe H. Witzenmann 1986) unseres Erkennens ist also begrenzter, als Steiner annimmt. Er beruft sich auch zu Unrecht auf das morphologische Denken Goethes. Denn auch bei diesem steht die Intuition nicht am Anfang, sondern ist – wie die Hypothesen in den modernen Naturwissenschaften – in ein vorbereitendes und überprüfendes Beobachten, Abstrahieren, Schlußfolgern und Überprüfen eingebettet (C. Kummer 1987, 42-47).

So macht man es sich auch zu einfach, wenn man das Problem des Irrtums mit dem Hinweis erledigt, unser Denken sei das Denken des Weltprozesses und in sich richtig; es werde höchstens falsch angewandt. Um die sinnlich wahrnehmbare Wirklichkeit zu erkennen, muß man seine Begriffe streng beobachtungsabhängig erarbeiten, als Hypothesen formulieren und überprüfen – man kann sich nicht einfach, wie Steiner meint, auf die Intuitionen, Imaginationen und Inspirationen in seinem Innern konzentrieren und am Ende in der Akasha-Chronik lesen. Sonst wird das »selbstschöpferische« Denken zur Willkür.

Was eben gesagt wurde, gilt für alle fachwissenschaftliche Erkenntnis. Doch wie steht es mit der (metaphysischen) Erkenntnis unseres letzten Woher und Wozu? Ist hier der Intuitionismus, wie er vom Neuplatonismus, von der Theosophie und eben auch von Steiner vertreten wurde, nicht unvermeidlich? Richtig ist, was Steiner öfter hervorhebt, daß die Existenz des göttlichen Urgrundes unseres Denkens und unserer Welt nicht in der Art einer naturwissenschaftlichen oder mathematischen Schlußfolgerung von außen »bewiesen« werden kann. Das besagt aber nicht, daß man ihn einfach durch Intuition, ohne rationalen Aufweis erkennt – sofern man nur Steiners Meditationsweg geht. Überzeugender sind hier die geistmetaphysischen Ansätze, die in Weiterführung von I. Kant von der unendlichen Dynamik des menschlichen Erkennens und Strebens ausgehen. Den Ansätzen von Maurice Blondel, Paul Tillich, Joseph Maréchal, Karl Rahner (besonders in: Hörer des Wortes; Grundkurs des Glaubens), Bernhard Welte (Religionsphilosophie), Jörg Splett (Gotteserfahrung im Denken), Bela Weissmahr (Philosophische Gotteslehre) und anderen ist gemeinsam, daß sie das Unbedingte (bzw. den Unbedingten), alles Umgreifende nicht dogmatisch behaupten, gedanklich konstruieren oder als weiter nicht reflektierbare, unmittelbare Intuition postulieren, sondern als Urgrund (Möglichkeitsbedingung) aufweisen, den wir in allem Erkennen und Streben, mit dem wir uns, den Mitmenschen und der Welt begegnen, *miterfahren*. Meditieren heißt in dieser Sicht nicht, daß wir diesen Urgrund direkt wahrnehmen, wohl aber, daß wir seiner als Mit-Erfahrung, die uns zunächst nur unausdrücklich gegenwärtig ist, ausdrücklich bewußt werden.

Das menschliche Ich – eine »selbstschöpferische« Individualisierung des all-einen Denkens?

Eine zweite Schwierigkeit: Verkennt Steiner nicht die *Eigenständigkeit* (Personalität und Subjekthaftigkeit) des menschlichen Ich und auch den grundlegenden *Unterschied zwischen menschlichem und göttlichem Denken,* wenn er meint: »Ich darf niemals sagen, daß mein individuelles Subjekt denkt« (GA 4,60) und wir seien nur durch unser Wahrnehmen, Fühlen und Wollen individuell, doch »indem wir *denken,* sind wir das all-eine Wesen« (ebd. 91)?

Steiner selbst war mit seinen diesbezüglichen Ausführungen nicht so zufrieden, wie sein Buch »Die Philosophie der Freiheit« glauben macht. In einem Brief an Eduard von Hartmann gestand er: »Ich empfinde es…als einen Mangel meines Buches, daß es mir nicht hat gelingen wollen, die Frage…klar zu beantworten, inwiefern das Individuelle doch nur ein Allgemeines, das Viele ein Eines ist« (GA 39,226f.). Der »Gedanken-Monismus«, den Steiner versucht, scheitert m.E. aus einem doppelten Grund.

(1) Steiner will die Individualität und Verantwortung des Menschen betonen und gleichzeitig hervorheben, daß wir im Denken objektive Ideen erfassen und universelle Begriffe denken. Er beschreibt auch zutreffend den subjektiven Eindruck (und objektiviert ihn), man werde in der Meditation medial von inspirierenden (personifizierten) Ideen und Kräften ergriffen und pendle »zwischen dem Mitleben des allgemeinen Weltgeschehens und unserem individuellen Sein« (GA 4,109). *Doch faßt er das Ich des Menschen zu diffus auf und wird seiner Personalität und der Einheit des Bewußtseins nicht gerecht.*

Weil das menschliche Denken in universellen Begriffen denkt, hält er es selbst für ein überindividuelles »allgemeines Bewußtsein« (GA 4,148), für das Denken des All-Einen, das nur durch seinen beschränkten Umfang und durch das Wahrnehmen, Fühlen und Wollen individuell wird. Das Ich setzt er mit einem bestimmten Umfang an Gedanken gleich; das Ich-Bewußtsein entsteht durch die Leibesorganisation, und je mehr wir ins Universelle des Denkens aufsteigen, »desto mehr verliert sich in uns der Charakter des besonderen Wesens, der ganz bestimmten einzelnen Persönlichkeit« (ebd. 109).

Das Ich ist für ihn nicht volle Person und Subjekt, das am Geistigen teilnimmt, sondern wie ein Organismus, der sich aus geistigen Impulsen aufbaut (ernährt), wie eine Hülle, die Ideen aufnimmt und nur »Schauplatz« von anderen geistigen Wesenheiten, eine »Individualisierung« des all-einen Geistigen, nur Atemluft einer anderen Lunge:

»Im Atem des Geisterwebens bin ich/ Wie Luft im Lungenleibe./ Nicht Lunge bin ich,/ Nein Atemluft. Doch Lunge ist was weiß von mir./ Erfaß ich dies, erkenne ich/ Mich im Geiste der Welt« (Wahrspruchworte, Dornach 1935, 108). »Nicht ich denke bloß, sondern es denkt in mir; es spricht das Weltenwerden in mir sich aus; meine Seele bietet bloß den Schauplatz, auf dem sich die Welt als Gedanke auslebt« (GA 17,11). Der Mensch – in seiner geistig-seelischen wie auch in seiner physischen Wirklichkeit – »ist wirklich nur der Schauplatz desjenigen, was das Universum und was er selber mit seinen umgewandelten Kräften und seinem Physischen vollzieht« (GA 214,155).

Im Schlaf, wo das Selbstbewußtsein erlischt, vereinigt sich der Mensch wieder mit dem Welt-Sein (GA 26,205f.). Das Selbstbewußtsein baut er aus dem Astralischen auf, das ihm aus dem Umkreis des Weltalls zuströmt (ebd. 226). »Die Erde als Stern impulsiert von ihrem Mittelpunkte aus das menschliche Ich« (ebd. 226). Die Geistwesen der höheren Welt prägen während der Schlafenszeiten dem Astralleib »Urteile« ein, die sich dem Erdenbewohner jedoch verbergen (ebd. 25).

Die Engel denken nicht nur unsere Gedanken, sondern auch unser Bewußtsein. Der Seher erlebt dies bewußt: »Man läßt seine Gedanken von den Engeln denken. Man muß wissen, daß man nicht selbst seine Gedanken in seinem Bewußtsein dirigiert, sondern daß die Wesen der nächsthöheren Hierarchie diese Gedanken dirigieren. Man muß das Bewußtsein der Engel, einen durchwallend und durchwebend, fühlen.« (GA 148,279). So erhält man von den Engeln Aufschluß über den Christus-Impuls und die Erdentwicklung, von den Erzengeln über die Epochen und gibt sich den Archai als Speise hin (ebd. 281). Die asurischen Geister aber können durch die Vereinigung mit der Sinnlichkeit der Erde aus dem Ich »Stück für

Stück« herausreißen, so daß sie unwiderbringlich verloren sind (GA 107,248f.).

Es ist richtig, daß mein individuelles Subjekt »von des Denkens Gnade« lebt (GA 4,60). Doch dies kann nicht bedeuten, daß es in seinem Denken und Werten nicht auch radikal eigenständig und unvertretbar ist, sondern nur, daß es geistig offen (intentional) ist auf Dinge, Personen und Werte außer mir und daß es sich ganz dem göttlichen Urgrund verdankt: daß Personsein Offensein in Fürsichsein besagt.

(2) Steiner schreibt auch dem »Weltprozeß« und »All-Einen«, dem das Ich des Menschen »entnommen« ist wie ein Tropfen dem Meer, *keine personale Eigenständigkeit* (die natürlich übermenschlicher Art sein müßte) zu, sondern betrachtet es als ein unbestimmtes »Göttlich-Geistiges«, das sich – durch Herausströmen (Emanation) – in eine Vielzahl von Wesen ergießt, differenziert, verwandelt:

– In übermenschliche Individualisierungen, sozusagen die Ozeane und Buchten des einen Meeres, die Steiner »Hierarchien« und »Götter« nennt. Es sind Ab-Teilungen und Metamorphosen des All-Einen; keine Subjekte im vollen Sinn, sondern Strukturen, Ideen-Mächte und Hypostasierungen von Ideen (etwa Volks- und Zeitgeister): »Es gibt eine erste Bewußtseins-Etappe: da erlebt der Mensch die Gedanken im ›Ich‹ als durchgeistigte, beseelte, belebte Wesen« (GA 26,80).

– In menschliche Individualisierungen, in Ichs, die jetzt noch die zehnte Hierarchie bilden, sich aber höherentwickeln werden. Es sind sozusagen die Tropfen, die sich vom all-einen Geistigen nur dem Umfang, jedoch nicht der Art nach unterscheiden.

– In die materielle Welt, zu der sich das All-Eine – wie zu Eisklumpen – »herausverdichtet« hat.

Dieser Versuch, die Einheit und Vielheit des Wirklichen, den Ursprung des Werdens und das Gewordene zusammenzusehen – nämlich in der Art eines Emanations-Panentheismus –, bleibt unbefriedigend, weil er wesentliche Tatsachen übersieht.

(1.) Steiner nimmt – wiederum in einem begriffsrealistischen Trugschluß – an, *daß das Denken an sich, subjektlos existiere.* Tatsächlich gibt es jedoch Denken (und ebenso Lieben) nur als Tätigkeit von Denkenden. Gedanken denken nicht, sondern werden gedacht – von Subjekten.

(2.) *Steiner verkennt den grundlegenden Unterschied zwischen menschlichem und göttlichem Denken,* wenn er ersteres als artgleichen Tropfen aus dem Meer betrachtet. Er verfällt hier, wie ihm schon E. von Hartmann vorwarf, einer »Konfusion des absoluten und des menschlichen Erkennens« (W. Klingler 1986, 52). Denn das menschliche Erkennen ist nur insofern »selbstschöpferisch«, als es aktiv aus Einzelbeobachtungen universelle Begriffe bilden und apriorische Anschauungsformen und Kategorien anwenden kann. Doch entdeckt es dabei nur Gedanken der realen und idealen Welt, während der göttliche Urgrund diese erdenkt und erschafft. Der Mensch vernimmt die Geltung, den Anspruch von Werten wie Gerechtigkeit und Liebe, während der göttliche Urgrund ihn darin ruft. Der Mensch ist nicht »Mitschöpfer« – so sehr es auf seine »moralische Phantasie« ankommt –, sondern Nachschaffer, Mitwirkender, Angesprochener. Gerade dadurch erhält er eine absolute Eigenständigkeit und Personalität. Für Steiners Monismus ist der Mensch nur ein Schauplatz und eine Gestalt, durch die sich die all-eine Ideenwelt hindurchentwickelt: »Die Welt hat uns hereingestellt, damit sie das, was in ihr ist, durch uns durchgehen lassen kann und es in der von uns veränderten Gestalt wiederum empfangen kann... Der Mensch ist nicht um seiner selbst allein, der Mensch ist um der Welten willen da« (GA 234,113). Dagegen sieht die christliche Schöpfungstheologie den Menschen als Selbstwert von Gottes Gnaden und als Partner einer dialogischen Beziehung zur »Über-Person« Gott (P. Teilhard de Chardin). Wie schon Romano Guardini gegenüber R.M. Rilke hervorhob: »Der Mensch ist Ich, weil Gott ihn zu seinem Du macht.«

(3) Unser menschliches Denken (und unser Leben insgesamt) war nicht immer, sondern ist geworden; es erklärt sich nicht aus sich selbst, sondern verdankt sich einem letzten Ursprung. (Der gerade seine Eigenständigkeit ermöglicht.) Wenn es nun, wie Steiner behauptet, das Denken des Göttlich-Geistigen – nur in geringerem Umfang – wäre, wäre dieses Göttliche zugleich Urgrund des Werdens (Schöpfer) und Werdendes, *wäre unbedingt und bedingt – ein Widerspruch.* Steiner sieht in ihm nur die quantitativ unendliche Menge von dem Endlichen, das der Mensch ist, und nicht den qualitativ anderen, unendlichen Urgrund, der den Menschen und

die materielle Welt ermöglicht. Auch eine Vielheit von Göttern (Hierarchien) wäre nur eine Summe von sich gegenseitig begrenzenden, das heißt endlichen Teilen.

Dieses Nicht-Unterscheiden zwischen erschaffendem Urgrund (Schöpfer) und erschaffener, werdender Welt ist auch dafür verantwortlich, daß Steiner, wie bereits erwähnt (S. 136ff., das Materielle und die Natur in mythisch-animistischer Weise psychisiert. Damit will er dem naturwissenschaftlich Interessierten in kosmischer Geist-Begeisterung zeigen: »Die Natur ist nicht geistlos« (GA 26,23) – ein wichtiges Anliegen, das auch P. Teilhard de Chardin am Herzen lag. Die Natur ist zweifellos nicht geistlos, sondern nach den Gesetzen des Schöpfers geordnet und gestaltet, doch ist dies kein Grund, sie zu einem denkenden und fühlenden Wesen zu machen und den grundlegenden Unterschied zwischen dem Geistigen in der Natur und im Menschen- oder Schöpfergeist zu übersehen.

Wenn man die materielle Welt als eine »herausverdichtete« Gestalt des Göttlich-Geistigen sieht, *materialisiert* man dieses – so wie Steiner auf der anderen Seite das Materielle psychisiert. Man faßt es als Substanz und Kraft auf, die sich zum Teil zur materiellen Welt »verdichtet« hat, die also verdichtbar ist wie Luft und damit ausgedehnt und aus endlichen Teilen zusammengesetzt wie die Materie. So kann Steiner lehren: »Mit dem physischen Sonnenlichte strömt die warme Liebe der Gottheit auf die Erde« (GA 103,58). Während im Sonnengesang des Franziskus die Sonne als Werk Gottes besungen wird (»Vor allem der goldnen Sonne willen, die Du gemacht... Kein anderes Geschöpf zu Deinen Ehren spricht lauter mir«), dessen Wärme ein Zeichen der in allem Geschaffenen wirkenden Zuwendung des Schöpfers bedeutet, *ist* für Steiner diese Wärme die Liebe der Gottheit. Sie wird so materialisiert, daß sie offensichtlich mit den Jahreszeiten schwankt (»Und gegen den Frühling zu mildert fortdauernd naturhafte göttliche Liebe naturhaften Ahriman-Haß«, GA 26,175).

Wenn manche Anthroposophen erklären, das »Herausverdichten« bedeute nur, daß die Liebe des Schöpfers in seine Werke eingegangen ist, so verschweigen sie, daß nach Steiner das Göttliche selber in die Welt einfließt und daß er die Frage, was »ganz am

Anfang war«, schlichtweg ablehnt (GA 11,130), von einem Schöpfer im biblischen Sinn also nichts wissen will. *Die Welt ist für Steiner nicht – wie für den biblischen Glauben – Werk, Geschenk und Botschaft des Göttlichen, sondern dessen umgewandelte Substanz.*

Bezeichnend für dieses Denken ist der Einwand mancher Anthroposophen, bei solcher Unterscheidung zwischen Schöpfer und Schöpfung erscheine die Welt doch als ungeistig, werde rein materialistisch betrachtet. Sie übersehen in Unkenntnis der Analogielehre – einer der wichtigsten Einsichten abendländischer Metaphysik –, daß der Geist des Erschaffenden und der Geist in Mensch und Natur sich bei allem Gemeinsamen auch grundlegend unterscheiden. Hier ist auch zu fragen, warum Anthroposophen an einer Evolutionslehre festhalten, die gegen jedes Sparsamkeitsprinzip eine phantastische Vielzahl und Abfolge von höheren Eingriffen annimmt und die Tier-, die Pflanzen- und die Mineralwelt als Rückstand aus der ihnen vorausgehenden Menschheitsentwicklung betrachten muß, sich eine vom Schöpfer (- Geist) getragene Evolution »von unten« also gar nicht vorstellen kann, wo doch seit P. Teilhard de Chardin, K. Rahner und anderen überzeugendere Konzepte einer Metaphysik des Werdens und einer »Schöpfung durch Evolution« vorliegen.

Ein Du, zu dem man beten kann?

Wenn Steiner den Menschen als »Schauplatz« geistiger Kräfte und Wesenheiten versteht, drückt er darin sicher eine Spiritualität der Empfänglichkeit, des Durchlässigwerdens und der »moralischen Phantasie« aus. Doch zeigt er dieser Spiritualität auch einen Adressaten, der den Menschen und die Welt frei und souverän erschafft und anspricht und an den sich der Mensch in einem echten Dialog wenden kann? Ich meine einen Dialog, der sich vom zwischenmenschlichen Gespräch dadurch unterscheidet, daß sein grundlegender Inhalt darin besteht, das eigene totale Verdankt- und Berufensein durch Gott wahrzunehmen, durch das er bereits gesprochen hat, bevor wir auf ihn hören. (Siehe K. Rahner, Zwiegespräch mit Gott? in: Schriften zur Theologie, Zürich 1978, Bd. 13, 148-158).

Es geht hier nicht um theologische Beckmesserei, sondern um Auffassungen, die die spirituelle Aufmerksamkeit jeweils in eine eigene Richtung lenken. Und da fragt es sich: Ermutigt die Anthroposophie zu einem Gebet, das sich dankend, suchend und bittend an das Du Gottes wendet?

Das erscheint recht zweifelhaft. Denn Steiners Vorstellung von einem unbestimmten Geistigen, das sich in eine Vielzahl von Wesenheiten gliedert und zur materiellen Welt herausverdichtet, kann und will einen solchen Gebets-Dialog nicht grundlegen. Wohl spricht er in einigen Wendungen von »Gott« in der Einzahl und will zum Einswerden mit der All-Liebe anleiten. Doch ist das der Gott, von dem die Bibel sagt, daß er »die Liebe ist« (1 Joh 4,8) – oder aber der halb geistig, halb materiell (energetisch) gedachte »Weltprozeß«, von dem wir ein Teil sind? Kann ich als Teil zu dem Ganzen, das ich selber bin, nur in kleinerem Umfang, beten? Die vagen Formulierungen, in denen Steiner auch immer wieder von der Vielheit göttlicher Wesen spricht, kann diese Frage nicht klären, sondern nur verschärfen.

»Man muß wissen, daß das eigene Dasein ein Geschenk des ganzen Weltalls ist« (GA 10,109).

Für das Karma muß man »den Weltenplänen dankbar sein« (GA 107,246). Man muß dankbar sein »den unsichtbaren geistigen Lebensgebern«, dem »lebensspendenden Geist des Menschen« und den »das Leben durchdringenden Geistesmächten« (GA 239,224).

»Wir müssen empfinden an dem, was uns die Welt als Gutes, Schönes zukommen läßt, daß hinter dieser Welt die Mächte stehen, von denen in der Bibel gesagt ist: und sie sahen, daß sie schön und gut war, die Welt« (GA 130,251) – hier spricht er wieder in einem Plural, der dem ersten Gebot (»keine anderen Götter«) absolut entgegengesetzt ist. Die Herabkunft des Christus beschließen »die Götter, die man unter dem Namen der göttlichen Vaterwelt zusammenfaßt«, die »göttlich-geistigen Wesenheiten, die als die Schöpfer zu bezeichnen sind« (Vortrag vom 17.4.1912).

Anthroposophen, die der Christengemeinschaft nahestehen und um den Nachweis bemüht sind, daß Steiners Denken mit dem der

Bibel übereinstimmt, mögen geltend machen, er habe eben eine vermenschlichte Gottesvorstellung vermeiden wollen und: »Steiners Gottesbild hat durchaus auch personale Züge« (H. Haug 1987, 46). Trotzdem bleibt die genannte Frage unbeantwortet. Und wenn H.-W. Schroeder (1986a, 112) hervorhebt, daß Steiner täglich laut das Vaterunser gebetet und gebetsähnliche Mantra-Spruchdichtungen hinterlassen habe, ist auch zu sehen, daß er das Vaterunser ganz in seinem panentheistischen Sinn umgedeutet hat (GA 97, 93-108). »Esoterische Betrachtung« läßt ihn nämlich die sieben Bitten geradewegs auf die sieben Wesensglieder des Menschen anwenden: auf Manas (»geheiligt werde dein Name«), Buddhi (»dein Reich komme«), Atma (»dein Wille geschehe«), den physischen Leib (»tägliches Brot«), den Ätherleib (»Schuld«), den Astralleib (»Versuchung«) und das Ich (»Übel«, vom Ich zu verantworten). Durch das Vaterunser soll sich der Mensch der Aufgabe bewußt werden, seine siebengliedrige Natur zu entwickeln, und das All- Eine darum bitten.

Gewiß, es gibt bei Steiner Anklänge an Gebet, doch ein Gebets-Dialog im vollen Sinn ist auch deshalb nicht möglich, weil er sich für ein göttliches Zentrum und In-Sich gar nicht interessiert. In seiner tiefsinnigen Betrachtung über »Das Wesen des Gebetes« (GA 59, 103-134) spricht er zwar vom »Aufschreien zu dem Göttlichen: es möge da sein, es möge uns erfüllen mit seiner Gegenwart« (S. 117) und auch von der Ergebenheitsstimmung gegenüber dem Zukünftigen – aber nicht ohne hinzuzufügen, daß wir die erleuchtende und erwärmende Kraft, durch die das Gebet unser Ich entwickelt, selber in unsere Seele gesenkt haben und daß der Kampf Jakobs der Kampf unseres höheren Ich mit dem niederen Ich bedeutet. Der Ich-Tropfen, der sich in der Meditation das all-eine Meer bewußt macht, um sich mit ihm zu vereinigen, mag in solcher Versenkung eine große Kraft und Fülle spüren; doch begegnet er dabei etwas anderem als dem eigenen Geist-Ich, das er sich grenzenlos vorstellt? Ist das die vom Christentum gemeinte dialogische Vereinigung mit dem, »in dem wir leben, uns bewegen und sind« (Apg 17, 28) und den wir mit Jesus als »Vater« ansprechen dürfen: Grundlegend verschieden von mir, aber dabei mir nicht äußerlich – wie es oft mißverstanden wird –, sondern »mir innerlicher als mein Innerstes und höher als mein Höchstes« (Augustinus)? Oder ist es nur die »Erkraftung« im kosmischen Bewußtsein, im Erlebnis subjektiver Unbegrenztheit und in einem Kraftgefühl, das eher nachträglich, durch die Ermahnung zur Liebe, seine Egozentrik einzudämmen lernt? Die anthroposophische Spiritualität ist hier aufgrund ihres Panentheismus in einem entscheidenden Punkt auf entschiedene Weise unklar. Sie ist auch von einer gewissen Selbstverzückung und Naturverklärung nicht ganz frei. Man denke nur an Steiners Wahrspruchwort:

»Sich selbst empfangen vom Welten-Sein,
Die Welt erleben als Selbstes-Sein,
Das ist der Weg zum Seherziel« (GA 40,224).

Wie anders, dialogischer, klingt da die Meditation von Romano Guardini, die nicht weniger von Empfänglichkeit und Offenheit bestimmt ist: »Ich glaube, daß alles von Dir geschaffen ist, o Gott... Immerfort empfange ich mich aus Deiner Hand. So ist es, und so soll es sein. Das ist meine Wahrheit und meine Freude. Immerfort blickt Dein Auge mich an, und ich lebe aus Deinem Blick, Du mein Schöpfer und mein Heil. Lehre mich, in der Stille Deiner Gegenwart das Geheimnis zu verstehen, daß ich bin. Und daß ich bin durch Dich, und vor Dir, und für Dich« (Theologische Gebete, Frankfurt 1960, 13f.).

Christus – ein Gott unter Göttern, der Sonne und Erde beseelt?

Steiner, der kein theologisches Studium durchlaufen hatte, sah in seiner Christosophie sicher richtig, daß Jesus Christus für den heutigen Menschen nicht nur eine Gestalt der Vergangenheit sein will, sondern Gottes lebendige Gegenwart, die allen Menschen guten Willens angeboten ist, die auch den Kosmos umfaßt und die je neu, situationsgerecht zu meditieren und zu erleben ist.
Es widerspricht allerdings absolut dem Neuen Testament und der Auffassung aller großen christlichen Kirchen, wenn er meint, daß

man den »Christus-Impuls« auch unabhängig vom biblischen Zeugnis authentisch erfassen kann. Unabhängig von der biblischen Botschaft gibt es gewiß ein Ersehnen und Erhoffen einer solchen Offenbarung sowie ein »latentes« (P. Tillich) oder »anonymes« (K. Rahner) Christsein. Doch daß diese Hoffnung erfüllt wurde und in welchem Sinne, wissen wir nur aus der einmaligen geschichtlichen Selbstoffenbarung Gottes in Jesus mit Sicherheit. Darum ist das Zeugnis des Neuen Testamentes unüberholbar und unverzichtbar (K. Rahner, Hörer des Wortes, München 1985).

Das Jesuswort: »Ich habe euch noch vieles zu sagen...« (Joh 16, 12), das von den Montanisten im frühen Christentum über Joachim von Fiore bis zu heutigen Sehern immer wieder zur Begründung von Neuoffenbarungen herangezogen wurde, will gewiß der Gemeinde (nicht exklusiv einzelnen Propheten) den Geist Jesu zusagen, der sie in allen neuen Situationen stärkt und erleuchtet. Doch dieser Geist »erinnert« an das, was der historische Jesus gesagt hat (Joh 14, 26) und was die Jünger bezeugen, die »von Anfang an« mit ihm zusammen waren (Joh 15, 27). Dieses Zeugnis ist »wahr« (Joh 21, 24), das heißt Maßstab, nach dem zu beurteilen ist, ob sich ein Ergriffener und Erleuchteter zu Recht oder zu Unrecht auf den gegenwärtigen Christus beruft (R. Schnackenburg, Das Johannesevangelium, Freiburg 1975, Bd. 3, 151f.; 169ff.).

Steiner aber relativiert die Evangelien zu Dokumenten, in die die Impulse der geistigen Welt nur in zeitbedingter Form eingegangen sind und die durch »innere Erfahrung« und anthroposophische »Initiation« großenteils überholt sind. Damit erklärt die Anthroposophie ihren eigenen Meditationsweg und den rational nicht zu begründenden Anspruch Steiners auf Akasha-Einsicht zum absoluten Zugang zu Christus.

Nun muß sich jede Neuoffenbarung fragen lassen, was sie Neues offenbaren kann, wo doch, nach christlichem Verständnis, im neutestamentlichen Jesuszeugnis bereits das Wesentliche, nämlich Gottes unwiderrufliches Ja zum Menschen, ausgesagt ist (K. Rahner, Visionen und Prophezeiungen, Freiburg

1960). Gewiß, solche nachbiblischen Erleuchtungserlebnisse können die biblische Botschaft auf die besondere Zeitsituation hin anwenden und dadurch bedeutsam werden – sofern man plausibel machen kann, daß der Seher und Prophet der biblischen Botschaft treu bleibt und die Zeitsituation richtig einschätzt. Steiner aber deutet in seiner Christosophie die biblische Botschaft von Jesus radikal in seinem panentheistischen Sinn um.

Sein *Christus-Impuls* ist nicht die Selbstoffenbarung des Logos des einen und einzigen Gottes, sondern eine der höchsten Wesenheiten, die sich – eher ein Bündel von Ideen-Mächten als ein personales Wesen – aus den Lichtgeistern der Sonne gebildet hat: eine Individualisierung des Geistigen unter anderen, ein Gott unter Göttern. Und so sehr Steiner diesen Impuls als geistige, kosmische Liebe beschreibt, materialisiert er ihn doch auch, wenn er ihn als Beseelung der Sonne denkt und zunächst dort lokalisiert und dann nach dem Golgatha-Ereignis als »innerhalb der Erdsphäre« (GA 148,32) und der Erdenaura – also auch wieder auf subtile Weise lokalisiert – vorstellt. Materialisierend verbindet er ihn mit der psychisierten Erde und ihren Jahreszeiten, wenn er lehrt, der Mensch verbinde sich am besten zur Weihnachtszeit mit dem zum Geist der Erde gewordenen hohen Sonnenwesen, weil in diesen heiligen Winternächten das Seelisch-Geistige der Erde, das im Sommer (wie im Erdenschlaf) in den Kosmos ausgegangen war, wieder (wie im Wachbewußtsein) in der Erde weile. Weil er keine volle dialogische Beziehung zwischen Gott und Mensch kennt, bedeutet für ihn die Offenbarung Jesu auch nicht, wie für die Bibel, totale Schuldvergebung von Gott, sondern nur die Übernahme der »objektiven Wirkungen« der Schuld auf die Weltentwicklung. Statt dessen vertritt er die der Bibel absolut fremde Auffassung, der Christus habe die karmische Gesetzmäßigkeit gebracht, er habe durch Überstrahlung auf die Erde die leibseelische Entwicklung des Menschen harmonisiert und komme wieder im Ätherleib, im astralischen Leib in einem kosmischen Ich, das einer »Gruppenseele der Menschheit« gleicht. Das alles ist nur von den spezifisch Steinerschen Vorstellungen von den Entwicklungsetappen des Bewußtseins und der Erde her verständlich.

Reinkarnation und Karma:
Ist der Mensch »Herr des Schicksals«?

Mit seiner Reinkarnations- und Karmalehre will Steiner gegen allen biologischen und sozialen Determinismus die Freiheit des einzelnen verteidigen und ihm die ständige Höherentwicklung als Verantwortung und Chance bewußt machen. Er will auch zeigen: Der Mensch hat die Würde eines unsterblichen Wesens. Seinen Ausführungen merkt man dieses humanistische und pädagogische Anliegen an, und sie haben sicher viele Anthroposophen – wie etwa den an Tuberkulose leidenden Dichter Christian Morgenstern – zur Arbeit an sich selbst und zum Ertragen ihrer Krankheit ermutigt. Das alles verdient Respekt und soll hier nicht in Zweifel gezogen werden. Es fragt sich allerdings, ob Steiner in der spiritualistischen Art, in der er diese Anliegen verfolgte, nicht zu Auffassungen kam, die sich kaum begründen lassen.

Daß Reinkarnation *erfahrungswissenschaftlich* nicht absolut auszuschließen ist, daß aber sogenannte Erinnerungen an frühere Leben und Diskrepanzerlebnisse in der Selbstwahrnehmung nicht für sie sprechen, wurde schon dargelegt. Steiners »theoretisches« Argument: Wir erben von den Eltern nur körperliche Eigenschaften der Gattung, gehen unseren individuellen Weg aber von Anfang an mit bestimmten geistig-seelischen Anlagen, die die Früchte früherer Leben sein müssen, ist eine pure Behauptung. Sie mag seinem extremen Leib-Seele-Dualismus und der mythischen Vorstellung von einer zuvor vorhandenen, sich einen Leib suchenden Seele entsprechen, ist aber durch nichts zu belegen. Warum soll sich die Biographie eines Menschen nicht aus den konkreten (nicht nur gattungsmäßig-allgemeinen), genetisch bestimmten Anlagen und Fähigkeiten und aus der ganz individuellen Art, in der er diese – unterstützt oder behindert durch die erfahrene Sozialisation und in Auseinandersetzung mit seiner Lebenssituation (Krankheit, Gesundheit, Armut, Reichtum, Krieg, Frieden usw.) – entwickelt und auf frei gewählte Ziele richtet oder in der er an Behinderungen die »Trotzmacht des Geistes« (V.E. Frankl) bewährt, erklären? Die wissenschaftliche Entwicklungs- und Persönlichkeitspsychologie hat mit dieser Grundannahme plausible

Ergebnisse erzielt. Man müßte um sie fürchten, wenn sie in Zukunft von Steiners Meinung ausginge, die Biographie eines Menschen sei keine Neuschöpfung, sondern aus seinen früheren Leben und seinem vorgeburtlichen Läuterungsprozeß zu verstehen.

Doch auch andere, *philosophische und theologische Argumente* sprechen gegen die anthroposophische Reinkarnations- und Karmalehre.

(1) Sie löst die Leib-Seele-Einheit zugunsten eines Dualismus auf, der den Leib nicht mehr als körperliche Ausdrucksgestalt der Geist-Seele versteht, sondern als eine ihr äußerliche »Hülle«, die ich wie ein Kleid beim Tod ablege und bei einer neuen Inkarnation mit einer anderen Hülle tausche. Doch aller Erfahrung nach bilden Leib und Seele eine Einheit. Mein Leib (als männlicher oder weiblicher, junger oder alter usw.) gehört zu meinem Ich – als sein anderer Pol in einer interaktiven Beziehung. Bei aller Fähigkeit, mich von sinnlichen Wünschen und Schmerzen zu distanzieren, bin ich auch mein Leib und wäre mit einem anderen Leib auch ein anderes Ich.

(2) Wie gäbe es noch eine Einheit des Bewußtseins und eine Identität des Ich, wenn ich früher mehrmals ein anderer Mensch gewesen wäre? Setzt sich die Person denn aus geistig-seelischen »Ergebnissen« mehrerer Personen und Biographien zusammen? Ist ein Hochbegabter wie Mozart das Ergebnis einer bestimmten Inkarnationenfolge? (Übrigens müßte dann die Menschheit kulturell immer begabter und moralisch immer edler werden.)

(3) Steiners Karmalehre nimmt einen Zwang zur Besserung und Höherentwicklung an, der der Freiheit des Menschen nicht gerecht wird und die Grundentscheidung, die in einem einmaligen Leben möglich ist, verkennt.

Für ihn gilt: »Karma ist eine Macht, für die der Mensch eigentlich den Weltenplänen dankbar sein sollte. Denn Karma sagt uns: Hast du einen Irrtum begangen – Gott läßt seiner nicht spotten! Was du gesät hast, das mußt du auch ernten. Dieser Irrtum bewirkt, daß du ihn verbessern mußt; dann hast du ihn aus deinem Karma ausgetilgt und du kannst wieder ein Stück vorwärtsschreiten. Ohne

Karma wäre unser Fortschreiten in der menschlichen Laufbahn unmöglich. Karma erweist uns die Wohltat, daß wir alles, was wir rückwärts getan haben, wieder vernichten müssen. So trat als die Folge der Taten des Ahriman Karma auf« (GA 107,246).

Sind wir noch frei, wenn wir jeden Irrtum wieder gutmachen *müssen?* Wie kann ein Mensch, der sich im jetzigen irdischen Leben dem Guten nicht öffnen *wollte* und sich auf diese Ablehnung festgelegt hat, nachher zu einem Gesinnungswandel gezwungen werden? Darf man dem Menschen die Fähigkeit zu einer endgültigen Grundentscheidung absprechen? Und kann er diese Grundentscheidung nicht in einem einmaligen Leben fällen? Hat nicht ein einmaliges Leben, auch wenn es kurz ist, die Chance, daß sich der Mensch dem sinngebenden Guten öffnen und den Ernst, daß er sich ihm verschließen kann? Hat er nicht an jedem bewußt erlebten Tag die Chance, das Wesentliche zu ergreifen? Wird man dieser Chance und dem Ernst der Lebensentscheidung gerecht, wenn man sie in eine Reihe von Repetitionen und in ein additives Sammeln von Erfahrungen und Früchten auflöst?

(4) Für Steiner hängen Erbfaktoren, Gehirn und Physiognomie eines Menschen von seiner vorgeburtlichen geistig-seelischen Individualität ab. Geistige Behinderung und körperliche Krankheit können für ihn auf traumatisierenden Erlebnissen im früheren Leben, auf Desinteresse am Leiblichen und auf falscher Elternwahl beruhen; die Kraft zur Genesung aber auf einem »Reserve-Fonds«, den wir aus der früheren Inkarnation mitgebracht haben und für die nächste anreichern sollen. Wir müssen eben auch unseren Organismus mit den Kräften des Kosmos selber vorbereiten (GA 116,49ff.; 239,38ff.; 317,28ff.). Damit werden Krankheit, Behinderung und Gesundheit völlig psychosomatisiert und der eigenen Verantwortung zugeschrieben. Aber auch äußere Schicksalsschläge – einen herabfallenden Ziegel, der uns verletzt, oder den frühen Verlust von Angehörigen – sollen wir uns nach Steiners Anleitung (S. 66f.) als selbstgewähltes Unglück vorstellen: Alles Leid entspringt unserem vorgeburtlichen Entschluß, Karma auszugleichen und für die Höherentwicklung der Welt zu arbeiten.

Dieser spiritualistische Optimismus mag ein magisches Vertrauen wecken, das sich sagt, wir seien die göttliche Kraft, die den Wurm zum Menschen hinaufbefördert (GA 51,314). Und wir würden immer mehr zum *Herrn des Schicksals* (GA 34,104f.), so daß »den Menschen im Leben nichts treffen kann, wozu er nicht selbst die Bedingungen geschaffen hat« (ebd. 99). Er mag das Bedürfnis nach Ausschaltung des Unberechenbaren und Ungewissen und nach gnostischer Beherrschung der grundlegenden Weltgesetze befriedigen: den Wunsch nach einer Jeder-ist-seines-Glückes-Schmied-Sicherheit. Er mag auch einen geradezu titanischen Willen zum Leisten und Erarbeiten ansprechen: Jeder verantwortlich für den gesamten Weltprozeß! Doch wird er damit noch dem Leid gerecht, das seinem Wesen nach gerade nicht selbtgewählt und selbstverschuldet ist? Können wir das Schicksal der Behinderten, der Schwerkranken und der Hungernden in den Entwicklungsländern so frohgemut karmisch deuten? Fällt Steiner nicht hinter die Einsichten des Buch Ijob zurück? Und ist es nicht realistischer, mit dem biblischen Glauben anzunehmen, daß Leid, Krankheit und Tod – bei allen psychosomatischen Einflüssen – der Endlichkeit und Verletzlichkeit unseres biologischen Lebens zuzuschreiben sind; daß wir »trotz allem« ein sinnvolles Leben gestalten und das Dasein als Geschenk feiern können, die Ohnmacht unseres Geistes aber auch zu ertragen haben – zusammen mit dem ebenfalls gleichsam ohnmächtigen, aber solidarisch mit uns leidenden und kämpfenden Gott?

(5) Steiner vertritt ein Leistungs- und Vergeltungsdenken, das sich mit Jesu Botschaft von Gottes Barmherzigkeit und Gnade nicht vereinbaren läßt. Zwar ist der Vorwurf, er setze ganz auf »Selbsterlösung« zu global, weil Steiner dem Christus und den anderen höheren Wesenheiten (derzeit besonders Michael) die Übernahme der »objektiven Wirkungen« des Karmas bzw. die Mithilfe bei den Bemühungen des Menschen um Höherentwicklung zuschreibt. Seine Karmalehre enthält wohl auch die richtige Einsicht, daß – wie H. Haug (1987) hervorhebt – Vergebung und Umkehr das aktive Sichwandeln des Schuldiggewordenen erfordert. Aber was hat das noch mit Christentum zu tun, wenn Steiner in Christus den »Herrn des Karma« sieht?

Der Christus sprach aus Jesus von Nazaret: »Ich werde euch so lange in euer Schicksal auf diese Erde hineinstellen, bis ihr euer Karma abgetragen habt. Ihr müßt euer Karma austragen« (GA 143,147). Die Menschen unserer Zeit werden den Christus als jene geistige Macht und jenes Schicksal kennenlernen, »das die Menschen dazu bringen wird, auf die angemessenste Weise in den nächstfolgenden Inkarnationen ihr Karma auszutragen. Als zu einem Richter, als zu einem Herrn des Karma werden die Menschen in der Aufeinanderfolge der Inkarnationen aufschauen zu dem Christus, wenn sie ihr Schicksal erleben ... So lernt man Karma lieben, und dann ist dies der Impuls, den Christus zu erkennen. Ihr Karma lieben, lernten die Menschen erst durch das Mysterium von Golgatha« (ebd. 148). Denn ohne Christus hätte die Menschheitsentwicklung unter Luzifer verderben müssen.

Doch die »Bequemlinge« in den christlichen Kirchen hören es am liebsten, wenn man ihnen, statt von ihrer karmischen Sendung und Pflicht zu sprechen, sagt: »Der Christus ist es, der die Sünden der Menschen auf sich genommen hat, der die Menschen erlöst hat durch seinen Opfertod, ohne daß sie etwas dazu zu tun brauchen. – All das tendiert dann darauf hin, durch den Opfertod Christi die Unsterblichkeit nach dem Tode zu sichern und den äußersten Egoismus der Menschen zu pflegen. Durch diese Pflege des Egoismus von seiten der Konfessionen haben wir endlich jenen Zustand herbeigeführt, der heute über die ganze zivilisierte Welt dämmert« (GA 198,121).

Was hat diese Karmalehre noch mit der Botschaft Jesu vom barmherzigen Vater gemein, der dem heimkehrenden Sohn entgegeneilt und ihn in seine Arme schließt (Lk 15, 11-32) und auch dem Arbeiter der elften Stunde den vollen Lohn schenkt (Mt 20, 1-16), der also den zur Umkehr Bereiten durch ein neues Verhältnis umwandelt und ihn sein Karma nicht in einem weiteren irdischen Leben abtragen läßt, sondern sozusagen auf Karma pfeift? »Er hat seinen eigenen Sohn nicht verschont, sondern ihn für uns alle hingegeben – wie sollte er uns mit ihm nicht alles schenken?« (Röm 8,32) Alles im Fragment und in dem »zerbrechlichen Gefäß« (2 Kor 4,7), das wir sind. Alles – ohne daß wir alle Möglichkeiten des Mann- und Frauseins ausschöpfen und uns von Epoche zu Epoche zum rundum Vollendeten emporarbeiten müssen.

Anthroposophen halten einem gelegentlich entgegen, es gebe auch in der Bibel und im frühen Christentum Zeugnisse für den Reinkarnationsglauben. Er sei erst auf dem »Konzil« (es war eine Synode) von Konstantinopel im Jahre 543 auf Betreiben des Kaisers Justinian verurteilt worden. Diese Ansicht, die von Autoren, die der Theosophie nahestanden, zumal von J. M. Pryse und G. McGregor, verbreitet wurde, beruht auf einem Irrtum. Denn keine der biblischen Stellen, die für sie angeführt werden, ist im Sinne des Reinkarnationsglaubens zu deuten. Und bei der Synode von Konstantinopel ging es nicht um die Frage der Wiedergeburt, sondern um die Präexistenz des Menschen. Man verurteilte die leibfeindliche Lehre einiger Schüler des Origines, die besagte, die menschlichen Seelen seien deshalb in den Kerker des Leibes gekommen, weil sie in ihrem vorgeburtlichen, engelhaften Dasein (ihrer Präexistenz) der Anschauung Gottes überdrüssig wurden, sich von Gott abwandten und dafür mit dem Leben auf der Erde und im Leibe bestraft werden mußten. Diese Lehre hat also keine wiederholten Erdenleben angenommen (siehe K. Hoheisel 1984/85; L. Scheffczyk 1985; R. Hummel 1988).

Isolation oder Dialog?

Die Anthroposophie hat durch ihre konsequente Verwirklichung von Reformideen viel Anerkennung gefunden und kann in der gegenwärtigen Aufgeschlossenheit für neomythische und esoterische Vorstellungen auch mit breiterem Interesse an ihrer Weltanschauung rechnen als früher. Es fehlt ihr auch nicht an Sympathien und Einfluß in den Medien. Trotzdem: Anthroposophen und Nicht-Anthroposophen kennen sich gegenseitig wenig, zumal was die Grundlagen ihres Denkens angeht. Von einem Dialog oder einer Ökumene der Verfechter des Geistigen kann kaum die Rede sein.

Die Anthroposophen haben recht, wenn sie sich dagegen verwahren, daß Außenstehende Irrtümer über sie verbreiten. (Sie müssen zwar auch zugeben, daß eine Darstellung, die alle Gedankengänge des 354-Bände-Nachlasses von Rudolf Steiner einbezieht, nicht möglich ist, da sie selber keine solche Zusammenschau und Systematik vorlegen, sondern auf den Anregungs- und Weg-Charakter dieses Werkes verweisen. Hier kann jeder dem anderen vorwerfen, er habe etwas – für ihn – Wichtiges ausgelassen.) Sie tun auch gut daran, möglichst zahlreich zu erscheinen, wenn auf kirchlichen Akademieveranstaltungen über sie geredet wird. (Es wäre noch nutzbringender, wenn sie auch noch mitdächten, wenn über andere Zeitströmungen diskutiert wird und wenn sie das Tagungshaus nicht in dem Moment verließen, wenn das Thema Anthroposophie abgehakt ist.) Denn Gespräche können Vorurteile abbauen und das Gemeinsame entdecken lassen.

Doch will die Anthroposophie einen solchen Dialog? Oft wirkt sie wie ein Gesprächspartner, der den anderen – ja der gesamten heutigen Kultur – unendlich viel zu sagen hat, selber aber wenig von ihrem Denken in sich aufnimmt, sich im Gespräch wenig verändert.

Die Meditationsbewegung der 70er und 80er Jahre, philosophische Strömungen wie die Phänomenologie, die Hermeneutik, die Existenzphilosophie, die Frankfurter Schule, Ernst Blochs utopisches Denken, den Kritischen Rationalismus oder transzendentalphilosophische Ansätze, aber auch die Werke systematischer Theologen wie Karl Barth, Paul Tillich, Karl Rahner oder Wolfhart Pannenberg sowie neuere bibelwissenschaftliche Erkenntnisse hat sie entweder nicht zur Kenntnis genommen oder aber – deutlich bei H. Witzenmann oder H. Kiene – in einer ziemlich äußerlichen Weise nur als Hinführung oder Kontrastfolie zu Steiners bekannten Ansichten ausgewertet. Auch Christoph Strawes (1986) gründlicher Versuch, einen Dialog zwischen Marxismus und Anthroposophie anzuregen, zeigt nicht, daß auch die Anthroposophie das eine oder andere vom Marxismus zu lernen hat, sondern daß man die humanistischen Ideale von Karl Marx am besten mit Rudolf Steiner verwirklicht – und empfiehlt am Ende den sozialistischen Ländern die Förderung der Waldorfpädagogik. Es scheint, als wolle die Anthroposophie, die doch »Kulturimpuls« sein möchte, weltanschaulich am liebsten in der Art einer Einweg-Kommunikation wirken; als öffne sie sich – etwa im Vergleich zu existenz- und befreiungstheologischen Denkbemühungen in den Kirchen – nur ungern anderen Ansätzen, assimiliere wenig Anderes und Neues und sehe ihre Zukunft eher in einer Steiner-Paraphrasierung als in einer inneren Weiterentwicklung.

Sind alle Nicht-Anthroposophen Materialisten?

Zu dieser Selbstisolation gehört die Neigung, fast überall in der heutigen Zeit ein Denken herrschen zu sehen, das offen oder verkappt »materialistisch« ist und das die Anthroposophie als mehr oder weniger einzige Vorkämpferin für lebendige und wahre Geist-Erkenntnis zu überwinden hat.

So schreibt der Anthroposoph Herbert Witzenmann einigermaßen streitbar und verbissen:

»Dieses [sein] Buch mußte sich im Gang seiner Darstellung wiederholt gegen die Diffamierung verwahren, die dort nicht ausbleiben kann, wo sich der autoritäre Materialismus in seinen Hochburgen (der ihm hörigen öffentlichen Meinung und den von ihm beherrschten Bildungsstätten) bedroht sieht« (1986, 188).

Ein ähnliches Frontdenken zeigt Lorenzo Ravagli (1988, 979), wenn er Einwände, die ich in der Zeitschrift »Stimmen der Zeit« gegen die Anthroposophie formuliert habe, gleich aus einem geschlossenen Lager kommen sieht und urteilt: »Zwei Grundzüge sind sicherlich für das jesuitische Denken überhaupt repräsentativ: der *Materialismus* und der *dogmatisierte Spiritualismus*. Der eine ergibt sich aus dem anderen, und beide stützen sich gegenseitig. Dogmatisierte Spiritualität liegt dort vor, wo auf eine festgeschriebene Interpretation des Geistigen rekurriert wird, deren Konfiguration eine individuelle Erfahrung der Gegenstände, die im dogmatisch geronnenen System beschrieben werden, ausschließt. Diese Ausschließung der konkreten Geist-Erfahrung zieht aber die vorstellungshafte, von den akademischen Wissenschaften unkritisch übernommene Reproduktion und damit die Materialisierung des Geistigen nach sich, so sehr man auch seine Immaterialität beteuern mag.«

Wer die imaginativ-intuitionistische Erkenntnislehre, die eben auch – was Anthroposophen Andersdenkenden gegenüber gern verschleiern – die Annahme einer Akasha-Forschung einschließt, nicht teilt oder den extrem spiritualistischen Leib- Seele-Dualismus und die Psychisierung und Mythisierung des Kosmos nicht mitvollziehen kann, gilt als befangen im toten, abstrakten Denken des »gewöhnlichen Bewußtseins« und des Materialismus, auch wenn er sich auf seine Weise zum Geist bekennt. Was hat die Anthroposophie von so einem zu lernen? Sie verfügt doch exklusiv über den Weg zu energisiertem, lebendigem, wahrem Denken. Und wer die Ergebnisse des geistig Schauenden als autoritär empfindet, ist eben dem Materialismus mit seiner »ahrimanischen Sinnes-Erkenntnis« verfallen (GA 26,228).

Kann die Anthroposophie auf diesen exklusvien Anspruch auf Geist-Erkenntnis verzichten und den Dialog mit den philosophischen Hauptströmungen einer Geistmetaphysik aufnehmen? Oder wird sie weiterhin den Anschein erwecken, der heutige Mensch könne nur zwischen Materialismus und Anthroposophie wählen? Als gäbe es nicht von Plato bis Heidegger ein Bedenken des Geistigen, das keineswegs materialistisch ist und auf jeden Fall über schärfere Begriffe und über eine Methodik verfügt, die einen gegen Akasha- Willkür schützt. Warum konnte die Anthroposophie zwar oft Menschen mit künstlerischer, pädagogischer, medizinischer, naturwissenschaftlicher und ökonomischer, aber selten solche mit philosophischer Ausbildung und Kompetenz ansprechen? Lebt sie vielleicht in hohem Maß von der im heutigen Spezialistentum verbreiteten Unkenntnis der großen geistmetaphysischen (und spirituellen) Denktraditionen? Ist sie eine inspirierende Weltanschauung und Meditationsschulung für Menschen, die keine andere Alternative zum Materialismus und Konsumismus kennen?

Die Ablehnung des nicht-esoterischen Denkens und seiner Rationalität und die Kritik am ringsum wuchernden Materialismus wurde der Anthroposophie wie ein Prinzip und eine Erblast mitgegeben. Steiner hat sich im gutgemeinten Kampf um ein spirituelles Lebensprogramm und Weltverständnis von den philosophischen Hauptströmungen seiner Zeit mehr und mehr entfernt und für einen esoterisch-okkultistischen Alleingang entschieden. Seine wiederholten Versuche, die Kluft zu überbrücken, zeigen nur – wie auch der Anthroposoph W. Klingler (1986, 172) in seiner Dissertation eingeräumt hat –, daß er »im Versuch einer philosophischen Darlegung seines Okkultismus stecken blieb.«

Dort, wo er den Vorrang der übersinnlichen »Initiationswissenschaft« vor der gewöhnlichen Erkenntnis hervorhebt, erklärt er, das von Plato und anderen entwickelte antike Wissen habe trotz seiner hohen Intellektualität die »eigentlich spirituellen Regionen der Welt durch das Wissen der alten Zeit« verfinstert. »So trat alles Wissen damals nicht aufklärend, sondern das Welträtsel verdunkelnd auf, und man fühlt als Hellseher die Verfinsterung der höheren, eigentlich spirituellen Regionen der Welt durch das Wissen der alten Zeit, das sich vor die wirkliche Erkenntnis hingestellt hat wie der Mond vor die Sonne bei einer Sonnenfinsternis« (GA 148,28).
Erst recht lehnt er die moderne Aufklärung in Bausch und Bogen ab: »Sehen Sie, mit alldem, was neuere Aufklärung ist, kommt man zu nichts, was im Fortgange der Menschheitsentwickelung eine durchgreifende Bedeutung haben könnte« (GA 198,126).
Wer sich nicht auf die übersinnliche Beobachtung der Anthroposophie einläßt, bleibt seiner Ansicht nach der materialistischen Sicht des »Verstandes« verhaftet; die »Vernunft« als Alternative erwähnt er nicht. »Es gibt natürlich viele Menschen, die nicht glauben werden, Materialisten zu sein, und die dennoch ein verstandesmäßiges Begreifen für die einzige Art des Verstehens halten. Solche Menschen bekennen sich vielleicht zu einer idealistischen, vielleicht sogar zu einer spirituellen Weltauffassung. Aber sie verhalten sich zu derselben in ihrer Seele auf materialistische Art. Denn der Verstand ist nun einmal das Seeleninstrument für das Begreifen des Materiellen« (GA 34,334).

Das esoterisch-unbekümmerte Verhältnis Steiners zur Vernunft-Rationalität war wohl dafür maßgeblich, daß sich die bekannteren philosophischen und theologischen Zeitgenossen von ihm distanzierten. Eduard von Hartmann warf seiner »Die Philosophie der

Freiheit« vor, einen »naiven Realismus« zu vertreten und den »Rutsch in den Abgrund der Unphilosophie« nicht als Gefahr erkannt zu haben (GA 4,279,282); und das war zu einer Zeit, wo Steiner noch nicht von Akasha-Forschung sprach. Der Kulturphilosoph Theodor Lessing, der sich um ein Verständnis seiner Ansichten bemüht hatte, bezeichnete sie schließlich als »unerträgliche Mischung von Halbmystik und Halblogik« (G. Wehr 1987, 440), und Max Scheler zeigte nach einigen angeregten Gesprächen kein Interesse mehr an Kontakten. Albert Schweitzer, der Steiner bei einem Theosophentreffen kennengelernt hatte, ihn 1922 in Dornach besuchte und mit ihm das Anliegen teilte, die Kultur aus dem Ideal christlicher Humanität zu erneuern, distanzierte sich von ihm mit dem freundlich-bescheidenen Satz: »Rudolf Steiners hohen Gedankenflug der Geisteswissenschaften mitzumachen war mir nicht verliehen« (E. Beltle/K. Vierl 1979, 34). Steiner reagierte auf diese Entwicklung mit Klage und Anklage: »Die wenigsten Philosophen haben ein Verständnis für diesen Weg« (GA 35,103).

Über den Philosophen und Literaturnobelpreisträger (1908) Rudolf Eucken, der sich gegen ein einseitig naturwissenschaftliches Denken wandte und für die geistige Zusammenarbeit der Völker einsetzte, sagt er: »Die Menschen reden heute vom Geiste, aber sie ahnen, selbst wenn sie das tun, nichts vom Geiste« (GA 148,89). »So stehen wir heute noch, wenn wir der Wahrheit vom Geiste dienen, im Gegensatz zu unserer Zeit« (ebd. 90).
Auch die Ablehnung seines Fünften Evangeliums ist für ihn ein Zeichen des Ungeistes. »Man steht ja mit solchen Dingen, die auf der für unsere Zeit schon notwendigen hellsichtigen Forschung beruhen, unserer ganzen Zeit gegenüber, und vor allem der tonangebenden Bildung unserer Zeit... Wir versuchten es uns vor die Seele zu führen, wie weitab unsere Zeitkultur von diesem Suchen nach der Wahrheit liegt. Man kann ja sagen, daß der Schrei nach dem Geiste durch unsere Zeit geht, daß aber die Menschen zu hochmütig oder eingeschränkt sind, um wirklich von wahrem Geiste etwas wissen zu wollen« (GA 148,88). »Die Ablehnung dieser Forschungsresultate rührt von nichts anderem her als

davon, daß das moderne Denken zu stumpf ist, um wirklich in die Ergebnisse der Geistesforschung einzudringen« (ebd. 244).

Wird die Anthroposophie der Zukunft Steiners Weg in die esoterisch-okkultistische Selbstisolation weiterhin für verbindlich halten oder versuchen, zum Ausgangspunkt zurückzukehren und mit anderen Humanisten in Verbindung zu treten?

Sind die Religionen und Kirchen nur Vorstufe bzw. Hindernisse wahrer »Initiationswissenschaft«?

Was die bestehenden Religionen und die christlichen Kirchen angeht, will die Anthroposophie »die große, verständnisvolle Vereinigung, die Synthese der religiösen Bekenntnisse auf der Erde bringen« (GA 143,152). Diese Einheitsvision schließt allerdings grundlegende Kritik und Ablehnung ein.
(1) Steiner relativiert die großen Religionen zu bloßen Vorstufen und Wegbereitern der anthroposophischen »Initiationswissenschaft« herunter, die für ihn ein »überreligiöser Weg« ist und »einen höheren Standpunkt einnimmt als die religiösen Standpunkte waren und heute noch sind« (GA 143,132f.). Wie stehen heutige Anthroposophen zu dieser globalen Anwendung seiner evolutionären Sicht der Erkenntnis? Was ist etwa am historischen Christentum oder am Buddhismus so zeit-, rasse- und regional bedingt, daß sie – wie Steiner meint – keine Geist-Erkenntnis für alle Menschen guten Willens mehr bieten können, wie es jedoch die Anthroposophie für sich beansprucht? (Übrigens mit welchem Recht, wenn man bedenkt, daß sie mit ihrer Angewiesenheit auf das schwierige Steiner-Studium in einem Maß an einen gehobenen Bildungsstand gebunden ist, wie es bei keiner der Weltreligionen der Fall ist.) Und führen Theologen der großen Weltreligionen – in Deutschland beispielsweise H. Bürkle, A. Khoury, H. Küng und H. Waldenfels – den wichtigen interreligiösen Dialog nicht von einer wesentlich partnerschaftlicheren Einstellung aus?
Die christlichen Kirchen hat Steiner wegen ihrer Ablehnung der Anthroposophie im allgemeinen und seiner Deutung der Evangelien im besonderen hart kritisiert, obwohl er anerkennt, daß auch

bei ihnen einzelnes »aus der geistigen Welt« stammt. Seine harschen Äußerungen beruhen einerseits auf seinem exklusiven Anspruch auf Geist-Erkenntnis, sind andererseits aber auch Teil der zeitgenössischen Polemik, in der wohl alle Beteiligten, auch die kirchlichen, meinten, Klarheit sei nicht ohne Schärfe möglich. Manches überliest man heute auch am besten mit Humor. Etwa die herrliche Mythisierung des Jesuitenordens, dessen Mitglieder – würden sie in weltlicher Wissenschaft und Kunst arbeiten – »wie Genies der Menschheit verehrt« und »als die großen Geister der Menschheit« anerkannt würden (GA 198,132). Oder die Diagnose katholischer Kommunismusfreundlichkeit: »Dasjenige, was die katholische Kirche beabsichtigt, ist, die Verbindungsbrücke zu schaffen zwischen dem radikalsten Sozialismus, Kommunismus und zwischen ihrer Herrschaft« (ebd. 126). Doch ein Punkt soll noch erwähnt werden, weil er für einen Abbau von Vorurteilen und eine bessere Verständigung in der Zukunft von Bedeutung ist.

(2) Anthroposophen behaupten immer noch mit Steiner, die Kirche sei bald nach Paulus mehr und mehr vermaterialisiert und habe die zur individuellen Freiheit führende Initiationswissenschaft und Christuserkenntnis unterdrückt und durch bloßen Autoritätsglauben und durch erfahrungsfremde »Dogmen« ersetzt.

Dem Konzil von Konstantinopel (869-870) sagt Steiner nach, es habe »sozusagen den Geist abgeschafft« (GA 115,218), weil es die Dreiteilung (Trichotomie) Leib-Seele-Geist verworfen und eine bloße Zweiteilung (Dichotomie) von Leib und Seele gelehrt habe; so habe die Kirche dem späteren Materialismus Vorschub geleistet.

»Die katholische Kirche hat dafür gesorgt, daß die Menschen, die ihr untertan sind, niemals nachdenken mögen über dasjenige, was die wirkliche geistig-seelische Natur des Menschen ist, indem sie in dem achten allgemeinen ökumenischen Konzil in Konstantinopel im Jahre 869 den Geist abgeschafft hat, das heißt, erklärt hat, daß der Mensch nur aus Leib und Seele besteht, die Seele einige geistige Eigenschaften hat, aber daß es häretisch, ketzerisch ist, wenn der Mensch angesehen wird als bestehend aus Leib, Seele und Geist« (GA 198,122).

Wahr ist, daß die Lehrentscheidung von Konstantinopel nicht das beinhaltet, was Steiner meint, und daß die Kirche nie eine Reduzierung der geistig-spirituellen Kräfte des Menschen gelehrt hat.

Das Konzil von Konstantinopel erklärte gegen die Annahme von drei *real verschiedenen* Wesensbestandteilen, der Mensch habe eine einzige Geist-Seele, die alle geistigen Fähigkeiten in sich vereine (»unam animam rationabilem et intellectualem habere hominem«, Denzinger-Schönmetzer Nr. 657). Es lehnte nur eine Dreiteilung ab, wie sie der Patriarch Photius lehrte, wonach (vermutlich) der Mensch aus dem Leib, aus einer niederen Seele und einer höheren, geistigen Seele besteht und letztere bei Christus vom göttlichen Logos ersetzt wurde, so daß er kein voller Mensch gewesen wäre. Nun trifft es zu, daß die meisten Äußerungen des kirchlichen Lehramts der aristotelischen Zweiteilung »Leib und Seele« folgen, doch schließt hier »Seele« alle emotionalen, rationalen und spirituellen Kräfte ein. Daneben hat sich die Dreiteilung »Leib, Seele, Geist« von Paulus über Origines und Augustinus bis in die Moderne in der theologischen Literatur durchgehalten, wie Henri de Lubac gezeigt hat (Mistica e Mistero Cristiano, Mailand o.J., 59-117). In diesem Sinne, der freilich nicht der von Steiners »Theosophie« ist, kann sie auch heute jeder Christ vertreten.

Und das »Glauben« auf Autorität hin und in »Dogmen«? Hier geht Steiner und die Anthroposophie, die ihm folgt, von einem rein umgangssprachlichen, untheologischen und abschätzigen Verständnis der Begriffe aus, was zu bedauerlichen Vorurteilen führt. »Glauben« heißt hier nicht mehr: In allem Gottes schaffende und rufende Gegenwart miterfahren, der natürlichen Gotteserkenntnis und der Stimme des Gewissens folgen und die in Jesus Christus ergangene und in seinem Geist sich heute aktualisierende Selbstmitteilung Gottes aktiv annehmen, sondern: Etwas für wahr halten, was man nicht weiß und nicht erfährt. Und »Dogmen« sind hier nicht mehr Verdeutlichungen der unüberholbaren biblischen Offenbarung im Hinblick auf bestimmte Fragen des reflektierenden Glaubens, Verdeutlichungen, die jeweils neu vom christlichen Selbstverständnis und Leben her begriffen sein wollen, zu dem auch Meditation, Gebet, Gottesdienst und praktizierte Nächstenliebe gehören, sondern »Dogmen« sind dann nur noch starre, unverständliche Sätze.

Wer Steiners »Gedanken-Monismus« nicht nachvollziehen kann, ist deswegen noch lange nicht dazu verurteilt, an »das bloß erschlossene, nicht zu erlebende Jenseits« zu glauben (GA 4,250). Und wer nicht den von ihm vorgezeichneten Weg imaginativ und intuitiv erkrafteter Erkenntnis gehen will, ist keineswegs auf die bloße Sinneserkenntnis und auf verhärtete, unverständliche »Dogmen« zurückgeworfen, wie Steiner meint (GA 214,71f.). Man lese dazu nur, was beispielsweise K. Rahner über die Erfahrung der Gegenwart Gottes in der Dynamik des menschlichen Erkennens und Strebens geschrieben hat (Grundkurs des Glaubens, Freiburg 1982, 135-139) – oder was Paulus, ohne jeden Bezug zu »Imaginationen«, über die »Früchte des Geistes« sagt.

Gewiß, Vertreter der Kirchen versäumen es oft, die biblische Botschaft dem heutigen Verstehen und Erleben zu erschließen; aber ist das immer so? Die Kirche hat zwar in der Auseinandersetzung mit mystizistischem Schwärmertum und allzu subjektiver Heilsgewißheit darauf hingewiesen, daß sich das spirituelle Erleben an der biblischen Offenbarung und ihrer kirchlichen Deutung orientieren muß. Aber sie hat lebendige religiöse Erfahrung nie in Abrede gestellt. Wie erklärte sich sonst die Wirkung eines Augustinus, Dionysius, Bernhard von Clairvaux, der Viktoriner, der deutschen, englischen und italienischen Mystik des Mittelalters und der spanischen zu Beginn der Neuzeit (mit Johannes vom Kreuz und Teresa von Avila, die offiziell als »Kirchenlehrer« anerkannt sind), der hesychastischen Strömung in der Ostkirche, der Laienfrömmigkeit der Devotio moderna, der gnadentheologischen Spiritualität Luthers, der Exerzitien des Ignatius von Loyola, des Pietismus oder der geistlichen Musik eines H. Schütz, J.S. Bach, A. Bruckner oder O. Messiaen? Sollen das nur rühmliche Ausnahmen und Untergrundbewegungen in einem Christentum gewesen sein, das völlig in Materialismus, Dogmenglauben und Verrechtlichung erstarrt war? Oder trübt hier der exklusive Anspruch auf Geist-Erkenntnis den Blick in die Geschichte und auf die Gegenwart? Dieser Anspruch kann leicht dazu verleiten, die Bemühungen anderer um ein spirituelles Leben systematisch abzuwerten und mit Steiner zu denken: »Das ist der Unterschied zwischen der Geisteswissenschaft und anderen Weltanschauungen. Alle anderen

Weltanschauungen beziehen sich auf das Wissen, Anthroposophie bezieht sich auf das Sein des Menschen« (GA 107,258). Sie allein und »alle anderen« nicht?

Die Kirchen können die Anthroposophie als Verbündete im Bemühen um eine Überwindung des Materialismus, um das Ja zum Leben und um einen spirituell orientierten Lebensstil betrachten. Kann die Anthroposophie die Kirchen auch so sehen? Erkennt man – wenigstens in den Zielen, wenn man schon von so verschiedenen Grundlagen ausgeht – eine Gemeinschaft des Geistes?

Zusammenfassung

Wenn sich Anthroposophen und kirchlich engagierte Christen des Gemeinsamen wie auch des Trennenden bewußt werden, können sie in einen Dialog eintreten, der das gegenseitige Verstehen fördert und das eigene Suchen stimuliert.

Beide können in Rudolf Steiner ein Vorbild und einen Anreger von Spiritualität und Humanität sehen. Sein Anspruch, höchste Geist-Erkenntnis, einschließlich der Einsicht in die Akasha-Chronik, zu vermitteln, ist allerdings für einen kritischen Christen nicht nachvollziehbar; vielmehr wird er seine Ideen an den Maßstäben der Erfahrungswissenschaften, der Philosophie und der Theologie messen. Dies bedeutet im einzelnen folgendes.

(1) Anthroposophen und Christen können, verbunden durch das gemeinsame Interesse an einer ganzheitlichen, humanen Erziehung, Heilpädagogik und Medizin, zusammenarbeiten und miteinander neue Wege suchen. Die Christen werden praktische Reformideen übernehmen, aber auch darauf dringen, daß sie nicht unvermittelt und unkorrigierbar aus dem spiritualistischen Menschenbild von Steiners »geisteswissenschaftlicher Menschenkunde« abgeleitet und als einzige Alternative zu einer materialistischen Zivilisation betrachtet werden, sondern sich neuen Entwicklungen öffnen und – geleitet vom Ethos der Humanität und der Nächstenliebe – humanwissenschaftlichen Methoden und Kriterien folgen. Ähnliches gilt für das gemeinsame Bemühen um eine menschen-

und umweltgerechte Landwirtschaft und die Erhaltung der Schöpfung.

(2) Anthroposophen und Christen stimmen darin überein, daß eine ethisch-religiös verwurzelte Gestaltung des Lebens und der Kultur auf eine beharrlich geübte Meditation sowie auf eine entsprechende Sensibilität und Grundhaltung angewiesen ist. Doch werden Christen die Verabsolutierung des von Steiner gelehrten Weges der Imagination, Inspiration und Intuition als spiritualistische Verengung empfinden und auch betonen, daß die wachbewußte weltanschauliche Reflexion einerseits – als Lenkung der Aufmerksamkeit und als Realitätsprüfung – und die meditative Versenkung andererseits je eigene, unverzichtbare und unvermischbare Aufgaben haben, daß also die übersinnliche Beobachtung und Intuition, wie Steiner sie versteht, weder eine vernunftgerechte philosophische noch eine vernunft- und bibelgerechte theologische Methode ersetzen können.

(3) Anthroposophen und Christen sehen den Ursprung von Mensch und Welt im Geistig-Göttlichen und halten die lebendige Versenkung in diesen Urgrund und in den gegenwärtigen Christus für die Quelle höchster Sinnerfüllung. Es ist richtig, wenn beide der Gefahr einer rein begrifflichen Spekulation und eines bloßen Autoritäts- und Traditionsglaubens wehren wollen und die Erfahrbarkeit des Geglaubten hervorheben. Die Christen werden jedoch die Anthroposophen fragen, ob Steiners Emanations-Panentheismus der personalen Eigenständigkeit des Menschen und auch des göttlichen Urgrundes gerecht wird und den fundamentalen Unterschied zwischen dem verdankten, erschaffenen Denken, Lieben und Wirken des Menschen und dem absolut ursprünglichen, erschaffenden Denken, Lieben und Wirken Gottes berücksichtigt. Sie werden auch feststellen, daß Steiner den Christus-Impuls und das ewige Leben des Menschen anders auffaßt als der biblische Glaube und daß er in seinem berechtigten Bemühen um eine heutige Christuserfahrung (Christosophie) die Einmaligkeit und Unüberholbarkeit der biblisch bezeugten Offenbarung in Jesus Christus mißachtet.

Anthroposophie und Christentum können sich vor allem in der Hochschätzung ähnlicher Ziele und Ideale nahekommen. Wie weit können sie sich auch in ihren Grundüberzeugungen annähern? Die Frage stellt sich für die Anthroposophie wohl auch so: Wie weit kann sie sich von wesentlichen Auffassungen Rudolf Steiners entfernen?

Zeittafel

1861 Rudolf Steiner wird als Sohn des österreichischen Bahnangestellten Johann Steiner und seiner Ehefrau Franziska, geb. Blie in Kraljevec (damals österreichisch-ungarisch, heute jugoslawisch) geboren.

1879 Abitur und Beginn des Studiums der Naturwissenschaften, Mathematik, Deutschen Literatur und Philosophie in Wien.

1882- Herausgabe der »Naturwissenschaftlichen
1897 Schriften Goethes« in Kürschners »Deutsche Nationalliteratur«. sechs Jahre Privatlehrer bei Familie Specht.

1886 Frühwerk: »Grundlinien einer Erkenntnistheorie der Goetheschen Weltanschauung«.

1888 Redakteur der »Deutschen Wochenschrift«, Wien.

1890- Freier ständiger Mitar-
1897 beiter am Goethe- und Schiller-Archiv in Weimar und Herausgeber naturwissenschaftlicher Schriften Goethes in der Sophienausgabe.

1891 Promotion zum Doktor der Philosophie in Rostock mit der Dissertation »Die Grundfrage der Erkenntnistheorie mit besonderer Rücksicht auf Fichtes Wissenschaftslehre«. Erweitert und veröffentlicht als »Wahrheit und Wissenschaft« (1892).

1894 Philosophisches Hauptwerk: »Die Philosophie der Freiheit«.

1897 »Goethes Weltanschauung« und Herausgabe des »Magazins für Literatur« sowie der »Dramaturgischen Blätter« in Berlin.

1899 Vorträge und Kurse an der Berliner Arbeiter-Bildungsschule bis 1904. Zugleich Verkehr in Bohèmekreisen. Seelisch-geistige Krise.

1900 Damaskuserlebnis: Abschluß der Krise und

Anfang einer christosophischen Ausrichtung.
Erste Vorträge in theosophischen Kreisen, veröffentlicht in: »Die Mystik im Aufgange des neuzeitlichen Geisteslebens« (1901) und »Das Christentum als mystische Tatsache« (1902).

1902 Eintritt in die Theosophische Gesellschaft. Gründung ihrer deutschen Sektion, deren Generalsekretär Steiner wird. Rege Vortragstätigkeit in dieser Funktion.
Veröffentlichung der Hauptwerke nach seiner esoterisch-okkultistischen Wende:

1904 »Theosophie«

1904-1905 »Wie erlangt man Erkenntnisse der höheren Welten?«

1904-1908 »Aus der Akasha-Chronik«

1910 »Die Geheimwissenschaft im Umriß«

1912 Begründung der Anthroposophischen Gesellschaft.

1913 Ausschluß Steiners aus der Theosophischen Gesellschaft durch deren General Council in Adyar (Indien). Grundsteinlegung zum ersten Goetheanum in Dornach bei Basel.

1918 Steiner wirbt für seine Idee einer »Dreigliederung des sozialen Organismus«.

1919 Eröffnung der ersten Waldorfschule in Stuttgart.

1920 Beginn der anthroposophischen Hochschularbeit am Goetheanum mit Kursen für Lehrer, Mediziner, Naturwissenschaftler und Künstler.

1922 Begründung der Christengemeinschaft. Das erste Goetheanum wird durch Brandstiftung zerstört.

1923 Nach einer inneren Neubildung Gründung der »Allgemeinen Anthroposophischen Gesellschaft« während der sog. Weihnachtstagung in Dornach.

1925 Tod. Beisetzung der Urne im neuerbauten Goetheanum.

Literatur

I. Steiners Werke

Steiners Werke werden nach der in Dornach (Schweiz) erschienenen Gesamtausgabe (GA) zitiert. Die folgende Übersicht nennt nach der sogenannten Bibliographie-Nummer die erwähnten Titel mit der Jahreszahl der verwendeten Ausgabe in Klammern. Am Ende der Zeile steht das Jahr der Erst- und der von Steiner ergänzten Neuauflagen bzw. bei Vorträgen das Jahr, in dem sie gehalten wurden.

GA 2	Grundlinien einer Erkenntnistheorie der Goetheschen Weltanschauung (1960)	1886/1924
GA 3	Wahrheit und Wissenschaft (1958)	1892
GA 4	Die Philosophie der Freiheit (1987)	1894/1918
GA 8	Das Christentum als mystische Tatsache und die Mysterien des Altertums (1976)	1902/1910
GA 9	Theosophie (1987)	1904/08/10/14/18/22
GA 10	Wie erlangt man Erkenntnisse der höheren Welten? (1961)	1904-05/09/14/18
GA 11	Aus der Akasha-Chronik (1955)	1904-1908
GA 12	Die Stufen der höheren Erkenntnis (1959)	1905-1908
GA 13	Die Geheimwissenschaft im Umriß (1968)	1910/13/20/25
GA 17	Die Schwelle der geistigen Welt (1987)	1913/1918
GA 18	Die Rätsel der Philosophie in ihrer Geschichte als Umriß dargestellt (1985)	1914/18/24
GA 24	Aufsätze über die Dreigliederung des sozialen Organismus und zur Zeitlage (1982)	1915-1921
GA 26	Anthroposophische Leitsätze (1962)	1924-1925
GA 27	Grundlegendes für eine Erweiterung der Heilkunst nach geisteswissenschaftlichen Erkenntnissen (zus. mit Dr. I. Wegman (1984)	1925
GA 28	Mein Lebensgang (1962)	1923-1925
GA 34	Luzifer-Gnosis (1960)	1903-1908

GA 223	Der Jahreskreislauf als Atmungsvorgang der Erde und die vier großen Festeszeiten (1966)	1923
GA 227	Initiations-Erkenntnis (1982)	1923
GA 232	Mysteriengestaltungen (1987)	1923
GA 234	Anthroposophie. Eine Zusammenfassung nach einundzwanzig Jahren. Zugleich eine Anleitung zu ihrer Vertretung vor der Welt (1974)	1924
GA 239	Esoterische Betrachtungen karmischer Zusammenhänge, Band 5 (1963)	1924
GA 260	Die Weihnachtstagung zur Begründung der Allgemeinen Anthroposophischen Gesellschaft 1923/24 (1963)	1923-1924
GA 293	Allgemeine Menschenkunde als Grundlage der Pädagogik. Pädagogischer Grundkurs, Teil 1 (1980)	1919
GA 294	Erziehungskunst. Methodisch-Didaktisches. Pädagogischer Grundkurs, Teil 2 (1974)	1919
GA 295	Erziehungskunst. Seminarbesprechungen und Lehrplanvorträge. Pädagogischer Grundkurs Teil 2 (1974)	1919
GA 316	Meditative Betrachtungen und Anleitungen zur Vertiefung der Heilkunst (1967)	1924
GA 317	Heilpädagogischer Kurs (1965)	1924
GA 319	Anthroposophische Menschenerkenntnis und Medizin (1982)	1923-1924
GA 322	Grenzen der Naturerkenntnis (1969)	1920
GA 327	Geisteswissenschaftliche Grundlagen zum Gedeihen der Landwirtschaft. Landwirtschaftlicher Kurs (1975)	1924

II. Anthroposophische Autoren

Arenson, A., Leitfaden durch 50 Vortragszyklen Rudolf Steiners, Stuttgart 1984.

Barz, H., Der Waldorfkindergarten, Weinheim 1984.

Baumann, A., ABC der Anthroposophie, Stuttgart 1986.

Beltle, E./Vierl, K. (Hrsg.), Erinnerungen an Rudolf Steiner, Stuttgart 1979.

Brüll, R. (Hrsg.), »Abenteuer des Lebens und des Geistes« – dreizehn Interviews aus dem Umkreis der Anthroposophie, Frankfurt 1985.

Bubner, R., Evolution, Reinkarnation, Christentum, Frankfurt 1984.

Carlgren, F., Der anthroposophische Erkenntnisweg, Frankfurt 1985.

Frieling, R., Vom Wesen des Christentums, Stuttgart 1973.

Grosse, R., Erlebte Pädagogik, Dornach 1975.

Haug, H., Die Legende von der Selbsterlösung, in: H.-W. Schroeder u.a. 1987, 42-50

Hemleben, Rudolf Steiner mit Selbstzeugnissen und Bilddokumenten, Reinbek 1986.

Husemann, F., Das Bild des Menschen als Grundlage der Heilkunst, Stuttgart Bd. 1 1967.

Kallert, B., Die Erkenntnistheorie Rudolf Steiners, Stuttgart 1971.

Kiene, H., Grundlinien einer Essentialen Wissenschaftstheorie, Stuttgart 1984.

Kienle, G., Die ungeschriebene Philosophie Jesu, Stuttgart 1983.

Klingler, W., Rudolf Steiner und sein Menschenbild (Dissertation), Basel 1986.

Koob, O., Gesundheit, Krankheit, Heilung – Grundbegriffe einer menschengemäßen Heilkunst in der Anthroposophie Rudolf Steiners, Stuttgart 1974.

Kühn, H., Dreigliederungs-Zeit. Rudolf Steiners Kampf für die Gesellschaftsordnung der Zukunft, Dornach 1978.

Lauer, H.E., Die zwölf Sinne des Menschen, Schaffhausen 1977.

Leber, S., Die Pädagogik der Waldorfschule und ihre Grundlagen, Darmstadt 1985.

Lievegoed, B.C.J., Entwicklungsphasen des Kindes, Stuttgart 1976.

Limbacher, M.V. (Hrsg.), Projekt Anthroposophie, Reinbek 1986.

Lindenau, C., Der übende Mensch, Stuttgart 1981.

Lindenberg, C., Waldorfschulen: Angstfrei lernen, selbstbewußt handeln, Reinbek 1975.

Nassenstein, E., Die Michael-Christus-Weseneheit, Basel 1988.

Niederhäuser, H.R., Freie Schule aus freiem Geistesleben, Stuttgart 1974.

Ravagli, L., Anthroposophie zum Petrefakt gemacht, in: die Drei 58 (1988) 975-983.

Rittelmeyer, F., Theologie und Anthroposophie, Stuttgart 1930.

Schiller, P.E., Der anthroposophische Schulungsweg, Dornach 1979.

Schneider, P., Waldorfpädagogik, Stuttgart 1982.

Schroeder, H.-W., Das Gebet, Frankfurt 1986a.

Schroeder, H.-W., Vom Erleben der Menschenweihehandlung, Stuttgart 1986b.

Schroeder, H.-W. u.a., Christentum, Anthroposophie, Waldorfschule, Stuttgart 1987.

Stockmeyer, E.A.K., Rudolf Steiners Lehrplan für die Waldorfschulen, Stuttgart 1976.

Strawe, C., Marxismus und Anthroposophie, Stuttgart 1986.

Vogel, L., Der dreigliedrige Mensch, Dornach 1978.

Treichler, R., Die Entwicklung der Seele im Lebenslauf, Stuttgart 1981.

Wehr, G., Christusimpuls und Menschenbild, Freiburg 1974.

Wehr, G., der innere Weg, Reinbek 1983.

Wehr, G., Rudolf Steiner: Leben – Erkenntnis – Kulturimpuls, München 1987.

Witzenmann, H., Strukturphänomenologie, Dornach 1983.

Witzenmann, H., Die Voraussetzungslosigkeit der Anthroposophie, Stuttgart 1986.

Wutte, H., Der Begriff des menschlichen Leibes (Dissertation), München 1977.

III. Nichtanthroposophische Autoren

Althaus, P., Evangelischer Glaube und Anthroposophie, in: ders., Um die Wahrheit des Evangeliums, Stuttgart 1962.

Badewien, J. Anthroposophie, Konstanz 1985.

Badewien, J., Waldorfpädagogik – eine christliche Erziehung? Konstanz 1987.

Baral, K., Anthroposophie, Neuhausen 1987.

Brügge, P., Die Anthroposophen, Reinbek 1984.

Büchel, W., Naturauffassung und Parapsychologie, in: E. Bauer/W. von Lucadou (Hrsg.), Spektrum der Parapsychologie, Freiburg 1983, 86-93.

Dessoir, M., Vom Jenseits der Seele, Stuttgart 1967, 414-499.

Evangelisch-Lutherische Kirche Nordelbiens, Die Waldorfschulen und ihr weltanschaulicher Hintergrund, Kiel 1986.

Gratemann, C., Von Rudolf Steiner zu Jesus Christus, Gießen 1985.

Grom, B., Religionspädagogische Psychologie, Düsseldorf 1986.

Grom, B. u.a., Glück – auf der Suche nach dem »guten Leben«, Berlin 1987.

Grom, B./Schmidt, J., Auf der Suche nach dem Sinn des Lebens, Freiburg 1988.

Hoheisel, K., Das frühe Christentum und die Seelenwanderung, in: Jahrbuch für Antike und Christentum 27/28 (1984/85) 24-46.

Hummel, R., Reinkarnation, Mainz 1988.

Hutten, K., Seher, Grübler, Enthusiasten, Stuttgart 1982.

Jaensch, E.R., Über den Aufbau der Wahrnehmungswelt und ihre Struktur im Jugendalter. VII. Die Völkerkunde und der eidetische Tatsachenkreis, in: Zeitschrift für Psychologie 91 (1923) 88-111.

Jaensch, E.R., Psychologie und Ästhetik, in: Zweiter Kongreß für Ästhetik und allgemeine Kunstwissenschaft. Bericht, Stuttgart 1925, 26.

Kummer, C., Evolution als Höherentwicklung des Bewußtseins, München 1987.

Leadbeater, C.W., Der sichtbare und der unsichtbare Mensch, London 1902/Freiburg 1987.

Melzer, F., Anthroposophie – oder Christus-Nachfolge? Bensheim 1980.

Pierrott, V., Anthroposophie – eine Alternative? Neuhausen 1983.

Prange, K., Erziehung zur Anthroposophie, Bad Heilbrunn 1985.

Reller, H./Kießig, M. (Hrsg.), Handbuch Religiöse Gemeinschaften, Gütersloh 1985, 386-420.

Rest, F., Jenseits von Waldorf und Wassermann, Dortmund 1987.

Scheffczyk, L., Der Reinkarnationsgedanke in der altchristlichen Literatur, München 1985.

Scherer, G., Anthroposophie als Weltanschauung – Information und Kritik, in: F.J. Krämer/G. Scherer/F.-J. Wehnes, Anthroposophie und Waldorfpädagogik, Annweiler 1987, 9-126.

Schultz, J.H., Das Autogene Training, Stuttgart 1973.

Stieglitz, K. von, Die Christosophie Rudolf Steiners, Witten 1955.

Stieglitz K. von, Rettung des Christentums? Anthroposophie und Christengemeinschaft, Stuttgart 1965.

Tenhaeff, W., Außergewöhnliche Heilkräfte, Olten 1957.

Thomas, K., Praxis der Selbsthypnose des autogenen Trainings, Stuttgart 1969.

Ullrich, H., Waldorfpädagogik und okkulte Weltanschauung, Weinheim 1986.

Van der Lans, J.M., Religieuze ervaring en meditatie, Deventer 1981.

Walther, G., Phänomenologie der Mystik, Olten 1955.

Wehnes, F.-J., Kritische Aspekte der Waldorfpädagogik, in: F.J. Krämer u.a., Anthroposophie und Waldorfpädagogik, Annweiler 1987, 165-214.

Wilson, C., Rudolf Steiner, München 1985.

Anhang I
Credo. Der Einzelne und das All

*Den folgenden Text (GA 40, 273-275) hat R. Steiner wahrscheinlich
1888 in Wien niedergeschrieben. Er faßt in prägnanter und bekennt-
nishafter Sprache die Spiritualität und Weltanschauung seiner philoso-
phiebetonten Frühphase zusammen, die für ihn auch später, nach
seiner Hinwendung zu esoterisch-okkulten und christosophischen Ideen
gültig blieben.*

Die *Ideenwelt* ist der Urquell und das Prinzip alles Seins. In ihr
ist unendliche Harmonie und selige Ruhe. Das Sein, das sie mit
ihrem Lichte nicht beleuchtete, wäre ein totes, wesenloses, das
keinen Teil hätte an dem Leben des Weltganzen. Nur, was sein
Dasein von der *Idee* herleitet, das bedeutet etwas am Schöp-
fungsbaume des Universums. Die Idee ist der in sich klare, in
sich selbst und mit sich selbst sich genügende Geist. Das Einzelne muß den Geist in sich haben, sonst fällt es ab, wie ein
dürres Blatt von jenem Baume, und war umsonst da.
Der Mensch aber fühlt und erkennt als Einzelner sich, wenn er zu
seinem vollen Bewußtsein erwacht. Dabei aber hat er die Sehnsucht nach der Idee eingepflanzt. Diese Sehnsucht treibt ihn an,
die Einzelheit zu überwinden und den Geist in sich aufleben zu
lassen, dem Geiste gemäß zu sein. Alles, was selbstisch ist, was ihn
zu *diesem* bestimmten, einzelnen Wesen macht, das muß der
Mensch in sich aufheben, bei sich abstreifen, denn dieses ist es,
was das Licht des Geistes verdunkelt. Was aus der Sinnlichkeit, aus
Trieb, Begierde, Leidenschaft hervorgeht, das will nur dieses egoistische Individuum. Daher muß der Mensch dieses selbstische
Wollen in sich abtöten, er muß statt dessen, was *er* als Einzelner
will, *das* wollen, was der Geist, die Idee in ihm will. Lasse die Einzelheit dahinfahren und folge der Stimme der Idee in Dir, denn
sie nur ist das Göttliche. Was man als Einzelner will, das ist am

Umfange des Weltganzen ein wertloser, im Strom der Zeit verschwindender Punkt; was man »im Geiste« will, das ist im Zentrum, denn es lebt in uns das Zentrallicht des Universums auf; eine solche Tat unterliegt nicht der Zeit. Handelt man »im Geiste«, dann lebt man sich hinein in das allgemeine Weltwirken. Ertötung aller Selbstheit, das ist die Grundlage für das höhere Leben. Denn wer die Selbstheit abtötet, der lebt ein ewiges *Sein.* Wir sind in dem Maße unsterblich, in welchem Maße wir in uns die Selbstheit ersterben lassen. Das an uns Sterbliche ist die Selbstheit. Dies ist der wahre Sinn des Ausspruches: »Wer nicht *stirbt,* bevor er *stirbt,* der *verdirbt,* wenn er *stirbt.*« Das heißt, wer nicht die Selbstheit in sich aufhören läßt während der Zeit seines Lebens, der hat keinen Teil an dem allgemeinen Leben, das unsterblich ist, der ist nie dagewesen, hat kein wahrhaftes Sein gehabt.

Es gibt vier Sphären menschlicher Tätigkeit, in denen der Mensch sich voll hingibt an den Geist mit Ertötung alles Eigenlebens: die Erkenntnis, die Kunst, die Religion und die liebevolle Hingabe an eine Persönlichkeit im Geiste. Wer nicht wenigstens in einer dieser vier Sphären lebt, lebt überhaupt nicht. *Erkenntnis* ist Hingabe an das Universum in Gedanken, *Kunst* in der Anschauung, *Religion* im Gemüte, *Liebe* mit der Summe aller Geisteskräfte an etwas, was uns als ein für uns schätzenswertes Wesen des Weltganzen erscheint. Erkenntnis ist die geistigste, Liebe die schönste Form selbstloser Hingabe. Denn Liebe ist ein wahrhaftes Himmelslicht in dem Leben der Alltäglichkeit. Fromme, wahrhaft geistige Liebe veredelt unser Sein bis in seine innerste Faser, sie erhöht alles, was in uns lebt. Diese reine fromme Liebe verwandelt das ganze Seelenleben in ein anderes, das zum Weltgeiste Verwandtschaft hat. In diesem höchsten Sinne lieben, heißt den Hauch des Gotteslebens dahin tragen, wo zumeist nur der verabscheuungswürdigste Egoismus und die achtungslose Leidenschaft zu finden ist. Man muß etwas wissen von der Heiligkeit der Liebe, dann erst kann man von Frommsein sprechen.

Hat der Mensch sich durch eine der vier Sphären hindurch, aus der Einzelheit heraus, in das göttliche Leben der Idee eingelebt, dann hat er das erreicht, wozu der Strebenskeim in seiner Brust liegt: seine Vereinigung mit dem Geiste; und dies ist seine wahre

Bestimmung. Wer aber im Geiste lebt, lebt frei. Denn er hat sich alles Untergeordneten entwunden. Nichts bezwingt ihn, als wovon er gerne den Zwang erleidet, denn er hat es als das Höchste erkannt.

Lasse die Wahrheit zum Leben werden; verliere Dich selbst, um Dich im Weltgeiste wiederzufinden.

Anhang II
Steiners Theorie der Weltentwicklung

Entwicklung der Erde (Kosmos)	Entwicklung des Menschen
I. Saturnzustand Feinstoffliche Wärme	Trancebewußtsein (nahezu bewußtseinslos)
II. Sonnenzustand Luft und Licht	Tiefschlafbewußtsein (traumlos)
III. Mondenzustand wasserähnliche Substanz	Traum- und Bilderbewußt- sein
IV. Erdenzustand Umfaßt 7 Epochen mit je 7 Kulturen, die hier nur zur 5. Epoche angeführt werden	Wach- und Gegenstandsbe- wußtsein (Ich)
1. Polarische Epoche: Äther- kugel in Astralhülle	Bildung von Ätherorganen
2. Hyperboräische Epoche: Ver- dichtung zu Luft + Wasser, Abtrennung der Sonne	Mensch: wie Feuerwolke
3. Lemurische Epoche: Die gröbsten Stoffe lösen sich als Mond von der Erde ab	Das bisherige Gruppen-Ich tritt als individuelles Ich in den Körper: Geschlechter- trennung, Luzifereignis
4. Atlantische Epoche: Endet in Luft- und Wasserkatastropen	Magische Worte und Macht über die Natur. Führung durch Orakelstätten, aber auch ahrimanischer Einfluß
5. Nachatlantische Epoche (Die heutige Erdform)	Eigenes, nicht mehr von außen gegebenes Denken + Persön- liches Selbstbewußtsein

(1) Altindische Kultur 7227–5067 v.C.	Natürliches Hellsehen: Welt als Maya, Sehnsucht nach Brahman
(2) Urpersische Kultur 5067–2907 v.C.	Geistiges (Ormuzd, Licht) und Sinnliches (Ahriman) klaffen auseinander
(3) Ägyptisch-chaldäische K. 2907–747 v.C.	In Astrologie/Geometrie erkennt man das Geistige hinter dem Sinnlichen
(4) Griechisch-lateinische K. 747 v.C.–1413 n.C.	Das Geistige erwacht im be- wußten Ich, drückt sich in Kunst, Recht und Staatsord- nung aus
(5) Fünfte nachatlantische K. seit 1413	Größte Individualisierung, aber auch tiefster Materialis- mus. Seit 1879 herrscht Michael als Zeitgeist
(6) Zukünftige nachatlantische Kultur 3573–5733	Öffnung für das Geist- selbst, Erinnerung an Rein- karnationen
(7) Weitere nachatlantische Kultur 5733–7893	Menschheit gruppiert sich nach geistigen Gesichts- punkten
6. Zukünftige nachatlantische Epoche	Gestaltung des Geistselbsts
7. Weitere nachatlantische Epoche	Gestaltung des Lebensgeistes
V. Jupiterzustand Keine Mineralien mehr	Gesteigerte Imagination (Geistselbst)
VI. Venuszustand Keine Pflanzen mehr	Gesteigerte Inspiration (Lebensgeist)
VII. Vulkanzustand Keine Tiere mehr	Gesteigerte Intuition (Geistesmensch)

Anhang III
Der Grundsteinspruch

*Die Anthroposophie kennt zwar kein verbindliches Glaubensbekenntnis,
doch hat Steiner in der untenstehenden mantrischen Spruchdichtung aus
der Sicht seiner Spätphase die Hauptanliegen seines Erkenntnisweges zusammengefaßt. Zum Abschluß der Weihnachtstagung vom 25.12.1923 bis
1.1.1924 in Dornach rezitierte er diese Zeilen als geistigen Grundstein für
die damals beschlossene »Allgemeine Anthroposophische Gesellschaft« (GA
260,266-269).*

*Der Grundsteinspruch umfaßt drei Doppelstrophen, denen ein weihnacht-
lich-christosophischer Zusatz folgt. Sie sprechen den Menschen an in (1)
seinen drei Wesensgliedern (Leib/Welt – Seele – Geist) samt den (2) Systemen seines Organismus (Glieder – Herzens-Lungen-Schlag – Kopf/Haupt)
und den (3) drei Seelenkräften (Wollen, hier: »leben« – Fühlen – Denken),
die sich auf letztere stützen. In diesen drei Seelenkräften, Organismussyste-
men und Wesensgliedern spiegeln sich und wirken nach Steiner: Vater,
Sohn (»Christus-Wille«) und Geist – verstanden als höchste Individualisierungen des All-Einen und als Zusammenfassungen von Wesenheiten. Sie
bilden sich in den ebenfalls genannten niederen Individualisierungen und
Emanationen des All-Einen ab: in den neun Hierarchien (Seraphim, Cherubim, Throne usw.), im Menschen und in den untermenschlichen, körper-
losen Elementargeistern des Weltenäthers (den Erd-, Wasser- , Luft- und
Wärmewesen). Wie in anderen Texten hat Steiner hier den Rosenkreuzer-
spruch verwendet: Ex Deo nascimur (aus Gott werden wir geboren), in
Christo morimur (in Christus sterben wir), per spiritum sanctum reviviscimus (durch den heiligen Geist erstehen wir zu neuem Leben).*

Menschenseele!
Du lebest in den Gliedern,
Die dich durch die Raumeswelt
Im Geistesmeereswesen tragen:
Übe Geist- Erinnern
In Seelentiefen,
Wo in waltendem
Weltenschöpfer-Sein
Das eigne Ich
Im Gottes-Ich
Erweset;
Und du wirst wahrhaft leben
Im Menschen-Welten-Wesen.

Denn es waltet der Vater-Geist der Höhen
In den Weltentiefen Sein-erzeugend.
Seraphim, Cherubim, Throne,
Lasset aus den Höhen erklingen,
Was in den Tiefen das Echo findet;
Dieses spricht:
Ex Deo nascimur.
Das hören die Elementargeister
Im Osten, Westen, Norden, Süden:
Menschen mögen es hören.

Menschenseele!
Du lebest in dem Herzens-Lungen-Schlage,
Der dich durch den Zeitenrhythmus
Ins eigne Seelenwesensfühlen leitet:
Übe Geist-Besinnen
Im Seelengleichgewichte.
Wo die wogenden
Welten-Werde-Taten
Das eigne Ich
Dem Welten- Ich
Vereinen:

Und du wirst wahrhaft fühlen
Im Menschen-Seelen-Wirken.

Denn es waltet der Christus-Wille im Umkreis
In den Weltenrhythmen Seelen-begnadend.
Kyriotetes, Dynamis, Exusiai,
Lasset vom Osten befeuern,
Was durch den Westen sich gestaltet;
Dieses spricht:
In Christo morimur.
Das hören die Elementargeister
Im Osten, Westen, Norden, Süden:
Menschen mögen es hören.

Menschenseele!
Du lebest im ruhenden Haupte,
Das dir aus Ewigkeitsgründen
Die Weltgedanken erschließet:
Übe Geist-Erschauen
In Gedanken-Ruhe,
Wo die ew'gen Götterziele
Welten-Wesens-Licht
Dem eignen Ich
Zu freiem Wollen
Schenken:
Und du wirst wahrhaft denken
In Menschen- Geistes-Gründen

Denn es walten des Geistes Weltgedanken
Im Weltenwesen Licht-erflehend.
Archai, Archangeloi, Angeloi,
O lasset aus den Tiefen erbitten,
Was in den Höhen erhöret wird;
Dieses spricht:
Per spiritum sanctum reviviscimus.
Das hören die Elementargeister

Im Osten, Westen, Norden, Süden:
Menschen mögen es hören.

In der Zeiten Wende
Trat das Welten-Geistes-Licht
In den irdischen Wesensstrom ;
Nacht-Dunkel
Hatte ausgewaltet;
Taghelles Licht
Erstrahlte in Menschenseelen;
Licht,
Das erwärmet
Die armen Hirtenherzen,
Licht,
Das erleuchtet
Die weisen Königshäupter.

Göttliches Licht,
Christus-Sonne,
Erwärme
Unsere Herzen;
Erleuchte
Unsere Häupter;

Daß gut werde,
Was wir aus Herzen
Gründen,
Aus Häuptern
Zielvoll führen wollen.